SANDRO GAYCKEN

Cyberwar
Das Wettrüsten hat längst begonnen

GOLDMANN
Lesen erleben

Buch

In welcher Welt leben wir eigentlich? Und wie sieht die Landschaft des Krieges im Zeitalter der Digitalisierung und Vernetzung aus? Wo liegen die Unterschiede zwischen Cyberprotest, Cybercrime und Cyberwar? Und wie muss man sich einen Cyberwarrior vorstellen? Wie sicher ist unsere von Computern, Software und vernetzten Systemen durchsetzte Gesellschaft eigentlich? Vor allem, da man jedes System hacken, ausspionieren, manipulieren und sabotieren kann? Was wäre eine gute Cyberdefensive? Und: Wohin geht der Cyberwar? Heute und in naher Zukunft? In einen neuen Kalten Krieg? Es sieht ganz danach aus.

Der Cyberwar ist Realität, eine neue Option der Kriegsführung, trotz Atombomben. Die Welt bereitet sich darauf vor. Auch Deutschland. Wir müssen jetzt nicht überreagieren, aber wir sollten reagieren. Sachgemäß. Angemessen. Und bald. Was Cyberwar ist, verrät uns der international gefragte Experte Dr. Sandro Gaycken auf beeindruckende Art und Weise.

Autor

Dr. Sandro Gaycken, geb. 1973 in Köln, ist Technik- und Sicherheitsforscher an der Freien Universität Berlin. Schwerpunkte seiner Forschung sind Cyberwar, Cybersecurity, Datenschutz sowie gesellschaftliche Folgen der Informationstechnik. Er ist auf G8-Ebene als Cyberwar-Experte und im Bundestag als Sicherheitsexperte gefragt. Darüber hinaus berät er Unternehmen sowie verschiedene zivile und militärische Institutionen im In- und Ausland. Er ist in Gremien auf Bundes- sowie EU-Ebene tätig und wird von den Medien als Experte zum Thema »Cyberwar« befragt. Er lebt in Berlin.

Sandro Gaycken

Cyberwar

Das Wettrüsten
hat längst begonnen

Vom digitalen Angriff
zum realen Ausnahmezustand

GOLDMANN

Originalausgabe

Verlagsgruppe Random House FSC-DEU-0100
Das FSC®-zertifizierte Papier *Holmen Book Cream* für dieses Buch
liefert Holmen Paper, Hallstavik, Schweden.

1. Auflage
© Mai 2012 Wilhelm Goldmann Verlag, München,
in der Verlagsgruppe Random House GmbH
Umschlaggestaltung: UNO Werbeagentur, München
Umschlagabbildung: © by FinePic
JS · Herstellung: Str.
Satz: DTP Service Apel, Hannover
Druck und Bindung: GGP Media GmbH, Pößneck
Printed in Germany
ISBN: 978-3-442-15710-5

www.goldmann-verlag.de

Für Mio, Fine und den Weltfrieden

Inhalt

1 Schöne neue Infowelt
In welcher Welt leben wir eigentlich?

1.1 Die digitale Revolution
Vorteile der Informationstechnik

Der Arabische Frühling ist von vielen als Internetrevolution bewertet worden. Das war sicherlich ein bisschen übertrieben, dennoch hatte das Internet zumindest einen Anteil an den Befreiungsschlägen der unterdrückten Bevölkerungen. Vor allem in den frühen Phasen war es ein wichtiges Instrument, denn über das freie Web konnten Informationen über das Fehlverhalten der Diktatoren an die Bevölkerungen weitergegeben werden – trotz erheblicher Medienzensur im Land. Als die Revolutionen dann »heißer« wurden, ließen sich die Protestbewegungen darüber hinaus via Internet strategisch schnell und breit koordinieren. Dies war durch politisches »Crowdsourcing« möglich – eine Spezialität des Internets. Der Neologismus besteht aus den Worten »outsourcing« (Auslagerung) und »crowd« (Menge). So wie Unternehmen bestimmte bisher selbst erbrachte Leistungen an externe Subunternehmer auslagern, verteilt man beim Crowdsourcing Informationen und Arbeitsaufgaben massenhaft und schnell über das Internet an meist freiwillige Teilnehmer, die daraufhin auf eigene Initiative aktiv werden. Interessierte und Experten können so über Zeitzonen und Ländergrenzen hinweg schnell und höchst effektiv zusammenarbeiten. Die Online-Enzyklopädie Wikipedia ist eines der bekanntesten Crowdsourcing-Beispiele. Über die Variante des »Crowdfunding« etwa – einer massenhaften Geldsammlung über das Internet – werden inzwischen ganze Kinofilme finanziert. Beim

Crowdfunding-Projekt »Stromberg – Der Film« konnte im Dezember 2011 in nur einer Woche die Investitionssumme von einer Million Euro zusammengetragen werden. Aus der beliebten TV-Serie wird nun dank der über 3000 Investoren aus dem Internet ein Kinofilm.

Das »Crowding« ist ein klarer Vorteil des Internets, der im Arabischen Frühling das erste Mal eine wichtige Rolle in politisch-militärischen Konflikten gespielt hat. Ist eine Crowd erst einmal in Bewegung, kann sie (scheinbar) nichts mehr aufhalten. Viele politische Ideologen des Internets rechnen dem Crowding deshalb eine wichtige demokratisierende Rolle zu, während sich andere Stellen genau über dieses Crowding große Sorgen machen. Die Bedenkenträger sind dabei nicht die gestürzten oder die in Zukunft zu stürzenden Regimes, sondern ganz legitime demokratische Institutionen, denn das politische Crowding birgt auch Gefahren.

Eine zentrale und wichtige Charakteristik beim politischen Crowdsourcing ist die (zumindest ansatzweise existierende) Anonymität der Teilnehmer. Ohne diese könnten Aktivisten leicht verfolgt und verhaftet werden. Anonymität ist allerdings auch immer eine Einladung für »böswillige« Akteure. Genau hier öffnet sich ein Hintertürchen, das den demokratischen Staaten nicht gefällt. Feindliche Nachrichtendienste oder Militärs könnten das Internet und das politische Crowdsourcing nutzen, um Bevölkerungen mit Propaganda oder provokativen Fehlinformationen zu infiltrieren oder – bei politisch angeheizter Stimmung – sogar handfeste Konflikte auszulösen. Kurz: Feindliche Militärs können plötzlich einen wütenden Mob heraufbeschwören. Eine Option, die klar auf der Hand liegt und die vielen Militärs tatsächlich recht attraktiv erscheint. Mit einer kleinen Kompanie Cyberwarrior lassen sich stark vernetzte Gesellschaften höchst effizient und kostengünstig unterwandern.

Was zunächst also aussieht wie ein klarer Vorteil des Internets, kann sich in den falschen Händen schnell in einen soliden Nachteil wandeln. Der Grund dafür ist, dass das Internet sowohl Medium wichtiger demokratischer (und anonymer) Prozesse als auch Medium überaus schädlicher (und lieber nicht anonymer) Handlungen sein kann. Das Web hat immer seine Licht- und Schattenseiten. Ein Problem, das typisch ist für das Internet und das eine genauere Betrachtung verdient.

Wenden wir uns zuerst einmal den Vorteilen zu. Diese überwiegen bislang noch stark in der öffentlichen Bewertung. Da sind sich alle erstaunlich einig. Der Schritt in die Informationsgesellschaft ist eine großartige Sache gewesen. Doch was heißt Informationsgesellschaft eigentlich? Und worin genau bestand dieser Schritt? Der Begriff »Informationsgesellschaft« bezeichnet eine Gesellschaft, für deren tägliches Leben die sogenannten »Informations- und Kommunikationstechniken« (IT) eine wichtige Rolle spielen. Das sind verschiedene Technologien wie Radio, Fernsehen, Mobiltelefone, Hardware und Software für Computer und Netzwerke wie das Internet, Satellitensysteme etc., aber auch Dienstleistungen und Anwendungen im Rahmen dieser Technologien – wie etwa eBay, YouTube oder Facebook. So ein Prozess der Durchdringung aller Lebensbereiche mit IT, den wir nun schon länger hautnah miterleben, wird als »Informatisierung« bezeichnet. Was das letztlich für uns als Menschheit bedeutet, kann man etwas besser verstehen, wenn man sich die neuen Fähigkeiten ansieht, die wir durch die Informationstechnik erhalten haben.

Im Grunde ist natürlich keine dieser Fähigkeiten wirklich neu, in den meisten Fällen erweitert die Informationstechnik nur Fähigkeiten, die wir ohnehin schon haben. Das ist sowieso ein Merkmal der Technik. Ackerbaugeräte unterstützen uns beim Sammeln von Nahrung, Küchengeräte bei ihrer Zubereitung, Fahrzeuge bei der Fortbewegung, Waffen beim Streit. Ohne Technik ginge das alles natürlich auch, mit ihr geht es (im Idealfall) aber einfach besser. Das gilt auch für die Informationstechnik. Sie unterstützt uns, ganz allgemein betrachtet, bei geistigen und kommunikativen Prozessen. Wann immer wir denken, rechnen, etwas auflisten, vergleichen, uns erinnern oder mitteilen möchten, steht uns die Informationstechnik hilfreich zur Seite. Sie kann das Gedachte oder das zu Kommunizierende aufnehmen, auf vielerlei Weise verarbeiten und weiterverbreiten. Miteinander sprechen konnten wir immer schon – nur eben nicht massenhaft, sekundenschnell, unterstützt von verschiedensten Medien und nahezu jedem irgendwie denkbaren Wissen, anonymisiert/pseudonymisiert und über Kontinente hinweg. Das sind zumindest die Fähigkeiten, an die wir denken, wenn wir an unseren alltäglichen Gebrauch des Mobiltelefons, Laptops oder des PCs denken. Aber natürlich kann die Informationstechnik noch mehr und ist auch entsprechend in vielen anderen Bereichen menschlichen Lebens eingebaut.

Wichtig sind etwa auch ihre Fähigkeiten der Verarbeitung des Erkennens und des Steuerns. Hier kooperiert sie eng mit einem anderen technischen Zweig, der Mikroelektronik. Die hat sich ebenfalls erheblich weiterentwickelt, insbesondere im Bereich der Sensorik. Neue Sensoren können heutzutage fast alles. Sie können sehen, riechen, hören, schmecken, fühlen und noch einige weitere Dinge, die sich mit unseren menschlichen Sinnen gar nicht mehr beschreiben lassen. Scattering-Technologien etwa können durch Wolken und Rauch, durch Berge und Wälder hindurchsehen, als gäbe es diese Hindernisse gar nicht. Akustische Transducer können

Objekte im Mikrobereich in den Tiefen eines Ozeans ausmachen und sie akustisch verfolgen. Quantum Sniffer können auf molekularer Ebene Gifte und Sprengstoffe aufspüren.

Diese kleine und relativ unbemerkte Revolution in der Mikroelektronik wäre allerdings nur halb so viel wert, wenn es nicht auch die entsprechende Informationstechnik gäbe, die all diese »über-menschlichen« Eindrücke verarbeitet und in brauchbare Ausgaben verwandelt. So können die sensorischen Daten in der Produktion eingesetzt werden, um hochsensible Qualitätskontrollen zu machen oder um das reibungslose Funktionieren von Geräten zu gewährleisten, die auf komplexe Weise miteinander vernetzt sind – und ganze Umgebungen können auf unerwünschte Entwicklungen hin überwacht werden. Ein moderner Kampfjet etwa kann innerhalb von Millisekunden Tausende Sensorendaten verschiedenster Quellen miteinander kombinieren, sie blitzschnell auswerten und Handlungsempfehlungen an den Piloten geben – oder sogar selbst direkt handeln und Ausweichkurse fliegen oder Gegenmaßnahmen abfeuern, wenn der Computer die Handlungszeit des Piloten als zu niedrig bewertet. Einige Piloten beschweren sich bereits, dass sie zu unbeteiligten Zuschauern degradiert wurden.

Die Informationstechnik nimmt uns also nicht nur das Erkennen, sondern auch das Steuern ab, indem sie hochsensible einkommende Signale verarbeiten – in gewissem Sinne sogar »verstehen« – kann, um an technischen Geräten entsprechende Aktivitäten auszulösen. Überall, wo wir noch vor wenigen Jahren mechanische oder elektromechanische Schaltungen hatten, um Maschinen zu kontrollieren, sitzt heute ein Chip. Der funktioniert dabei nicht mehr so krude wie ein Hebel oder ein Schalter. Er ist im Grunde genommen eine kleine Gehirnzelle – nicht selten vernetzt mit vielen anderen. Er kann hochkomplexe Signale verarbeiten und danach handeln. Das ist eine enorm praktische Fähigkeit für sehr viele Geräte und insbesondere für großtechnische Anlagen wie Produktionsstraßen oder Kraftwerke von großem Wert. Denn der »Kollege Computer« ist in diesen Fällen vielfach sehr viel besser als die Mechanik oder der Mensch. Das muss man ihm schon lassen. Im Gegensatz zur eher sturen Mechanik kann er komplexe und vollkommen unterschiedliche Abläufe und Anforderungen unterscheiden und sofort angemessen darauf reagieren. Außerdem ist diese Multifunktionalität auch oft noch neu konstellierbar, sodass es sich um eine regelrechte Omnifunktionalität handelt: Der Computer kann prinzipiell alles irgendwie steuern, was es da zu steuern gibt und jemals geben kann. Im Gegensatz zum Menschen kann er dies auch noch sehr viel schneller und viel präziser. Er schafft also mehr und ist zuverlässiger. In einer modernen Produktionsstraße etwa kann er von der Anlieferung der Rohstoffe über die Laufgeschwindigkeit der Bänder, die Präzision der Roboter, die Qualität der Produkte alles gleichzeitig beobachten, bewerten und damit so aufeinander abstimmen, dass nirgendwo mehr ein Zeitverlust entsteht. In Sekundenschnelle und praktisch ohne Fehler. Welcher noch so gute Arbeiter könnte das schon?

An einigen Stellen wird man immer noch Menschen brauchen. Irgendjemand muss die Computer ja auch programmieren, bedienen und kontrollieren. Aber im Großen und Ganzen können wir sagen, dass die Informationstechnik in all diesen Bereichen überaus wertvolle Dienste leistet. Sie ermöglicht uns Menschen Handlungen auf eine vollkommen neue Art und Weise. Gesellschaftlich wirkt sich das auf vielen verschiedenen Ebenen aus.

Zum einen ist da wie immer das Geld – die Wirtschaft. Auch sie ist durch die Fortschritte in der Informationstechnik zu neuen Handlungsoptionen gekommen.

Die Produktion kann durch Steuerungschips viel effizienter ablaufen. Die Verwaltung kann durch verteilte Kommunikationsnetzwerke hervorragend schalten und walten, präzise und ohne Zeitverlust über globale Entfernungen hinweg – egal ob es um Warenströme, Personal, Know-how oder andere Dinge geht. Die für Handel und Wandel so wichtige Kommunikation, der Austausch zwischen Geschäftspartnern oder Kollegen wird durch E-Mail, durch Voice Over IP und durch andere neue Kommunikationsmodalitäten ebenfalls erheblich befördert. Sie funktioniert schnell, kostenarm, zuverlässig und für alle Medien, die irgendwie relevant sind. So kann die Wirtschaft viele ihrer Geschäftshandlungen neu konzipieren. Sie spart viel Zeit, kann sich weiter ausdehnen, man kann schneller handeln, mehr arbeiten, mehr schaffen, mehr Profit machen.

Vor allem diese wirtschaftlichen Vorteile waren es, die in der Vergangenheit den Wandel zur Informationsgesellschaft vorangetrieben haben. Die Informationsrevolution ist in vielerlei Hinsicht eine wirtschaftliche Revolution.

Das ist auch für die Bewertung der Informationsgesellschaft insgesamt von Bedeutung. Auch wenn viele der eher politisch gesinnten Befürworter der Informationsrevolution das nicht gerne hören. Für sie ist der Wandel zur Informationsgesellschaft nicht selten eine rein politische, menschliche Angelegenheit, die durch Visionäre und Weltveränderer mit politischen (also nicht rein wirtschaftlichen) Motiven betrieben wurde. Solche Charaktere kann man in der Geschichte des Computers tatsächlich recht häufig finden. Von Anfang an gab es immer wieder Entwickler, die weniger an Geld, sondern mehr an eine offene, freie, kommunizierende und informierte Gesellschaft gedacht haben. Ein prominentes Beispiel ist Steve Jobs, der inzwischen verstorbene Ex-Chef von Apple. Er glaubte (wenn man ihm denn glaubt) schon immer an eine Revolution im Computer, die weit mehr als nur Wirtschaft und Entertainment umfasst. John Sculley, einen seiner CEOs, soll er von dessen vorherigem Arbeitgeber Pepsi mit den Worten abgeworben haben: »Willst du hier weiter Zuckerwasser verkaufen oder willst du mir helfen, die Welt zu verändern?« Anders als Steve Jobs sind die meisten dieser Visionäre jedoch weder berühmt noch reich geworden. In vielen Fällen waren sie außerdem nicht nur von einer gesellschaftlichen Vision durchströmt, sondern auch technisch außerordentlich begabt, sodass aus dieser Ecke der eher politisch motivierten Computer-Aktivisten immer wieder entscheidende Neuentwicklungen der Informationstechnik kamen. So glaubte der Computerpionier Ted Nelson schon lange vor vernetzten Computern (oder auch nur Home-PCs) an so etwas wie das Internet und schuf lange vor dessen Geburt schon einmal eine gemeinsame technische Sprache für so ein Netzwerk – den bis heute genutzten Hypertext.

Trotz all dieser Visionäre entschied aber letztlich der Markt, welche neuen Informationstechniken sich durchsetzten und welche nicht. Denn nur mit hohen Investitionen ließen sich diese neuen und in der Regel teuren technischen Ideen auch realisieren. De facto wäre die Informationsgesellschaft ohne das Interesse der Wirtschaft an Chips, Software, Hardware und Netzwerken nicht zustande gekommen. So verwundert es auch nicht, dass die Wirtschaft nach wie vor eine große Rolle spielt und eine entsprechend wichtige Stimme hat, wenn es darum geht, Entwicklungen in der Informationstechnik zu beeinflussen – auch deren Regulierung. Diese Macht relativiert sich allerdings zusehends.

Denn auch der Durchschnittsnutzer ist inzwischen eine wichtige Stimme für die Entwicklung der Informationstechnik. Sie ist in verschiedenen Varianten längst in der breiten Gesellschaft angekommen. Ihre Vorteile und ihr Nutzen im

Rahmen von »Consumer Electronics« – sei es das iPhone, ein Computerspiel, die Digitalkamera oder das GPS-gestützte Navigationssystem fürs Auto – sind inzwischen umfangreich genug, um in einigen Bereichen eine Entwicklung auch ohne große Wirtschaftskonzerne als primäre Träger zu gewährleisten.

Die Informationstechnik hat im Alltag der Menschen zu enormen Veränderungen geführt, die wir bei aller Skepsis insgesamt als positive Veränderungen sehen können. Die wohl offensichtlichste Veränderung ist hingegen der Umstand, dass wir alle in den verschiedensten Lebenssituationen unterschiedliche Varianten von Computern mit uns führen. Insbesondere die noch junge Revolution der Smartphones macht uns diesen Umstand deutlich. Diese »schlauen Telefone« bieten dem Besitzer mehr Funktionalität und Konnektivität als herkömmliche Mobiltelefone und lassen sich darüber hinaus mit zusätzlichen Programmen (»Apps«) vom Anwender ganz individuell mit neuen Funktionen aufrüsten. Der Fantasie sind dabei keine Grenzen gesetzt. Ein Smartphone kann also durchaus als tragbarer Computer mit der zusätzlichen Funktionalität eines Mobiltelefons verstanden werden.

Das alleine ist vielleicht noch keine Revolution. Aber es bleibt ja nicht beim Smartphone. Die echte Revolution ist, dass wir diese »Consumer Electronics« tatsächlich permanent nutzen, um zu kommunizieren, um Informationen einzuholen oder um uns damit einfach zu »entertainen«. Das ist in der Tat revolutionär. Noch vor 30 Jahren hätte niemand je gedacht, dass Menschen ein so immens hohes Bedürfnis nach Kommunikation, Information und Unterhaltung haben. Die Bibliotheksnutzung hielt sich im überschaubaren Rahmen, und auch die großen Enzyklopädien standen damals eher verstaubt im Regal, als dass sie aufgeschlagen auf dem Nachttisch lagen. Heute dagegen scheinen wir permanent alles wissen zu müssen – und zwar sofort. Was früher ein paar Stunden oder Tage warten konnte, wird heute eben mal schnell gegoogelt. Wir sind also aus einer Menschheitsphase der »Informationsverzögerung« in eine neue Phase der »Informationsaktualität« gewandert.

Im Grunde ist das nur der aktuelle Zwischenstand eines Trends, der bereits einige hundert Jahre anhält. Noch im Mittelalter sind Informationen oft mit monate- oder jahrelanger Verspätung übermittelt worden. Das hat sich über die Verbreitung von Schrift und Druck, die Erfindung der Post, der Boten und Ausrufer sowie durch Radio und Fernsehen – also über die Geschichte der Medien hinweg – verändert. Wir haben inzwischen allerdings einen Kulminationspunkt erreicht. Mehr und schneller wissen kann man nicht. Zumindest aus heutiger Sicht.

Bei diesem Wandel zur »aktual-informierten Gesellschaft« ist neben Geschwindigkeit und Masse auch noch etwas anderes bemerkenswert: die Qualität. Denn das Meiste, das wir im Internet wissen wollen, ist nicht hohe Bildung, sondern eher Triviales. Wir möchten in Erfahrung bringen, was es wo zu kaufen gibt, was unsere Freunde gerade machen, welche neuen Filme, Lieder, Spiele etc. es gibt (und was andere davon halten), wie unsere Lieblingsmannschaft gespielt hat, was man denn heute so essen könnte, wie das Wetter wird oder ganz einfach nur, was im Internet so alles passiert. Diese Informationen sind uns wichtig und zwar in einem solchen Maß, dass sie nun im Gegensatz zu früher dauernd und sofort präsent sein müssen.

All dies relativiert die politische Bewertung des Phänomens erneut. Vor allem jene Befürworter der Informationsgesellschaft, die (ganz im Geiste der Aufklärung) betonten, dass jetzt endlich jeder Mensch eine allwissende Maschine mit sich herumtragen könne, dürften enttäuscht sein, dass deshalb noch lange nicht jeder mit seiner allwissenden Maschine auch aktuelles politisches Geschehen und philosophische Bildung konsumiert, um ein guter Mensch und Staatsbürger zu werden. Von Beginn des Internets an bis heute wird der wesentliche Teil des Datenstroms eher für mondäne Dinge wie Shoppen und Unterhaltung genutzt – vor allem aber für die Verbreitung und den Konsum von Pornographie. Oder Betrugsversuche. Derzeit sind etwa 75 % aller verschickten E-Mails Spam, wenn auch unklar ist, wie viele Menschen real dahinterstehen. Das ist ein immenser Anteil, der pro Jahr einem Stromverbrauch von drei Millionen Haushalten entspricht, also etwa dem von einer Stadt wie Rio de Janeiro. Spam ist also nicht nur nervig, sondern auch schlecht für die Umwelt.

Dennoch: Für die politische Bewertung ist immerhin auch wichtig, dass doch zumindest die Möglichkeit besteht, sich jederzeit über aktuelle politische Entwicklungen und die dazugehörigen Debatten zu informieren. Zudem kann jeder an der Gestaltung dieses weltumspannenden Mediums aktiv teilnehmen. Im Internet ist man nicht mehr nur Konsument, man kann auch Produzent sein – aus dem »Consumer« wird ein »Prosumer«. Das ist die besondere Wende des sogenannten »Web 2.0«, in dem eine Vielzahl von neuen medialen Formaten nicht mehr länger zentralisiert von Unternehmen, sondern von einer Vielzahl von Nutzern erzeugt wird, die sich untereinander vernetzen. »Social Media« ist das Wort der Stunde. YouTube und Facebook sind zwei gute Beispiele. Die Wirtschaft hat darauf reagiert: Sie ist in einigen Fällen vom »Push-Prinzip« (Erstellen und Verbreiten von Werbeinhalten) zum »Pull-Prinzip« übergegangen, bei dem Nutzer motiviert werden, Webseiten wie Wikipedia, YouTube, Facebook etc. von sich aus mitzugestalten. Hier, so betonen die

Befürworter des Web 2.0, wird der Bürger endlich vollständig mündig, denn er kann nun an der Produktion von Wissen und Meinen unmittelbar und sofort teilhaben. Nichts muss mehr »von oben« durch etablierte Medien und Konzerne diktiert werden. Hinzu kommt, dass sich das Internet nicht so leicht zensieren lässt. Es ist ein globales Medium und bietet viele verschiedene, dezentrale Optionen der Wissensproduktion und der Wissensverbreitung. Von jedem Punkt der Erde aus, aus (fast) jedem Land kann man an verschiedensten Debatten teilnehmen. Wissen und Meinen ist also freier als je zuvor. Die Informationsgesellschaft ist eine im Idealfall besser, auf jeden Fall aber »anders« informierte Gesellschaft. So stellen es sich zumindest die Befürworter des Web 2.0 vor. Möglich wurde dies alles durch die Errungenschaften der Informationstechnik.

Abgesehen von diesen großen gesellschaftlich-politischen Neuerungen und Umwälzungen ist ein weiteres positives und eher »privates« Element der Umstand, dass wir überall und jederzeit mit Freunden verbunden sein können. Dies ist etwas, das vor allem in der jungen Generation eine wesentliche Rolle spielt, deren Mitglieder als »native user« mit dem Internet und seinen schier unendlichen Möglichkeiten aufgewachsen sind. Man muss noch abwarten, wie sich die sozialen Gefüge der Menschen durch den Einfluss dieser Medien tatsächlich ändern. Allein aus den Verhaltensweisen der jungen Generation schon darauf zu schließen, was an neuen Strukturen im sozialen Gesamtgefüge einer Gesellschaft später einmal entsteht, wäre verfrüht. Man weiß nicht genau, ob die jungen Leute, wenn sie älter werden, diesen intensiven Gebrauch von Informationstechnik zur sozialen Vernetzung beibehalten werden. Irgendwann kommen Arbeit und Familie, und die Zeit für intensives Netzwerken auf Facebook wird einfach wesentlich geringer. Im Moment kann man lediglich theoretisch prognostizieren und muss mit faktischen Urteilen noch warten.

Insgesamt scheint sich aber eine hohe Intensivierung von sozialen Verbindungen abzuzeichnen. Menschen sind intensiver, nahezu ständig mit ihren Freunden in Kontakt, wenn sie die sozialen Medien nutzen. Außerdem können sich über soziale Medien Interessengruppen aller Couleur zusammenfinden. Besitzer bestimmter Autos oder Hunderassen können sich ebenso austauschen wie Menschen mit spezifischen Gebrechen, und während man früher mit eher seltenen Hobbys oder Ideen lange Zeit allein war, bis man auf Gleichgesinnte stieß, findet man heute im Internet schnell Brüder und Schwestern im Geiste. So können sich viele Mikrokulturen bilden, die es vorher in diesen Formen noch nicht gegeben hat. Dies ist einer der kuriosen Momente des Internets. Ein Beispiel ist das »Planking«, bei dem man sich steif wie ein Brett an exotische Orte legt, das Ganze fotografieren lässt und es dann später ins Internet stellt. Dies sind soziale und kulturelle Handlungsformen, die es vorher nicht gab. Sie wurden durch die neuen technischen Medien zwar nicht erst ermöglicht, aber immerhin durch sie initiiert und zu einer Masse gebracht.

Es ließen sich sicherlich noch viele weitere Vorteile der Informationstechnik vorbringen, die zeigen, dass die »Informatisierung« der Gesellschaft viele gute Seiten hat. Tatsächlich hat sie auch im Gegensatz zu ihren Vorgängerrevolutionen, etwa der »industriellen Revolution« oder der »atomaren Revolution«, kaum Kritiker. Allerdings lässt sich die Geschichte des Fortschritts mithilfe der Informationstechnik auch anders schreiben.

1.2 Die digitale Degeneration
Nachteile der Informationstechnik

Die Informationsgesellschaft hat auch ihre Schattenseiten, die eine zur »Revolution« parallel verlaufende »Degeneration«, also eine negative Entwicklung, erkennen lassen.

Zuerst muss leider festgehalten werden, dass die Arbeitswelt degeneriert. Dies geht direkt auf den Einsatz von Informationstechnik in der Wirtschaft zurück. Denn IT wird vor allem deshalb angeschafft, um an anderer Stelle etwas einzusparen: zu bezahlende Mitarbeiter.

Informatik und Informationstechnik sollen helfen, Prozesse und Verwaltung zu zentralisieren, zu automatisieren und zu vereinfachen, wodurch es zur Einsparung von Arbeitsplätzen kommt. Informationstechnik ist also – negativ gewendet – ein unmittelbarer Produzent von Arbeitslosigkeit. Sie bringt natürlich auch neue Jobs, in der Informatik und im Internet – aber lange nicht in einer ausgleichenden Weise. Das ist etwas, das die Informationstechnik mit der »industriellen Revolution« verbindet und sie in gewisser Weise zu einer Verlängerung dieser ersten technischen Revolution der Arbeit macht.

Neben dem Wegfall von Arbeitsplätzen lässt sich im Kontext der Wirtschaft zudem bemängeln, dass auch die gesteigerte Fähigkeit, miteinander in Kontakt zu treten, ihre Schattenseite hat. Wir sind jederzeit erreichbar, können jederzeit kommunizieren und jederzeit koordiniert werden. Diese engere Vernetzung führt aber nicht etwa dazu, dass am Ende

Zeit frei wird, die wir mit Erholung oder kreativem Denken füllen können. De facto wird die »gewonnene« Zeit – die ja Arbeitszeit ist – mit neuer und nicht selten mehr Arbeit belegt. Smartphones & Co könnten durchaus einen nicht unerheblichen Anteil an der Zunahme psychischer Erkrankungen und »Volkskrankheiten« wie Depression oder Burnout haben. Durch die wirtschaftlichen Rahmenbedingungen ihres Einsatzes schafft die Informationstechnik für den einzelnen Menschen keine Erleichterung von Arbeit, sondern lediglich eine Verdichtung von Arbeit.

Auch die »übermenschlichen« Fähigkeiten der Informationstechnik zur Verarbeitung des Erkennens und des Steuerns haben ihre Schattenseiten, insbesondere in der bereits erwähnten Kombination mit der Sensorik. Denn das Zusammenspiel von hochentwickelter Sensorik und auswertender Informatik ermöglicht eine umfassende Überwachung von Menschen. Zum einen gilt dies für den realen Raum, wo Kameras, Mikrophone und andere externe Sensoren in alle möglichen Geräte eingebaut werden können, die unsere reale Welt, also unsere direkte Umgebung, intensiv beobachten und entsprechende Reaktionen einleiten können. Zum anderen gilt dies auch für die Überwachung der virtuellen Räume. Denn natürlich kann man mit ausreichenden Ressourcen die User im Internet intensiv überwachen – zumindest den durchschnittlichen Nicht-Hacker. Das ist fatal, denn die Informationstechnik ist ja gerade die »Technik des Denkens und Sprechens«, und das Internet beinhaltet eben viele Gedanken und Gespräche. Ein »Überwacher« kann nun also das tun, was Goethe noch für unmöglich hielt: Er kann in den »Geist« seiner Bevölkerung eindringen, wodurch die Gedanken in der Informationsgesellschaft nicht mehr frei sind. Zumindest sobald sie irgendwo im Netz verewigt sind und man in einem Staat lebt, der seine Bürger überwacht. Experten wissen schon jetzt mit großer Sicherheit: Diese Form der Überwachung kommt.

Für uns in unserem täglichen Leben als freie Bürger in einem westlich geprägten Rechtsstaat mag die erhöhte Fähigkeit zur Überwachung wenig relevant sein. Wir vertrauen unseren Rechtsorganen im Umgang mit Überwachungstechnik, und im Internet informieren wir uns ohnehin nur über Fußball oder Kochrezepte, und vielleicht shoppen wir noch ein bisschen. Wen sollte das schon interessieren? Für die Bürger totalitärer Staaten ist die neue Überwachung allerdings eine Katastrophe. Denn deren Regimes bedienen sich dieser neuen Werkzeuge natürlich überaus gerne. Die einzige Hemmschwelle, die es hier oftmals noch zu geben scheint, ist das Geld, um sich entsprechend auszustatten. Außerdem sind viele der Technologien noch in der Entwicklung. Doch sie werden schon bald global erhältlich sein, und wenn sie das erst einmal sind, werden sich auch Interessenten finden. China ist bereits ein deutlicher Indikator dafür, dass solche Informationstechnologien zur Überwachung ihre Abnehmer finden werden. Dort gibt es ganze Modellstädte wie Shenzhen, die hochtechnisierte Überwachung beinahe flächendeckend implementiert haben. In Shenzhen gibt es bereits jetzt Kameras, die automatisiert die Polizei rufen, wenn sich mehrere Personen über einen längeren Zeitraum zusammenstellen – um Aufständen frühzeitig vorzubeugen.

Tatsächlich sind viele der repressiv genutzten Technologien in China keine chinesischen, sondern US-amerikanische Produkte. Cisco Systems, ein Unternehmen aus der Telekommunikationsbranche, war beispielsweise bei der Errichtung der chinesischen Zensurinfrastruktur – der »Great Firewall of China« – beteiligt und zwar in vollem Wissen über die damit verbundenen repressiven Interessen der Regierung. Diese Interessen hatte man intern sogar als »Cisco Opportunity« eingestuft. Aber auch andere Firmen wie Nortel, Oracle, Sybase und Motorola haben Soft- und Hardware, Datenspeicher und Erkennungsgeräte für potentiell repressive Verwendungen entwickelt und vermarktet. Im Kontext des Arabischen Frühlings wurden auch das erste Mal deutsche Firmen bekannt, die Überwachungstechnik an repressive Regimes verkauft haben. Die Münchner Firma Gamma/Elaman verkaufte die Abhörsoftware FinFisher an den ägyptischen Geheimdienst, und die ebenfalls aus München stammende Gesellschaft Trovicor belieferte Bahrain mit Werkzeugen zur verbesserten Handyüberwachung.

Eine Katastrophe ist dies vor allem deshalb, weil diese Form der Überwachung »vollständig« genannt werden kann. Mit der unheimlich hohen Effizienz, die mit dem neuen Zusammenspiel von Sensorik und Informatik erreicht wird, kann lückenlos, zu jeder Zeit und in jeder Situation, jeder Bürger eines entsprechend ausgestatteten Landes »beobachtet« werden. Über eine solche auf Informationstechnik gestützte Beobachtung in Verbindung mit einer anschließenden psychologischen Auswertung der Aktivitäten im Internet kann sogar auf intimste Gedanken und politische Einstellungen des Beobachteten geschlossen werden. Das bedeutet, dass Opposition in diesen Ländern zukünftig unmöglich sein wird. Die Informationstechnik beschert den totalitären Regimes der Zukunft die absolute innere Stabilität.

Das könnte auch für uns eines Tages unangenehm werden. Denn so sehr sich unsere westlichen Gesellschaften auch bemüht haben: Wir haben nach wie vor kein Patentrezept gegen totalitäre Herrschaft gefunden. Sollte sich unser demokratischer Rechtsstaat also doch einmal wieder zu einer autoritären oder sogar totalitären Diktatur wandeln – was wir schon aus Verpflichtung auf unsere Geschichte nicht ausschließen sollten –, so wird es für den entsprechenden Herrscher ein Leichtes sein, auf dem globalen Markt die entsprechenden Technologien zu finden und auch zu kaufen, sie innerhalb einiger Wochen zu implementieren und dann massiv damit zu überwachen – und entsprechende Schritte einzuleiten. Anders gesagt: Jeder zukünftige Diktator wird allsehend und allwissend sein. Das ist eine vollkommen neue Variante von Totalitarismus, die uns in der Zukunft droht und auf die wir gegenwärtig noch nicht vorbereitet sind. Im Grunde wären wir verpflichtet, uns mit der technischen Möglichkeit dieser Variante eines politischen Systems schon lange im Vorfeld auseinanderzusetzen, um zu sehen, wie es sich möglicherweise verhindern ließe.

Netzaktivisten betonen vor diesem Hintergrund gerne, dass man es zu jeder Zeit vermeiden müsse, jedwede Art von Überwachungstechnik einzuführen, denn so würde man einer totalitären Herrschaft Vorschub leisten. Das ist natürlich kein besonders tragfähiges Argument, denn in einer funktionierenden Demokratie mit einem vertrauenswürdigen rechtsstaatlichen Apparat ist eine derartige Überwachung ungefährlich und kann angeschafft werden. Dann wird sie nur benutzt, um Verbrecher zu fangen – was ja ganz im Sinne der Gesellschaft ist. Ist ein Staat allerdings auf dem Wege in eine totalitäre Herrschaft, so wird letztendlich auch das präventive Vermeiden aller Überwachungstechnik nicht mehr viel helfen. Die Technik kann binnen Wochen nachgerüstet werden. Alleine mit Datenschutz den Totalitarismus bekämpfen zu wollen ist also eine abwegige Vorstellung. Das soll nun aber auch kein Argument *für* mehr Überwachung sein. Denn die meisten Maßnahmen, die bei uns rechtlich möglich wären, sind nur wenig effizient und scheinen das subjektive Freiheitsempfinden der Menschen in empfindlichem und somit unverhältnismäßigem Maße zu beeinträchtigen. Ob das nun rational ist oder nicht, gerade Letzteres ist ein guter Grund für den Rückbau von Überwachungstechnik, denn Freiheit ist immer auch die gefühlte Freiheit. Erweckt staatliche Überwachung ein bedrückendes Bauchgefühl bei den Bürgern, ist das Grund genug für ihre Abschaffung.

Das Problem der informationstechnischen Stabilisierung totalitärer Herrschaft ist überaus ernst zu nehmen und dringend zu thematisieren, denn dies ist eine klare Ausrichtung der Informationstechnik. Es ist eine ihrer bedrohlichsten Schattenseiten.

Auch der Aspekt der durch Informationstechnik verstärkten Fähigkeit zur alltäglichen Kommunikation kann umfangreich kritisiert werden. Tatsächlich kann man sich gegenwärtig bereits trefflich darüber streiten, ob es nicht schon lange zu viel ist mit der Information, ob wir nicht versehentlich in eine »Überinformationsgesellschaft« eingetreten sind.

Längst erachten wir viele Dinge als relevant, die für uns in unserem Alltag in keiner Weise relevant sind. Im Gegensatz zu Nachrichten aus unseren Regionen, die intensiven Einfluss auf uns haben und auf die wir direkten Einfluss haben können, scheinen internationale Dramen wie Amokläufe in Amerika, Monsunfluten in Asien oder Kriegsverbrechen in Afrika in den Medien unverhältnismäßig viel Aufmerksamkeit zu genießen. Warum? Weil wir das einfach gerne wissen wollen. Diese Nachrichten bewegen und gruseln uns, sie zeigen, was in der Welt alles passiert und wie – in der Regel »schrecklich« – es in anderen Regionen der Welt zugeht. Aber um mehr handelt es sich bei diesen großen Nachrichten oft nicht. Da wir praktisch nicht damit verbunden sind, handelt es sich im Grunde nur um eine absurde Form der Unterhaltung, die allerdings mit größtmöglicher Seriosität vorgetragen wird und uns so vorgaukelt, etwas anderes, Wichtiges zu sein.

Wir sind aber nicht nur dank der zahlreichen nicht-relevanten Informationen überinformiert, sondern auch, weil uns einfach insgesamt viel zu viele Informationen zur Verfügung stehen – eine Unmenge an Wissen und Meinungen, Massen von Fakten, ganz neue Kontexte und viele verschiedene Perspektiven. Man hat dadurch nicht unbedingt das Gefühl, nun besser und umfassender informiert zu sein, sondern lediglich den Eindruck, dass all das nicht mehr durch den Einzelnen erfassbar, kontrollierbar, geschweige denn beeinflussbar ist.

In diesem Kontext ist es interessant zu beobachten, wie sich die Printmedien unter dem Einfluss des Internets verändert haben. Die dauernde und in der Regel kostenfreie Präsenz von Fakten und tagesaktuellen Nachrichten »online« hat zumindest im Bereich der Tageszeitungen zu einem deutlichen Einbruch geführt, während es zu einem überraschenden Aufwind für die Wochenzeitungen kam. Denn die bieten nicht nur Fakten, sondern eine stärkere Vorauswahl der Themen, eine gesammelte Ordnung und Bewertung. Sie helfen bei der Bewältigung des Überinformationsangebotes der Überinformationsgesellschaft.

Auch die politischen Illusionen der »Web 2.0«-Befürworter müssen zurückgeschnitten werden. Die Vision, dass mit dem Internet eine revolutionäre Befreiung einhergegangen sei, muss leider relativiert werden. Die neue Option, an der Gestaltung des Mediums aktiv teilzuhaben, wird de facto nur von wenigen Usern wirklich genutzt. Zwar scheint es auf den ersten Blick eine ungeheure Zahl an Blogs zu geben, mit vielen Lesern. Aber viele dieser Blogs werden von ein und derselben Person betrieben, und in vielen Kreisen sind die Leser immer die gleichen.

Außerdem ist das Internet kein vollkommen virtueller

Raum, in dem der User frei schalten und walten kann, wie er will, denn es wird durch eine ganz reale technische Infrastruktur produziert. Diese physische Infrastruktur wird in der Regel von den sogenannten »Internet Service Providern« (»ISPs«) geliefert. Dies sind Firmen wie die Telekom oder 1&1, die uns mit ihren Großrechnern, ihren Schaltstellen und ihren Glasfaserkabeln die Zugänge zum Internet zur Verfügung stellen und die auf ihren Internet-Servern Platz anbieten, damit dort Webseiten abgelegt werden können. Diese »Provider« bzw. deren reale Räumlichkeiten mit Schränken voller Computer, großen Klimaanlagen, Zutrittskontrollen und Alarmanlagen sitzen in unterschiedlichen Ländern mit unterschiedlichen Gesetzen. Wenn also diese Länder entscheiden, dass sie eine bestimmte Variante von Wissen und Meinen im Internet nicht dulden wollen oder dass sie Anonymität oder Dezentralität im Internet reduzieren wollen, so können sie das in der Regel einfach tun, indem sie sich an ihre Internet Service Provider vor Ort wenden und die entsprechenden Technologien dort einbauen. Die Freiheit des Internets muss immer von den Herrschenden akzeptiert werden. Sie ist ihnen nicht übergeordnet.

Wir können also sehen, dass die Informationsgesellschaft nicht ganz so wundervoll ist, wie sie meist dargestellt wird. Es gibt handfeste Nachteile. Diese Nachteile werden in der Öffentlichkeit nur wenig debattiert und im Vergleich zu anderen technischen Revolutionen unglaublich selten kritisiert.

Zum einen mag das daran liegen, dass »Information« für »Wissen« steht, und »Wissen« ist etwas, das oftmals pauschal für gut und wertvoll gehalten wird. Viele Pauschal-Befürworter verstehen aber oftmals leider entweder technisch einfach nicht genug von dieser hochspezialisierten Materie und überblicken deshalb die tatsächlich zu erwartenden gesellschaftlichen Folgen noch nicht, oder aber es sind Spezialisten (wie die sogenannten »Hacktivisten« und »Netzaktivisten«), die pauschal vom Guten des vernetzten, informatisierten Lebens überzeugt sind und denen daher eine tiefgreifende Kritik nicht so leicht in den Sinn käme. Darüber hinaus kommt der fatale Irrglaube zum Vorschein, dass die Informationsrevolution nun einmal ein Fortschritt sei, der sich ja bekanntlich nicht aufhalten lässt. Nur gibt es keinen Fortschritt in reiner Eigendynamik. Wenn es in einer Richtung keinen Markt gibt, also kein menschliches Interesse, gibt es dort auch keinen Fortschritt. Wer sollte das auch finanzieren und warum? Außerdem lässt sich auch jeder Fortschritt wieder rückgängig machen, wenn er sich als nachteilig erweist. Der technische Fortschritt ist nicht immer auch der gesellschaftliche Fortschritt. Oft gibt es Nachteile und Nebenwirkungen, die sich erst spät zeigen, sodass man einen bereits begangenen Pfad wieder verlassen muss. Ein gut gewählter technischer Rückschritt ist manchmal erst der echte gesellschaftliche Fortschritt. Die Geschichte der Technik liefert uns sogar selbst Beispiele dafür, dass Technologien auch wieder zurückgebaut werden, wenn ihre Nachteile die Vorteile überwiegen. Ein prägnantes Beispiel dafür ist die zivile Nutzung der Atomenergie in den letzten Jahrzehnten in Deutschland.

1.3 Die unsichere Gesellschaft
Abhängigkeit und Unsicherheit bei Programmierungen, Produktion und Gebrauch

Kommen wir nun zu unserem Kernproblem, der im Moment wohl dunkelsten Schattenseite der Informationstechnik, der wir ein eigenes Unterkapitel widmen wollen: ihre Unsicherheit.

Stellen wir uns dazu einmal vor, ein Staatsoberhaupt zu sein und einen wichtigen Industrievertreter für Technik zu empfangen, der uns von einer neuen, bahnbrechenden Erfindung erzählt. Diese Erfindung ermöglicht es unserer Regierung und Wirtschaft, viele Prozesse in allen möglichen Bereichen zu optimieren und zu verdichten, sodass viel Personal und Geld eingespart werden kann und wir zudem konkurrenzfähiger werden können. Man könne außerdem blitzschnell weltweit handeln, unsere Militärs werden um ein Vielfaches schlagkräftiger und das Beste: Wir bekommen das alles für einen Spottpreis, in Relation zu den Einsparungen und Gewinnen. Eine tolle Erfindung, denken wir natürlich. Aber der Industrievertreter ist noch nicht fertig. Es gibt nämlich noch einen klitzekleinen Haken an der Sache. Wenn man sich einmal auf diese großartige Erfindung eingelassen hat, könnte es sein, dass alle gesellschaftlichen und wirtschaftlichen Prozesse hochgradig von ihr abhängig sein werden – nichts wird mehr ohne sie gehen. Zudem ist sie nicht vollkommen angriffssicher – um genau zu sein: Sie ist mehr oder weniger offen für verschiedenste Angreifer wie andere Staaten, organisierte Kriminelle, politische Aktivisten und überhaupt für

Querköpfe aller Art. Das ist leider eine zwingende und unaufhebbare Bedingung. Damit endet die Präsentation.

Was also tun wir? Kaufen? Natürlich nicht! Kein Mensch mit Verantwortung könnte auf so einen Deal eingehen, denn er würde jede Integrität und Souveränität vollständig abgeben, und ohne die lassen sich die versprochenen wirtschaftlichen und militärischen Optimierungen dann auch nicht mehr genießen. Schöne Idee. Aber ohne Sicherheit? Nein, danke. Diesen Vertreter schicken wir lieber gleich zu unseren Feinden, mitsamt einem lebenslangen Einreiseverbot bei uns oder unseren Alliierten.

Diese erfundene Verkaufsveranstaltung kommt nicht von ungefähr. Denn in ähnlicher Form dürfte sie sich schon viele Male abgespielt haben. Über die letzten Jahrzehnte hinweg sind immer wieder solche Verkaufsvertreter zu einzelnen Organen von Staat und Wirtschaft gelaufen und haben eine Erfindung angeboten, die alles billiger macht, von der alle unheimlich abhängig werden und die schon immer vollkommen angreifbar war – die Informationstechnik.

Unangenehmerweise haben die meisten dieser Einzelverkaufsgespräche einen völlig anderen Ausgang genommen als unsere exemplarische Präsentation. Vielleicht wurde der Haken an der Sache bei den realen Vertretern auch nicht so explizit herausgestellt wie bei unserem Beispiel. Die unsichere IT wurde jedenfalls konsequent angeschafft, und inzwischen ist es so weit: Die Informationstechnik ist zu einem aus vielen miteinander verknüpften Einzelsystemen bestehenden Supersystem geworden, das eine notwendige (gleichzeitig aber angreifbare) Bedingung fast aller gesellschaftlichen, politischen und wirtschaftlichen Prozesse geworden ist. Wir sind der IT ins Netz gegangen.

Auf der ganzen Welt haben sich Gesellschaften in vielen

kleinen und oft marktgetriebenen Entscheidungen in die Abhängigkeit von einer (wie wir gleich noch genauer sehen werden) zutiefst unsicheren Technologie und den sich daraus ergebenden verwundbaren Strukturen treiben lassen. Ein fulminanter Nachteil, der jedoch erst jetzt langsam bemerkt wird: eine überaus ernst zu nehmende Bedrohung, die aus der ungünstigen Verquickung von Abhängigkeit und Angreifbarkeit erwächst. Das Opfer ist nicht nur enorm verwundbar, sondern darüber hinaus auch noch gefesselt. Diese Kombination ist für Angreifer aller Art so richtig interessant. Ein besonders besorgniserregender Angreifer ist dabei ein feindliches Militär. Warum? Weil Militärs in der Regel über sehr hohe Ressourcen, sehr gutes Know-how und sehr breitgefächerte (wie tiefgreifende) Interessen verfügen. Oder genauer gesagt tun dies die Staaten, denen die Militärs unterstehen.

Hat man also seine gesamte Gesellschaft auf einer vollkommen angreifbaren Technologie erbaut und zudem einen Staat als potentiellen Gegner, ergibt das in Summe ein großes wie naheliegendes Problem: den Cyberwar. Dabei attackieren sich Staaten nicht mehr auf den traditionellen Schlachtfeldern, sondern greifen die IT des Gegners an. Ein solcher Angriff kann eine »informatisierte« Gesellschaft bis ins Mark treffen.

Die vielen Vorteile der Informationstechnologie haben zu ihrer massiven Verbreitung in (buchstäblich) allen möglichen Bereichen geführt. Die Wirtschaft läuft über sie, Staaten regulieren und verwalten sich mit ihrer Hilfe, und auch der Durchschnittsbürger hat sich reichlich mit diesen neuen Werkzeugen angefreundet und ausgestattet. Für alle ermöglichten individuellen, wirtschaftlichen oder gesellschaftlichen Prozesse ist die IT längst eine notwendige Bedingung geworden. Die Angriffsfläche bei einem Cyberwar ist also groß – und ein Angriff ist (wie für IT typisch) auch gleich sehr effektiv. Nicht nur im Moment des Angriffs, sondern auch lange darüber hinaus.

Hier kommt die freiwillige Abhängigkeit von IT ins Spiel. Es steht nämlich fast keine Ersatztechnik mehr zur Verfügung, und die Fähigkeiten zur Bearbeitung der Prozesse ohne IT sind ebenfalls verloren gegangen, da sie nicht mehr benötigt werden. Wie sollen in einer gehackten und lahmgelegten Produktionsstraße noch Autos gebaut werden? Und an den Ausfall der IT an der Börse möchte man gar nicht erst denken. Jede Weiterentwicklung bedingt eine Befreiung von Altem, allerdings ist das nur dann wirklich von Vorteil, wenn die neuen Techniken auch zuverlässig sind.

Eine erste Idee wäre jetzt natürlich, unseren leichtsinnigen Fehler wiedergutzumachen und die unsichere IT zu ersetzen – durch eine sicherere Variante als die beim ersten Versuch. Aber auch hier gibt es Probleme. Wir befinden uns zwar noch nicht lange im Informationszeitalter, aber es wäre bereits jetzt sehr teuer und umständlich, sich wieder von all der bereits verbauten und vernetzten IT zu befreien. Von Versuch kann hier leider nicht mehr die Rede sein. Sie ist inzwischen – danke, Fortschrittswahn – einfach schon zu tief in unsere gesellschaftlichen, politischen und wirtschaftlichen Strukturen eingedrungen. Die Technikforschung nennt dies eine »Pfadabhängigkeit«. Man müsste nämlich nicht nur die IT zurückbauen, sondern auch fast alles drumherum. Denn eine sichere IT wäre eine grundlegend andere IT – weniger komplex und weniger vernetzt. (So viel sei an dieser Stelle schon verraten.) Maschinen wie Produktionsstraßen, die auf die Steuerung durch die unsichere IT hin gestaltet wurden, müssten von Grund auf neu entwickelt werden. Prozesse wie der automatisierte Börsenhandel, die auf die unsichere hohe Geschwindigkeit und die Omnifunktionalität der IT vertrauten, müssten »entschleunigt« und neu organisiert werden. Vielerorts müsste Personal wieder eingestellt werden, weil besonders kritische Prozesse grundsätzlich nicht in die Hände manipulierbarer Maschinen gehören. Ein wirklich entschlossener Rückschritt ist also nicht leicht. Er ist aber auch nicht unmöglich. Es wird eben nur sehr, sehr teuer. Dennoch müssen wir uns von dieser Abhängigkeit befreien.

Das mag alles ein wenig nach fortschrittsfeindlichen Unkenrufen klingen, und natürlich sind IT-gestützte Prozesse dahingehend stabil und ausgereift, dass ein rein technisches Versagen nahezu ausgeschlossen werden kann – die »Unfallsicherheit« (fachenglisch: »Safety«) ist also durchaus gegeben. Daneben gibt es aber immer auch die »Angriffssicherheit« (fachenglisch: »Security«). Dies ist eine ganz andere Sicherheit, denn hier geht es nicht um eine Bedrohung durch Versagen, sondern um einen Angreifer.

Diese Art der Unsicherheit sollte uns Kopfzerbrechen bereiten und muss abgebaut werden, und von dieser Unsicherheit geht die große Gefahr für die Informationsgesellschaft aus. Hier versagt unsere etablierte, hochvernetzte Informationstechnik nämlich gänzlich: Sie ist nicht »angriffssicher«.

Doch wie kann das sein? Wenn die Ingenieure und Computerwissenschaftler in der Lage sind, so komplexe und hochentwickelte Systeme zu schaffen, dann müssten sie doch auch in der Lage sein, einen entsprechenden Sicherungsmechanismus zu entwickeln? Doch genau in der Komplexität und in der hohen Entwicklung liegen die Probleme. Denn gerade bei komplexer, hoher Entwicklung können die Ingenieure Fehler machen, bieten sich unbekannte Nutzungsvarianten, und häufig sind solche Programmierfehler bzw. Sicherheitslücken ein Einfallstor für Hacker.

Um ein Beispiel zu geben: Eine leider recht weit verbreitete Sicherheitslücke führt zu einer leider ebenfalls recht weit verbreiteten Attacke namens »Buffer Overflow«-Angriff. Dabei ist es dem Hacker durch Fehler im Programm möglich, eine zu große Datenmenge in einen zwar eigentlich eigens für solche Daten reservierten, aber schlichtweg zu kleinen Speicherbereich (»Buffer« bzw. »Puffer«) zu packen. Hat etwa der »Buffer« eines ganz gewöhnlichen Such-Feldes, wie es in sehr vielen Anwendungen zu finden ist, dank der Programmierung Platz für genau 300 Zeichen, schreibt der Hacker exakt diese 300 Zeichen in das Eingabefeld, in das man normalerweise seinen Suchbegriff einträgt – hört danach aber nicht auf zu tippen, sondern fängt mit dem 301. Zeichen an, eigene Programmbefehle zu schreiben. Das Resultat: Der Buffer »läuft über«. Doch anders als bei zu viel Wasser in einem zu kleinen Glas, das irgendwann überläuft, bleiben die Daten, die sich »außerhalb« des Buffers befinden, nicht einfach liegen und trocknen mit der Zeit von alleine. Die Folgen sind recht unangenehm: Die Speicherstellen außerhalb des Puffer-Bereichs können nämlich überschrieben werden. Diese »übergelaufenen« Daten der Hacker sind deshalb nicht selten Befehle, die nun plötzlich außerhalb des Puffer-Bereichs frei auf solche Bereiche des Computers zugreifen können, die eigentlich normalen Programmbefehlen vorbehalten sind. Ein erster »übergelaufener« Befehl lautet oft, dem Hacker einen etwas komfortableren Zugang zum Computer einzurichten. Und schon ist es passiert: Der Angreifer ist auf dem Rechner und kann von dort aus weitere und dank der vernetzten IT nicht selten weitreichende Aktivitäten verfolgen. Ein erfolgreicher Hack, und gar nicht mal besonders aufwändig.

Doch warum wurden nach der Menge an Daten, die der Buffer aufnimmt, noch weitere angenommen – die dann die ursprünglichen Programme auch noch überschreiben konnten? Warum war der Buffer nicht klar und unüberwindbar begrenzt bzw. »gedeckelt«? Normalerweise darf so ein Überlaufen natürlich nicht passieren, aber wenn Programmierer schlampen – und das passiert –, kann so etwas technisch möglich werden. Durch Fehler und Lücken in der Programmierung stürzt das System auch dann nicht automatisch ab, wenn jemand über den Buffer hinaus und in das eigentliche Programm hineinschreibt. Für Hacker ist so ein »unbegrenzter Buffer« ein beliebtes Einfallstor, eine Verwundbarkeit (fachenglisch: »Vulnerability«), die sich ausnutzen bzw. ausbeuten lässt (fachenglisch: »exploiten«).

Ein weiteres Beispiel: Ein ähnlicher und ähnlich beliebter Angriff ist die »SQL-Injektion«. SQL (»Structured Query Language«) ist eine relativ einfach aufgebaute und an die englische Umgangssprache angelehnte Datenbanksprache und wird von fast allen gängigen Datenbanksystemen unterstützt. Bei einer »SQL-Injektion« greift ein Hacker eine SQL-Datenbank an, indem er wie beim vorigen Buffer-Beispiel versucht, über ganz normale und jederzeit mögliche Benutzereingaben Befehle einzuschleusen. Bei SQL-Datenbanken geht das relativ einfach. Ein Rechner, der gerade SQL liest, kann nämlich bei schlampiger Programmierung bestimmte Sonderzeichen, die in den normalen Benutzereingaben nicht vorkommen dürften (etwa ein umgedrehter Schrägstrich »\« oder ein Apostroph »'«), direkt als Anfang eines Befehls interpretieren. Indem man also in einer Eingabemaske plötzlich mitten im Text zu Sonderzeichen wechselt, kann man einen solchen SQL-Rechner einfach und direkt umprogrammieren.

Neben diesen Varianten gibt es noch Hunderte andere Angriffsmodelle und -methoden. Besonders talentierte Hacker finden sogar regelmäßig noch vollkommen neue Angriffe, die Fehler sehr innovativ ausnutzen. Grundsätzlich läuft es aber immer so ab: Programmierer machen einen Fehler, Angreifer nutzen diese Fehler aus.

Herkömmliche IT ist oftmals leider nicht nach hohen Sicherheitsmaßstäben gemacht. Man rechnet natürlich mit allen möglichen Unfällen und Ausfällen (Stichwort: »Safety«), aber dass ein schlauer und geschickter Angreifer kommt und die ganzen Schlampereien ausnutzt, denen man sich jahrelang hingegeben hat, das hat die gesamte Industrie bis heute noch nicht richtig berücksichtigt (Stichwort: »Security«).

Nun könnte man vielleicht meinen, dass dies ja kein unlösbares Problem sein sollte. Diese Art von Unsicherheit sollte sich doch über kurz oder lang abstellen lassen, indem man mit der Zeit alle Fehler ausbügelt. Einen nach dem anderen. Irgendwann müsste man doch alle gefunden haben. Aber das ist eine gefährliche Illusion, aus mehreren Gründen.

Zum einen ist die heutige Software wahnsinnig groß und komplex. Die aktuellen Versionen der Betriebssysteme von Windows oder Apple haben beide je über 80 Millionen Zeilen Code. Der »Code« ist die in der jeweiligen Programmierung verwendete Programmiersprache. Außerdem wird der Code in Zeilen geschrieben, bei denen jede Zeile einen Befehl oder bestimmte Informationen enthält.

80 Millionen Zeilen ist eine gigantische Menge – bei der es viele Möglichkeiten gibt, Fehler bei der Programmierung zu machen. Die Carnegie Mellon Universität hat bei Messungen herausgefunden, dass bei dieser Art kommerziell erstellter Software die Fehlerquote zwischen 1,5 % und 5 % liegt. Bei über 80 Millionen Zeilen Code kommt man also auf 1,2 bis 4 Millionen Fehler. Nicht alle davon sind als Sicherheitslücken von Hackern »ausbeutbar«, aber ein raffinierter Angreifer wird trotzdem einige 10.000 davon ausbeuten können. Es gibt also sehr viele Einfallstore, die man zu schließen hätte. Und dabei kommen nun noch einige Zusatzschwierigkeiten ins Spiel.

Es ist nämlich gar nicht so umfassend bekannt, was eine Sicherheitslücke ist. Mit schöner Regelmäßigkeit tauchen immer neue, vollkommen unbekannte Angriffsvarianten auf, die vor allem eine Überprüfung nach vorgefassten Schemata gar nicht erfassen kann – und wie sollte man solch gigantische Software anders prüfen als »schematisch«? Jede Zeile einzeln »von Hand«? Bestimmt nicht. Doch tendieren solche Schemata-basierte Prüfungen zu falschen Einschätzungen, und es werden dabei nicht selten sogar Angriffsoptionen in einer Software hineininterpretiert, wo eigentlich nur ganz normale und unproblematische Funktionen sitzen. Aus diesen Gründen gibt es bislang keine zuverlässigen automatisierten Verfahren zur Fehlerprüfung. Das ist ein Zweig der Forschung, der schon lange und intensiv betrieben wird, der aber bisher leider keine nennenswerten Ergebnisse erzielt hat. Einige besonders bekannte Standardfehler können ausgeschlossen werden – mehr nicht. Ein weiteres großes Problem für diese Tests ist, dass sie eine Programmierung nicht nur formal vergleichen, sondern auch verstehen müssten. Denn eine Programmierung besteht nicht nur aus mathematischen Zeichen und Befehlen. Sie funktioniert eher wie eine Sprache: Sie hat eine Bedeutung – etwas, das zwischen den Zeilen steht, denn die letztendliche maschinelle Handlung wird aus der Summe der einzelnen Befehle heraus »interpretiert«. Diese Bedeutung können schematisierte Prüfungen bislang kaum erfassen. Kurz: Es wird immer Hintertürchen geben, und ein Angreifer wird immer einen Weg hinein finden.

Neben den unzähligen Möglichkeiten, einen Programmierfehler zu machen, und der gleichzeitigen Unmöglichkeit, diese gigantischen Mengen an Code vollständig zu überprüfen, kommt schließlich sogar noch ein drittes Problem dazu – ein regelrechtes Killerproblem: Da der Bedarf nach neuen Features, neuen Funktionen und Spielzeugen am Markt wesentlich größer ist als der Bedarf nach Sicherheit (»Security«), werden mit wesentlich größeren Geschwindigkeiten neue Programme und Gadgets entwickelt, als jemals überprüft werden können. Während also an einer Stelle 100 Zeilen Code auf Fehler und Sicherheit überprüft werden, werden an einer anderen Stelle 10.000 Zeilen ungeprüfter Code neu geschrieben. Gerade dieser Umstand führt auch dazu, dass die IT-Sicherheit (trotz deutlich verstärkten Bemühungen in Wissenschaft und Industrie) seit Jahren kontinuierlich sinkt statt steigt. Es werden einfach jeden Tag viel mehr »unsichere« Produkte, Anwendungen, Apps, Betriebssystemerweiterungen auf den Markt geworfen als auch nur ansatzweise abgesichert werden können. Hinzu kommt, dass die normalen Programmierer, die diese normalen Programme schreiben, in der Regel gar keine oder eine nur sehr rudimentäre Ausbildung in »sicherer« Programmierung haben – ein folgenschwerer Schwachpunkt in der Ausbildung der Informatiker. Man lernt eher nach guter alter Ingenieurstradition: Etwas muss so gebaut werden, dass es irgendwie läuft. Diese Variante der Entwicklung ist einfach und wird sogar durch den Markt begünstigt. Ein Produkt bringt mehr Profit, wenn es seine Basisfunktionen erfüllt und schnell am Markt ist. Sicherheit war bislang immer ein zeitaufwändiges, ungewolltes und zu vernachlässigendes Feature.

Im Übrigen ist auch »Open Source Software« nicht notwendigerweise besser und sicherer. Diese Art von »nichtkommerzieller« Software, deren Entwicklungscode offen zugänglich ist und die von einer Vielzahl von Programmierern gemeinsam entwickelt wird, verfügt zwar über weit weniger Programmierfehler (Messungen haben eine Fehlerquote von 0,02 % ergeben), doch gibt es auch in diesen Systemen immer noch eine zu hohe Komplexität und auch immer noch genügend Einfallstore für raffinierte Angreifer.

Der Sicherheitsvorsprung ist zwar vorhanden, aber als nicht

besonders groß einzustufen. Das gilt zudem auch nur für Codeteile, die tatsächlich viel Aufmerksamkeit anziehen. Peripher und nur in kleinen Gruppen entwickelte Open-Source-Anwendungen haben teilweise sogar noch viel mehr Fehler als kommerzielle Konkurrenten. Zudem kann die »Openness« selbst gegenüber geheimen Entwicklungen als Sicherheitsschwäche ausgelegt werden, denn man muss nicht erst irgendwo einbrechen oder umständlich einen eigenen »Disassembler« basteln, um an den Entwicklungscode zu kommen, in dem man dann kritische Schwachstellen suchen kann.

Der Entwicklungscode ist nämlich normalerweise nicht ohne weiteres einsehbar. Dazu muss man wissen, dass ein Programm aus drei Perspektiven wahrgenommen werden kann. Die eine Perspektive ist die des Nutzers: Er »spricht« mit dem Computer meist über ein Bild mit kleinen Icons, die er anklicken kann und auf die sein Computer dann reagiert. Die zweite Perspektive ist die des Rechners: Er »spricht zu sich selbst« in einer Maschinensprache, die in der Regel aus »Binärcode« besteht: aus den berühmten Einsen und Nullen, die lediglich angeben, ob an der entsprechenden Stelle ein Signal ist oder nicht, ganz nach dem Prinzip der guten alten Schaltung, nur dass im Rechner eben viele Tausend und Millionen solcher Schaltungen aufeinander folgen und so in ihren Konstellationen ganz unterschiedliche maschinelle Reaktionen bewirken können. Die dritte Perspektive schließlich ist die des Programmierers: Programmierer wollen zwar mit dem Computer »sprechen« (ihm Befehle geben), tun dies aber nicht mit Binärcode, denn das wäre unglaublich zeitaufwändig und anstrengend. Allein der Satz »Wir lesen ein Buch zu Cyberwar« sieht in Binär bereits so aus:
01110111 01100101 01110010 00100000 01101110 01101001
01100011 01101000 01110100 00100000 01110111 01101001
01110011 01110011 01100101 01101110 00100000 01101011

01100001 01101110 01101110 00101100 00100000 01101101
01110101 01110011 01110011 00100000 01100111 01101100
01100001 01110101 01100010 01100101 01101110. Im Internet gibt es übrigens schöne »Binary-Translators«, falls man mal ein Gedicht oder eine Tätowierung maschinenlesbar machen muss. Direkt in Binär zu schreiben ist bei den großen Mengen von Befehlen jedenfalls nicht praktikabel. Also schreibt man in realer, menschlicher Sprache – einer Programmiersprache – und schaltet zusätzliche Mensch-Computer-Übersetzer dazu: die »Assembler«. Die können ganz individuell gestaltet werden und setzen die jeweils verwendete Programmiersprache in den Binärcode um, der dann von einem Computer verstanden werden kann.

Hier sind wir wieder bei der Open-Source-Idee: Bislang war die Programmierung nämlich immer ein wohl gehütetes Betriebsgeheimnis. Ein geschickter Nutzer konnte zwar den Binärcode lesen. Da er aber nicht über den »Assembler« verfügte – beziehungsweise dessen Gegenstück, den »Disassembler«, der Maschinensprache zurück in Programmiersprache übersetzt –, hatte er damit noch keine Einsicht in die Programmierung. Diese sehr geheime und nur in Firmenlabors stattfindende Programmierung war einigen Computerwissenschaftlern und Hackern schon immer ein Dorn im Auge. Die Forschung kam dadurch nämlich insgesamt nur sehr schleppend voran. Forschung baut bekanntlich auf Forschung auf, und wenn man nie weiß, was die anderen gerade so forschen, muss man alles erst selbst entwickeln und braucht eben entsprechend länger. Diese Gruppe aus Forschern und Hackern hatte also die Idee, Betriebssysteme und Anwendungen zu bauen, bei denen die Assembler völlig frei jedem zur Verfügung standen. Die Quellen (fachenglisch: »Source«) sollten offengelegt werden. Das ist der Kerngedanke bei dieser Entwicklungsmethode. Indem der Quellcode offengelegt ist, können viele Menschen daraufsehen und ihn auf Fehler kontrollieren. Deswegen gibt es hier auch weniger Fehler. Fehlerlos wird der Quellcode allerdings auch hier nie sein.

Das ist also unsere Ausgangslage: Wir haben eine IT, von der wir bis in die kleinste Verästelung unserer Gesellschaft abhängig sind und die zudem grundsätzlich unsicher und unbeherrschbar ist. Wir wollen die IT sogar in genau dieser unbeherrschbaren Form. Denn bei unserem aktuellen, verschwenderischen Gebrauch von Features, Apps und Add-Ons können wir nicht einfach umschalten auf eine sichere IT, die geprüft ist und laufend überwacht werden kann, dafür aber eben nur aus einigen 1000 Zeilen Code besteht statt einigen Millionen.

Das Problem mit der Unsicherheit der IT ist leider nicht nur rein technischer Natur. Es gibt mindestens zwei weitere kritische Problemfelder: die Produktion und der Gebrauch von IT.

Gerade die Unsicherheit bei der Produktion ist eine Sorge, die inzwischen sehr viele Unternehmen, vor allem aber Regierungen haben, die so hochsensible Bereiche wie das Militär mit IT versorgen, denn die Produktion von Hard- und Software verläuft nicht wie eine gewöhnliche Rüstungsproduktion. Beispielsweise sind die Angestellten der Entwicklerfirmen in der Regel nicht »sicherheitsüberprüft« – im Gegenteil. Es sind oftmals unüberschaubar viele Angestellte aus den unterschiedlichsten Ländern, die darüber hinaus ihre Beschäftigungen schnell wechseln. Ein Programmierer kann so einmal bei einem kleinen Büro eines IT-Sicherheitsunternehmens in Indien arbeiten, kurz darauf bei Microsoft in den USA und dann wieder bei SAP in Deutschland – und überall kann er mitprogrammieren und Know-how mitnehmen, ohne dass jemand weiß, ob dieser Programmierer nicht für einen Geheimdienst oder ein Verbrechersyndikat arbeitet. Auch die Gebäude, in denen die Software für das Militär entwickelt wird, sind nur in den seltensten Fällen »sicher« bzw. mit einem soliden Wachschutz ausgestattet, und oftmals sind auch die Server, auf denen die wichtigen Entwicklungsinformationen, Verfahren oder Passwörter liegen, direkt am Internet. Das macht es für Angreifer mit höheren Ressourcen – wie Militärs – recht einfach, manipulativ in die Produktion einzugreifen. Sie können an jeder Stelle Innentäter einschleusen, die verschiedenste Angriffe ausführen. So können Staaten dafür sorgen, dass bei Microsoft, Apple, Cisco, SAP und so weiter ausreichend viele Sicherheitslücken eingebaut werden, zu denen sie dann einen direkten und exklusiven Zugang haben. Das ist für Staaten außerordentlich attraktiv, denn Spionage und Manipulation werden somit zum Kinderspiel. Im Vergleich zu den mannigfaltigen Möglichkeiten, die ein solcher »Generalschlüssel« für Regierungen bedeutet, ist der Kostenaufwand dafür verschwindend gering: Oft kostet so ein Innentäter nicht mehr als 50.000 € oder 100.000 €. Wenn man für diese Summe eine Hintertür beispielsweise in Windows einbauen kann, mit deren Hilfe man Zugriff auf alle Maschinen weltweit hat, die mit Windows arbeiten, ist das eine bahnbrechend attraktive Investition. Als Staatsführer darf man sich diese Gelegenheit eigentlich auch gar nicht entgehen lassen, denn potenzielle Gegner werden sicherlich Windows-Systeme benutzen. Die kostengünstige, einfache und risikofreie Manipulation gibt einem einen direkten Machthebel über mögliche Gegner in die Hand und verschafft so ein hervorragendes Werkzeug, der eigenen Bevölkerung mehr Sicherheit zu gewährleisten. Denn wenn einer dieser Gegner tatsächlich angreifen will, kann man diesen mächtigen Hebel benutzen, wie wir später noch sehen werden.

Neben der unsicheren Produktion ist auch der Gebrauch von IT unsicher. Denn der Einsatz von Informationstechnik ist in der Regel hochgradig komplex – gerade beim Militär. Als Beispiel kann man sich das »Global Information Grid« (GIG) der US-Armee ansehen. Mit diesem Begriff wird die Gesamtheit aller Rechner des US-Militärs bezeichnet – Zigtausende Rechner unterschiedlichster Konfigurationen, die in verschiedensten Netzwerken weltweit miteinander interagieren. Das GIG umfasst dabei Laptops auf Armeebasen im mittleren Osten genauso wie Server im Pentagon, ohne jedoch zentralisiert geplant worden zu sein. Es ist vielmehr »natürlich« gewachsen, wie ein Wald oder das Gassengewirr einer mittelalterlichen Stadt. Für einen Angreifer macht es das erneut leicht: Er hat die freie Auswahl beim »Deployment« seines Hacks, also beim Anbringen seines Angriffs am Zielort. Er kann nicht nur an sehr vielen Stellen ansetzen, die vielen Stellen sind auch unterschiedlich gut erreichbar und gesichert. Hier kann es dem Angreifer schon reichen, einen USB-Stick einmal kurz irgendwo anzustecken, und schon ist es geschehen. Bei einem so riesigen System wie dem GIG mit seinen Zehntausenden Computern und Millionen von (mehr oder weniger gut gesicherten) USB-Eingängen ist ein gut vorbereiteter und gut finanzierter Angriff dann ein Leichtes.

Zusammenfassend lässt sich sagen, dass die enorme Komplexität von IT und die daraus resultierende Unbeherrschbarkeit ein Sicherheitsproblem auf drei verschiedenen Ebenen darstellen: die unsichere Technik, ihre unsichere Produktion und ihr unsicherer Gebrauch. Natürlich ist die Erkenntnis nicht neu: Je größer ein System ist, desto einfacher ist es für einen Angreifer, eine Schwachstelle zu identifizieren und auszunutzen. Das galt auch schon vor der Ära des Cyberangreifers. Allerdings ist dieses Phänomen in unserer neuen Ära tatsächlich neuartig unangenehm. Denn die Komplexität von Systemen ist im Vergleich zu früher geradezu exorbitant erhöht, während ein guter Hacker nur einen sehr kleinen Stich braucht, um die Sicherheit vollständig zu kompromittieren. Das gilt leider auf allen drei Ebenen. Auf der technischen Ebene kann es bereits reichen, wenn in den vielen Millionen Zeilen Code ein einziges Zeichen verändert wird, denn ein einzelnes Zeichen kann die Bedeutung einer ganzen Zeile Code bereits ausreichend ändern, um an anderer Stelle ein Tor zu öffnen, das um jeden Preis verschlossen bleiben sollte. Aber selbst wenn der Angriff aus einigen Hundert Zeilen Code bestehen muss, ist das immer noch verschwindend wenig und kann zudem gut getarnt werden. Technisch gesehen haben Angreifer also gute Chancen, ein System zum Kollaps zu bringen – oder noch schlimmer: es mit eigenen Befehlen zu steuern. Auch auf der Ebene der Produktion müssen nur kleine, gezielte Angriffe erfolgen. Es reicht, wenn ein einzelner Täter angeheuert wird oder wenn eine einzelne Produktionsmaschine manipuliert wird, die dann den eingeschleusten Fehler unauffällig weitergibt. Die großen Softwareunternehmen geben hier selbstredend kaum etwas bekannt, aber vom Werk aus manipulierte Soft- und Hardware ist zumindest bei einigen Produkten nachgewiesen und bei anderen ein überaus gängiger Verdacht. So dürfen etwa Huawei-Produkte nicht mehr in Indien eingesetzt werden, da Huawei – ein chinesisches Unternehmen mit Staatsbeteiligung – weltweit dringend im Verdacht steht, Zugänge für chinesische Spione eingebaut zu haben, und sich kaum bemüht, verlässliche Kontrollmechanismen gegen diesen Verdacht zuzulassen. Auch auf der Ebene des Gebrauchs reicht ein winziger Stich, ein kurzer Kontakt mit einem USB-Stick etwa, um ein ganzes Netzwerk zu infiltrieren. Das Hauptproblem der IT-Unsicherheit ist somit leicht zu identifizieren: Es ist die extrem hohe Asymmetrie der Wirkung zwischen Verteidigung und Angriff. Der Angriff ist erschreckend leicht, die Verteidigung so gut wie unmöglich.

1.4 Ineffiziente Sicherheits-maßnahmen
Passive und Aktive (IT-)Sicherheit

Die hohe Asymmetrie ist es nun auch, die verhindert, dass die inhärent unsichere IT durch zusätzliche Sicherheitsmaß-nahmen so richtig gesichert werden kann. Für solche zusätz-lichen Maßnahmen gibt es prinzipiell zwei Varianten: Die »passive« und die »aktive« Sicherheit. Die passive Variante wollen wir zuerst besprechen. Bei der passiven Sicherheit ver-sucht der Verteidiger, einen Schutz aufzubauen, gegen den der Angreifer nicht ankommen kann. Ein klassisches Bei-spiel dafür ist ein Burgwall, den Feinde nicht überwinden sollen. Allerdings ist der passive Schutz immer auch ein Katz-und-Maus-Spiel, denn hartnäckige Angreifer werden immer versuchen, Methoden zu finden, mit denen sie die passiven Schutzmaßnahmen überwinden, untergraben oder durchbre-chen können. Eine der Antriebsfedern der Rüstungsdynamik ist genau dieses Wechselspiel zwischen verbesserter Verteidi-gung und verbesserter Offensive – auf dem realen wie dem virtuellen Schlachtfeld.

Angesichts der hohen Asymmetrie zwischen Verteidigung und Angriff muss man nun leider sagen, dass die passive Stan-dard-IT-Sicherheit und ihre Standard-Instrumente in keiner Weise vernünftig einsetzbar sind. Alles, was man aus diesem Bereich kennt – Virenscanner, Firewalls, Detection Systeme –, hat gegen Angreifer aus dem Netz schon mehrfach gründlich versagt. Dies gilt für private Hacker ebenso wie für »Cyber-warrior«, also Militärs mit enormem Know-how und noch größeren Ressourcen. Das hat mehrere Ursachen und zeigt gleichzeitig schwerwiegende, prinzipielle Probleme auf.

Zum einen ist da der Gedanke, dass man an den aktuell bestehenden hochkomplexen IT-Systemen im Kern nichts mehr ändern will, und konventionelle IT-Sicherheit ist dann eben nur ein »Ad-Hoc-Feature«: Sie wird immer erst im Nachhinein auf ein von Anfang an marodes System außen aufgesetzt und soll dann maximale Sicherheit garantieren. Das ist aber ungefähr so sinnvoll wie ein vollkommen verrostetes und kaputtes Auto durch schicke Aufkleber wieder fit für den TÜV machen zu wollen.

Zum anderen sind die meisten Maßnahmen der Standard-IT-Sicherheit nicht »proaktiv«, sondern lediglich »reaktiv«. Sie sichern Systeme in der Regel also nicht vorausschauend gegen eine breite Palette möglicher Angriffe ab, sondern im Nachhinein und nur gegen bereits bekannte Versionen. Virenscanner funktionieren auf genau diese Weise. Ein Virus muss einmal erkannt (»detektiert«) sein, damit man seine Charakteristik (seine »Signatur«) als Kurzbeschreibung an die eigenen Virenscanner weitergeben kann, die dann alle neu eingehenden Daten auf diese Signatur hin prüfen können. Unbekannte Viren gehen aber nach wie vor vollkommen unbehelligt durch die Anti-Viren-Software hindurch. Dies ist der Grund dafür, dass wir jeden Tag diese phänomenal große Anzahl neuer Computerwürmer und Viren haben, denn der einfachste Weg für einen Angreifer, einen Virenscanner zu umgehen, besteht darin, seinen Virus immer ein ganz kleines bisschen zu variieren. Der Scanner überprüft dann den leicht veränderten (und somit getarnten) Virus gegen seine Liste mit den bekannten Viren-Signaturen, kann den Neuankömmling aufgrund der leichten Variationen darauf nicht finden und winkt ihn durch. Variation ist ein gutes Prinzip für Angreifer, um unter schlechten Defensiven durchzutauchen, und das

Unangenehmste daran ist: Dieser Vorgang lässt sich automatisieren, sodass ein einziger Virus an verschiedenen Stellen gleich massenhaft variiert wird. So kommt es schnell zu Zigtausenden »mutierten« Viren und Würmern, die beim Eindringen auf dem Rechner von keinem Scan erfasst werden, denn konventionelle Virenscanner erkennen nur 70 % der bekannten Viren. Diese doch recht einfache Methode ist bereits erschreckend erfolgreich.

Dies sind also die beiden großen Nachteile der reaktiven IT-Sicherheit: Die konkrete Bedrohung muss bereits bekannt sein, und die Mechanismen der Detektion müssen zudem sehr präzise arbeiten, damit sie nicht aus Versehen anstatt Viren legitime Daten abfangen, die den Viren nur ähneln – was sie gerne tun. Das führt aber wiederum dazu, dass ein Angreifer mit nur leicht variierten Viren bereits wieder durch die Sicherheitsmaßnahmen durchstoßen kann. Der Angreifer ist dem Verteidiger also immer einen Schritt voraus. Reaktive IT-Sicherheit ist in gewisser Weise immer eine »Zu spät«-Sicherheit. Vor allem bei raffinierten Angreifern wie Militärs mit einer konkreten Mission ist das ein sehr gravierendes Problem. Diese Angreifer werden möglicherweise nur ein bestimmtes Ziel genau ein Mal angreifen, mit vollkommen neuen Angriffen, die jede Detektion maximal vermeiden.

Aber auch proaktive IT-Sicherheitsmaßnahmen kämpfen mit erheblichen Problemen – etwa die »Detektionssensoren«, die als Messgeräte an Datenleitungen angelegt werden können und diese auf auffällige Muster in den durchströmenden Daten abhören sollen. Bei massiven Datenströmen müssen sie immer mit einem gewissen Grundrauschen auskommen. Das ist aber meist ausreichend für einen Angreifer, um seine Angriffe durch die Sensoren zu kriegen. Außerdem können Angreifer auch das machen, was Agenten manchmal im Fernsehen tun: Sie schleusen nicht die ganze Waffe auf einmal ein, sondern nur ihre Einzelteile, die sie dann am Zielort zusammenbauen und einsetzen. Die Sensoren nehmen jede der harmlos wirkenden Komponenten dann nur als eines der vielen Fehlsignale im Datenstrom oder ein Bauteil für etwas ganz Harmloses wahr. Sind alle Teile der Cyberwaffe an ihrem Ziel angekommen, kann diese sich dort dann selbst zusammenbauen und mit ihrer Arbeit beginnen.

Konventionelle IT-Sicherheit ist aber nicht nur ad hoc und reaktionär, sie ist auch fixiert auf bestimmte kritische Zugangspunkte. Was heißt das? Ganz einfach. Bislang sind die meisten Angriffe auf IT-Systeme über das Internet erfolgt. Deshalb ist man schnell dazu übergegangen, nicht die Systeme als Ganzes zu sichern, sondern sich vorrangig auf deren Ein- und Ausgänge zum Internet zu konzentrieren. Das ist aber gerade unter den Bedingungen ressourcenstarker Angreifer (wie Militärs) nicht mehr ausreichend, denn Cyberwarrior werden zwar auch das Internet nutzen, wenn die für sie interessanten Ziele darüber zu erreichen sind, aber wenn das nicht der Fall ist oder wenn ihnen die Internetsicherheit irgendwann doch zu lästig wird, schickt man eben einen Innentäter oder nutzt eine geschickt in das Betriebssystem eingebaute Hintertür. Damit ist man dann an der Firewall und der ganzen anderen konventionellen IT-Sicherheit, also dem zugangsorientierten Sicherheitsgebastel, elegant vorbeimarschiert.

Wir müssen der Tatsache ins Gesicht blicken: Konventionelle Sicherheitskonzepte versagen auf ganzer Linie, und die etablierten Mechanismen der Herstellung und des Gebrauchs von IT-Sicherheit sind vollkommen unzureichend, wenn man sich geschickten Angreifern gegenübersieht. Informationstechnologie ist einfach von sich aus zu komplex und unsicher, als dass sie gegen diese Angreifer abgesichert werden könnte. Dass der Stand der Dinge hier so schlecht ist, hat auch damit zu tun, dass die IT-Sicherheit in Forschung und

Industrie bislang nur mit niederschwelligen Angreifern konfrontiert war. Das klassische Angreiferspektrum der letzten 30 bis 40 Jahre bestand in erster Linie aus Teenagern und Kleinkriminellen, die natürlich nie große Geschütze aufgefahren haben. Entsprechend haben Unternehmen und Staaten ihre Sicherheitskonzeption, ihre Methoden und ihre Entwicklungsparadigmen auf dieses Niveau hin entwickelt. Wenn allerdings ein neuer Akteur das Feld betritt mit Fähigkeiten, die jene von Teenagern und Kleinkriminellen um ein Vielfaches übersteigen, muss klar sein, dass die an diesen »alten« Angreifern entwickelten Konzepte unzureichend sein müssen. Bis sich dahingehend etwas ändert, können wir von einer Vielzahl der Maßnahmen sagen, dass sie uns in keiner Weise irgendwie ausreichende Sicherheit gewähren. Und: Das wird wohl auch noch eine ganze Weile so bleiben.

Neben der »passiven Sicherheit«, in der sich ein schwacher Verteidiger einem übermächtigen Angreifer gegenübersieht, gibt es auch die »aktive Sicherheit« – eine solide Bewaffnung. Denn wenn man als Verteidiger selbst stark bewaffnet ist, muss ein Angreifer erhebliche Verluste mit einkalkulieren. Ist die zu erwartende Gegenoffensive eines Verteidigers ausreichend groß, rechnet es sich für den Angreifer irgendwann nicht mehr anzugreifen. Im Gegenteil: Er könnte sogar die eigene Freiheit, das eigene Leben, das eigene Land, die eigene Armee verlieren. Ein Verteidiger kann mit möglichen Offensivmaßnahmen also das Verhalten von Angreifern steuern und sich so vor Angriffen aktiv schützen. Militärisch, aber auch aus der Perspektive der Strafverfolgung ist das eine ganz überragend wichtige Komponente.

Doch ist es überhaupt möglich, eine solche »aktive« Verteidigung im Bereich der IT-Sicherheit anzubringen? Schon seit Jahren will man »Cyberkriminelle« (also »zivile« Angreifer) abschrecken, indem man versucht, sie mit internationalen Rechtsabkommen und »IT-Forensik« identifizierbar und haftbar zu machen. Leider gelingt das im Cyberspace nicht besonders gut.

Bei internationalen Rechtsabkommen müssten sich viele Länder mit vielen verschiedenen (nicht selten entgegengesetzten) Interessen zusammenraufen, und auch die IT-Forensik hat es nicht leichter. Ihre Aufgabe besteht darin, Beweise für digitale Verbrechen zu sammeln. Dies kann auf zwei Wegen erfolgen – die beide leider noch zu selten zu befriedigenden Ergebnissen führen.

Einmal können (ganz konventionell) physische Spuren verfolgt werden. Bei einem »infizierten« USB-Stick etwa, der für eine Cyberspionage eingesetzt wurde, kann man diesen auf DNA-Spuren oder Fingerabdrücke hin untersuchen. Bei einem Verbrechen, das über das Internet begangen wurde, kann man versuchen, auf die verschiedenen Rechner zuzugreifen, über die der Angriff erfolgt ist. Das alles ist aber schwierig: Im Fall des USB-Sticks muss diese Tatwaffe erst einmal identifiziert werden. Alleine das ist in der Regel schon nicht leicht, denn die Angreifer nutzen nicht selten handelsübliche Geräte, die ganz unauffällig in die Zielsysteme eingebracht werden können. Bei dem größten Spionagevorfall der US-Geschichte zum Beispiel, Codename »Buckshot Yankee«, hat vermutlich ein einzelner USB-Stick eine vollständige Infektion des gesamten US-Militärnetzes ausgelöst. Der USB-Stick wurde erst spät identifiziert und bot dann überhaupt keine Spuren. Außerdem hätte es auch ein anderes Gerät mit USB-Anschluss sein können – eine manipulierte optische Maus, eine Tastatur oder eine externe Festplatte. Man muss also alle potentiellen Wechselmedien identifizieren und von Hand untersuchen. Leider hinterlassen professionelle Angreifer aber nur in den seltensten Fällen Fingerabdrücke oder DNA-Spuren. Schließlich ist ein USB-Stick ein sehr kleiner und vom Angreifer sehr gut zu kontrollierender Tatort. Es ist nicht wie bei einem Mord, wo man an allen Ecken und Enden Spuren hinterlassen kann. Kurz: Es ist nicht sehr wahrscheinlich, auf einem USB-Stick reale, physische Beweise zu finden.

Bei Onlineverbrechen (also bei Verbrechen via Internet) stellt sich das zusätzliche Problem, dass die Rechner, auf die ein Ermittler zugreifen muss, um den Angriff im Internet nachzuverfolgen, in der Regel nicht dem Einbrecher direkt gehören, sondern von ihm gehackt wurden und dass diese Computer zudem oft nicht dem eigenen Team gehören. Die IT-Forensiker müssen also in fremde Rechner einbrechen, um nachsehen zu können, ob der Täter dort vielleicht Spuren hinterlassen hat. Das ist zum einen natürlich juristisch schwierig, wenn keine entsprechenden Rechtsabkommen bestehen (und gerade Staaten sind sehr zurückhaltend, wenn es um solche Abkommen geht, da diese auch benutzt werden könnten, um Spionage zu rechtfertigen), zum anderen ist es technisch sehr aufwändig. Die IT-Forensiker müssen sich in diese Systeme oft erst einmal selbst hineinhacken.

Dabei haben sie leider bei weitem nicht so viel Zeit wie der Angreifer, der seinen Angriff nicht selten über Wochen und Monate hinweg vorbereiten und dann blitzschnell zuschlagen kann. Die Verteidiger haben für die Verfolgung der Spuren nur einige Momente. Warum? Die Internetverbindungen, bei denen ein Rechner (über mehrere Vermittlungsrechner der Service Provider) mit einem Zielrechner verbunden wird, werden nicht lange vorgehalten. Man benötigt die Informationen über die Verbindung ja in der Regel auch nur so lange, wie die Verbindung zwischen den Rechnern aufrechterhalten wird bzw. der vermittelnde Rechner wissen muss, welcher Startrechner mit welchem Zielrechner sprechen soll. Ist die Verbindung abgebaut, ist dieses Wissen nicht länger nötig. Der für den Verbindungsvorgang belegte Speicher kann wieder freigegeben werden, und Service Provider wollen ihn auch schnell wieder freigeben, da sie ihn für die nächste Verbindung benötigen. Ist die hergestellt und der freigegebene Speicher überschrieben, gibt es in der Regel keine Möglichkeit mehr, die vorherigen Verbindungsinformationen wiederherzustellen. Für die IT-Forensiker bedeutet das: Die Spur ist für immer verloren. Man könnte sich nun fragen, warum man die Provider nicht dazu zwingt, die Verbindungsdaten länger zu speichern, und genau an dieser Frage entbrennt übrigens ein ganz aktueller Streit. Es geht natürlich um die Vorratsdatenspeicherung, bei der genau dieser Verlust nicht entsteht, da der Speicher eben nicht sofort wieder überschrieben wird bzw. da die Verbindung an einem anderen Ort noch einmal gespeichert wird. So könnten Ermittler bei der Jagd nach Cyberkriminellen auch zu einem späteren Zeitpunkt noch nachvollziehen, welcher Rechner mit welchem verbunden war. Da die Vorratsdatenspeicherung allerdings die Privatsphäre hochgradig invasiv bedroht (weil auch alle Verbindungen völlig unbescholtener Bürger gespeichert werden müssten), ist sie glücklicherweise noch nicht umfassend umgesetzt. Die IT-Ermittler müssen sich in der Regel also noch immer den Weg des Angriffs möglichst schnell zurückhacken, bevor die Zwischenspeicher wieder neu überschrieben werden. Das können einige wenige Sekunden oder Minuten sein, und das macht die Online-Verbrecherjagd sehr schwierig. Aber selbst wenn es den Ermittlern gelingt, ist damit nicht unbedingt viel gewonnen. (Ein weiteres wichtiges Argument gegen eine Vorratsdatenspeicherung.) Denn gerade geübte Angreifer verstehen es meisterhaft, von entführten Rechnern, gestohlenen Handys, Internetcafés ohne Kameraüberwachung oder von unter falschem Namen angemieteten Wohnungen heraus ihre Onlineverbrechen zu begehen. Selbst wenn die Ermittler nach großem Aufwand in der Lage sind, exakt die Maschine zu identifizieren, von der aus angegriffen wurde, nützt es ihnen nichts, wenn der identifizierte Computer nichts darüber aussagen kann, wer ihn da gerade bedient hat. Diese »Mensch-Maschine«-Schnittstelle ist technisch nicht überwindbar. Sie gilt übrigens auch für die Rückverfolgung USB-basierter oder ähnlicher Angriffe und macht damit die Verfolgung physischer Spuren insgesamt recht sinnlos. Besonders bei Cyberwarrior, den Militärs, wird dieser Weg der »physischen« Spurensuche mit Sicherheit keine Erfolge erzielen.

Bleibt nur noch die zweite Variante der IT-Forensik: die Analyse der Daten (oder der »Datenspuren«). Bei der Analyse dieser Datenspuren untersucht man den Hack selbst, seine Programmierung. »Findige« Analysten decken dabei die (technischen) Absichten hinter einem Angriff auf oder identifizieren sogar so etwas wie Programmiermethoden bestimmter Hackerkulturen. Das Problem dabei: Natürlich können solche Spuren von einem Angreifer überaus leicht gefälscht werden. Programmiermethoden bestimmter Hackerkulturen kursieren reichlich im Internet und stehen jedem jederzeit zur Verfügung. Möchte man also den Verdacht auf China lenken, kann man einfach ein chinesisches Hackerforum ansurfen und von dort aus ein wenig Code kopieren, den man dann in seinen Angriff einbaut, dazu noch ein gehackter Rechner aus China als Ausgangsort – und schon führt die falsche Fährte nach Peking. Die meisten Analysten hören dann schon auf, weiter nachzufragen. Auch der aufgedeckte Zweck des Angriffs ist nicht besonders aussagekräftig. Hier verfährt man nach dem altrömischen Prinzip des Cui Bono: Man sieht sich an, was der Angriff zu beabsichtigen scheint, und überlegt, wer davon profitieren könnte. Aber auch das ist leicht fälschbar – gerade im Cyberwar. Ein geübter Angreifer kann einen Angriff ohne weiteres so aussehen lassen, als wäre es ein Sabotageangriff des Mossad auf den Iran oder ein Spionageangriff der chinesischen Regierung auf die US-Rüstungsindustrie. Er kann sogar 80-90 % seines Angriffs nur darauf verwenden, diese falsche Fährte zu legen. Gerade wenn Kriegsverbrechen zu befürchten sind oder wenn man einen Konflikt anheizen will, wird ein umfangreiches Investment in diese Art von Angriff überaus profitabel sein. Das heißt also für den IT-Forensiker und Ermittler, dass er auf seine Analyseergebnisse allein nicht viel geben darf. Leider aber stürzt sich die Presse immer gerne sofort auf bekanntgewordene Cyberattacken und zieht oftmals zu schnelle (und nicht selten zu einfache) Schlüsse. Bei der Analyse von Stuxnet etwa – einem ersten hochkarätigen Sabotagecyberangriff, der später noch genauer besprochen werden soll – genügte alleine der Umstand der Existenz eines Sabotagehacks im Iran, um Meldungen über einen Sabotageangriff der USA und Israels durch die Medien gehen zu lassen. Auch wenn sich das später als die wahrscheinlichste Version herausgestellt hat, fehlte zu jenem Zeitpunkt jeder Beweis dafür. Diese Art der spekulativen Berichterstattung ist nicht zuletzt deshalb auch problematisch, weil sie schnell ganz reale Konflikte anheizen kann. Das ist auch eine große Sorge im Cyberwar. Das unkomplizierte Legen falscher Fährten und die aktive Verteidigungshaltung vieler Länder in Kombination mit einer vorschnell urteilenden Presse übersetzt sich für einen Angreifer in ein höchst attraktives Feld für Agitation und Eskalation. Vor allem, da er davon ausgehen kann, selbst nicht erwischt zu werden.

Die ernüchternde Erkenntnis angesichts der Verfolgung von Cyberattacken lautet also: Fähige Angreifer können nie mit hinreichender Sicherheit identifiziert werden. Und das wird in

Zukunft auch so bleiben. Die derzeit einzige Option, einen militärisch motivierten Cyberangriff zu beweisen, besteht darin, harte und konventionelle Beweise dafür über Auslandsnachrichtendienste zu erhalten, die direkt, real und physisch vor Ort die Entwicklung der genutzten Waffe ausgehorcht haben. Dafür gibt es aber gegenwärtig kaum genug Personal. Die Unmöglichkeit der Identifizierung von Angreifern ist inzwischen auch in der Forschung klar geworden und politisch zumindest in jenen Nationen, die sich seriös mit Cyberwar auseinandersetzen. Sie wird als das »Attributionsproblem« bezeichnet. »Attribution« bedeutet, dass man einen konkreten Angriff einem konkreten Angreifer zuschreiben kann, weshalb man im Cyberspace und insbesondere im Cyberwar also grundsätzlich mit einer »Non-Attribution« leben muss. Das ist ein »Feature« der Informationstechnologie, das in dieser Form und Bedeutung neu in der Welt ist und das insbesondere von der Sicherheitspolitik bislang weder theoretisch ausreichend verstanden noch praktisch zufriedenstellend gehandhabt wurde. Ein klarer Indikator für das unzureichende Verständnis sind die vielen Drohgebärden gegen Cyberaktivitäten, die wohl als »aktive« Sicherheitsmaßnahmen dienen sollen. Die US-Regierung ist besonders prominent in dieser Hinsicht. Erst 2011 kündigte einer ihrer Senatoren (erneut) an, man werde jedem Hacker eine Rakete den Schornstein hinunterjagen. Im Grunde kann man sich dieses Säbelrasseln aber sparen, denn die gegnerischen Experten werden davon nur wenig beeindruckt sein – sie wissen ganz genau, dass sie in absoluter Anonymität operieren können und daher mit ungewöhnlich hoher Sicherheit straffrei ausgehen werden.

Neben der Unmöglichkeit der passiven Sicherheit und dem Wegfall aktiver Verteidigungsstrategien werden durch das Problem der Non-Attribution noch einige weitere gewohnte und liebgewonnene Instrumente der internationalen Beziehungen Schiffbruch erleiden – darunter leider auch juristische Apparate (etwa des internationalen Völkerrechts). Warum? Sie werden sich kaum noch sinnvoll anbringen lassen, wenn die Verbrecher und Hintermänner möglicher Verstöße ohnehin nie erwischt und vor Gericht gebracht werden können. Das ist etwas, das der politische Philosoph Thomas Hobbes bereits vor 300 Jahren klargestellt hat: Wenn man nicht in der Lage ist, ein Gesetz durchzusetzen, kann man sich dieses Gesetz auch sparen.

1.5 Die neue Landschaft des Krieges
Hacking statt Grabenkämpfe und die Umkehrung der Machtverhältnisse

Was ist also unsere technisch-gesellschaftliche Ausgangslage? Die Informationsgesellschaften haben sich weltweit von einer Superstruktur abhängig gemacht, die vor Angreifern nicht sicher ist. Dies gilt insbesondere dann, wenn es sich um qualifizierte Angreifer wie Militärs handelt. Die Vereinigten Staaten verwenden hier übrigens den Begriff »Advanced Persistent Threat« (APT – etwa »hochentwickelte andauernde Bedrohung«). In der gegenwärtigen IT-Landschaft lässt sich gegen diese ständige Bedrohung weder ein passiver noch ein aktiver Schutz herstellen.

Genau diese prekäre Ausgangslage wurde jetzt von den Militärs weltweit auch aus Offensivperspektive bemerkt. Zwischen 2005 und 2008 gab es mehrere Cybervorfälle, die ihre Aufmerksamkeit in diese Richtung gelenkt haben, und inzwischen ist allen klar: Mit einer gut ausgebildeten und gut ausgestatteten Hackertruppe kann man viel anfangen. Außerdem ist so eine Einheit, wenn man genau nachrechnet, spottbillig. Auch wenn hochqualifiziertes Hacking (entgegen landläufiger Vorurteile) nicht aus einer Garage erfolgen kann, benötigt man für Einsätze dennoch keine besonderen kriegstechnischen Gerätschaften wie Flugzeugträger oder Kampfjets. Was also braucht man eigentlich für einen effizienten Trupp Cyberwarrior?

Hochqualifiziertes Hacking wird vor allem durch ein sehr hohes Know-how bestimmt. Man braucht wissenschaftliche Experten und routinierte Praktiker aus dem Bereich des offensiven Hackings, um Sicherheitslücken zu finden und Angriffe zu entwickeln, die möglichst neu sind und die alle existierenden Sicherheitsmechanismen umgehen können. Eine Entwicklung auf wissenschaftlichem Niveau hat außerdem den Vorteil, dass die Erkenntnisse aus der staatlichen Forschung erst mit einer Verzögerung von einigen Monaten oder Jahren in die kommerziellen Produkte der IT-Sicherheit einfließen. Entwickelt man also seine Angriffe auf diesem Niveau, kann man sich relativ sicher sein, dass die IT-Industrie gegen diese Variante von Angriffen noch nichts in der Tasche hat. Die IT-Industrie forscht und sucht natürlich auch selbst laufend nach Sicherheitslücken, sodass sie durchaus zufällig genau eine solche Lücke schließen kann, die der Angreifer gerade benutzt. Das ist eines der sehr wenigen Risiken für die Offensive, das allerdings mit einigen Tricks beherrschbar gemacht werden kann. Man kann seine Angriffe etwa modular entwickeln, sodass bei einem Wegfall einer Lücke nur ein Teil des Angriffs nachgebessert werden muss.

Dann sind da noch die Spione. Eine überragend wichtige Komponente hochqualifizierten Hackings ist ein guter Nachrichtendienst. Man benötigt ihn an allen möglichen Ecken und Enden. Einmal ist es für einen hochqualifizierten Angriff wichtig, eine genaue Abbildung des anzugreifenden Ziels zu bekommen, eine technische Blaupause, die alle Menschen, alle Prozesse, alle Hard- und Software in allen Versionen und Varianten aufzeigt. Denn wenn ein Angriff nicht ausreichend sauber für alle möglichen Interaktionen entwickelt ist, passiert das Gleiche, was auf dem heimischen PC passiert, wenn schlechte, »inkompatible« Software aufgespielt wurde. Es erscheint der berüchtigte »Blue Screen of Death« – sprich: Der gehackte Computer stürzt ab. Das kann unter Umständen die für den Rechner zuständigen Systemadministratoren alarmieren. Viele dieser Verwalter (und Überwacher) von Systemen sehen in einem solchen Systemabsturz aber nicht unbedingt sofort eine konkrete Bedrohung und drücken deshalb einfach die Reset-Taste einmal kräftig durch. Dann läuft der Rechner wieder, und der Administrator hat keinen Ärger mehr – ebenso wie der Angreifer, der mit seinem Hack weitermachen kann. Wachsamere Administratoren können aber auch (und ganz zu Recht) einen Angriff hinter dem Absturz vermuten und genauer nachsehen. Wenn ein Angriff einmal entdeckt und lokalisiert ist, kann man ihn relativ leicht ausbauen oder umgehen, indem man die Verwundbarkeit erkennt und behebt, oder den angegriffenen Teil oder Angriffsweg vorläufig deaktiviert. Ein weiterer Nachteil der Offensive, aber auch wieder beherrschbar, eben durch gute Intelligence. Zudem hilft die Blaupause dabei, sehr »stealthy« (unentdeckt) vorzugehen, indem Sicherheitstechnologien identifiziert und dann umgangen oder mit angegriffen werden können. Ein guter Nachrichtendienst kann außerdem auch auf für Hacker unkonventionellen Wegen Ziele abbilden. Die Spione können bei den Herstellern der anzugreifenden Anlagen einbrechen (oder die Anlagen infiltrieren) und dort ein sehr viel genaueres »Footprinting« (so der technische Begriff für das genaue Abbilden der anzuzeigenden Strukturen) durchführen als das von außen (etwa über das Internet) möglich wäre. Aber nicht nur für die Abbildung der Zielstrukturen, auch für das spätere Anbringen des Angriffs »vor Ort« ist ein Nachrichtendienst sehr praktisch. Dieses »Deployment« ist nämlich umso einfacher und effizienter, je näher es an der Zielstruktur stattfindet. Ein Angriff über das Internet hat also immer ein höheres Risiko, entdeckt zu werden, als ein Angriff direkt an den anvisierten Strukturen, der etwa über eine bereits bei der Produktion eingebaute Komponente oder einen im Nachhinein eingeschleusten USB-Stick erfolgt. Insbesondere dieser letzte Umstand macht Nachrichtendienste zu einer überragend wichtigen Komponente des Cyberwar. Im Moment mag dieser Angriffsweg (militärisch: »Vektor«) noch nicht so präsent sein. Viel zu viele Länder haben noch viel zu viele interessante Angriffsziele direkt am Internet. Das macht es natürlich attraktiv, sie auf diesem verhältnismäßig bequemen Weg auch direkt anzugreifen. Das Risiko, entdeckt zu werden, ist dabei zwar etwas größer als bei einem Angriff »vor Ort«, aber das Risiko, danach identifiziert zu werden, ist verschwindend gering. Nichtsdestotrotz gibt es bereits sehr starke Aktivitäten über Innentäter. Sehr viele der besonders großen und schädlichen Angriffe gehen auf ihr Konto. Außerdem könnte die Naivität der Staaten im Hinblick auf das Internet bald schon abgebaut sein. Die Risiken sind einfach zu hoch, und die kritischen Strukturen werden in Zukunft wohl nicht mehr einfach so am Internet hängen. In diesem Fall wird der Innentäter irgendwann sogar der einzige mögliche Angreifer sein.

Eine weitere, wichtige Komponente hochqualifizierten Hackings ist schlicht und ergreifend die Masse an Cyberwarrior, die ein Militär aufbringen kann. Und Militärs denken nicht in kleinen Dimensionen. Viele der größeren Armeen haben bereits jetzt Hackereinheiten in einer Größenordnung von 500-1000 Soldaten. Von China wird sogar gemunkelt, dass die entsprechenden Truppen dort 50.000-100.000 Soldaten umfassen könnten. In jedem Fall planen die großen Länder wie die USA, China, Indien, Brasilien und Russland eine Aufstockung ihrer Einheiten auf mehrere Tausend, während fast alle anderen Länder wie Frankreich, Großbritannien oder sogar kleine Staaten in Asien und Afrika immerhin noch einige Hundert Cyberwarrior haben wollen. Dabei ist klar, dass es sich hier nicht um durchschnittliche Hacker handelt, denn Militärs greifen in der Regel Hochsicherheitsstrukturen an. Sie brauchen also Hacker, die über ein herausragendes Know-how verfügen. Dazu müssen gegenwärtig erst noch Trainings- und Ausbildungsprogramme konzipiert werden. In einigen Jahren werden sie aber wahrscheinlich tatsächlich diese großen Truppenstärken haben. Das wird dann eine vollkommen andere Ausgangssituation sein, da die Bedrohung durch Hacker bis heute nicht nur qualitativ, sondern vor allem auch quantitativ viel geringer war. So bestand das große und gefürchtete Cybercrime-Syndikat McColo – ein privates Unternehmen, das kriminelle Onlinedienste anbot – bei seiner Aufdeckung aus lediglich drei jungen russischen Informatikstudenten. Diese drei Betreiber von McColo waren zum Zeitpunkt ihrer Verhaftung allerdings für 1/3 des weltweiten Spamaufkommens zuständig. Cyberkriminelle haben fast nie in Gruppen von mehr als fünf Personen zusammengearbeitet und uns dennoch eine ganze Menge Ärger beschert. Man darf also gespannt sein, was eine zigtausendfache Vermehrung dieser Fähigkeiten in Zukunft bedeutet. Hinzu kommt, dass Militärs sehr viel Erfahrung in der Organisation solcher Einheiten haben. Sie werden also durchaus in der Lage sein, diese großen Mengen optimal zu verbinden. Die mögliche Schlagkraft solch großer Truppen kann also gar nicht überbetont werden. In diesem Bereich finden wir dann auch das Phänomen des Wettrüstens. Ganz genau greift dieser Begriff nicht, weil man Hackertruppen schlechter miteinander vergleichen kann als Atomraketen. 10.000 Atomraketen sind auf jeden Fall zerstörerischer als 1.000 Atomraketen. Aber 10.000 Hacker müssen nicht unbedingt besser sein als 1.000 Hacker. Hier kommt es eben auf die Ausbildung an. Aber im Großen und Ganzen wollen sich alle Militärs einen vergleichsweise großen Pool an »Fähigkeiten« zulegen. Und dieser Vergleich richtet sich eben an dem aus, was die anderen Militärs so einrichten. Ein Wettrüsten findet also statt, indem jeder versucht, erst einmal so schnell wie möglich so viel wie möglich (und wie politisch gewollt) anzuschaffen.

Ein weiteres wichtiges Element für hochqualifiziertes Hacking ist Taktik. Auch das ist etwas, das Militärs beherrschen. Sie können taktisch und strategisch denken. Ihre Ziele sind in der Regel nicht einfach, sondern differenzierte Systeme von Zielen. Sie denken nicht in einfachen Schritten, sondern in komplexen Mengen von Schritten und deren Folgen. Diese Art des Denkens kann die Qualität eines Angriffs ganz erheblich verbessern, vor allem, weil dieses »militärische« Denken der Angreifer der Denkweise der Verteidiger bei weitem überlegen ist. Die Cyberdefensive wird ja derzeit vielfach noch durch Ingenieure konzipiert, die tendenziell eher in kleinen Schritten denken. Sie sehen ein technisches Problem und gestalten eine technische Lösung. Dass allerdings jenes technische Problem, das sie gerade sehen, nur ein Mosaiksteinchen aus einer großen, komplexen Melange verschiedenster, aufeinander aufbauender Elemente eines Angriffs ist, können Ingenieure meist nicht ohne weiteres erkennen – mit katastrophalen Folgen für die Verteidigung. Wenn der Verteidiger sich nicht bemüht, Cyberwar-Taktik zu verstehen, wird er nicht in der Lage sein, verschiedene Stufen eines Angriffs als solche zu erkennen. Das kann zu einer unzureichenden Verteidigung verleiten oder sogar zu einer unfreiwilligen Unterstützung der Angreifer, denn ein taktisch denkender Angreifer bezieht die Denkmuster und Reaktionen seines Gegners immer mit ein.

Ein letzter wichtiger Punkt für hochqualifiziertes Hacking sind Laboratorien. Hacks müssen so reibungslos wie möglich funktionieren, damit sie unentdeckt und damit effizient bleiben. Das reibungslose Funktionieren gewährleistet man vor allem durch kontinuierliches Testen. Je realistischer man testet, desto besser. Wenn man also eine Kraftwerksanlage angreift, so wird man maximal gut vorbereitet sein, wenn möglichst viele Teile dieser Anlage in einem Laboratorium nachgebaut und angegriffen werden. Kann man in dieser realistischen Umgebung seinen Angriff auf alle Eventualitäten und alle Reaktionen der Ingenieure testen, so kann man sich einigermaßen sicher sein, dass der Angriff verhältnismäßig lange unentdeckt bleibt und auf diese Weise seine zerstörerische Wirkung voll entfalten kann.

Know-how, Nachrichtendienste, Masse, Taktik und Laboratorien sind Faktoren, die für ein hochqualifiziertes Hacking wichtig sind – und natürlich Anforderungen, denen Militärs ohne weiteres entsprechen können. Bei Teenagern oder Kleinkriminellen ist dies dagegen sicherlich nicht der Fall. Im Cyberwar ist deshalb auch von einem fulminanten Wandel in der Angreiferstruktur auszugehen. Militärs sind in dieser Hinsicht wesentlich effizienter als alle Angreifer, die es bislang gab.

Zudem sind die für dieses hochqualifizierte Agieren nötigen Elemente auch noch billig. Nicht unbedingt für den Hobby-Hacker, aber im Vergleich zu dem, was militärisches Gerät sonst kostet, ist das alles fast geschenkt. Technik braucht man ja nicht viel. Ein paar Computer, die Laborumgebung und vielleicht eine Internetverbindung irgendwo. Der Rest ist Personal. Für den Preis eines einzelnen Eurofighters kann man bereits eine Hackertruppe aufstellen, die Angriffe in einer erheblichen Stärke und auf eine ganze Bandbreite von Zielen durchführen könnte. Zudem wird sie sehr viel effizienter und eleganter sein als jeder Eurofighter. Sie wird taktisch weit mehr Angriffsvariationen anbieten, und sie ist sogar in Friedenszeiten noch nützlich – etwa zur Spionage oder zum Testen der Sicherheit der eigenen Systeme. Mit anderen Worten: Das Kosten-Nutzen-Verhältnis ist wirklich phänomenal. Für verhältnismäßig geringe Investitionen erhält man einen goldenen Schlüssel für jede gegnerische informationstechnische Struktur. Eine Fernbedienung für jede vernetzte Gesellschaft. Und das ist es, was die Militärs gerade realisieren. Es ist der Hauptwachstumsfaktor für den Cyberwar und er wird die Ursache dafür sein, dass wir in etwa 3 bis 5 Jahren weltweit schlagkräftige operative Cyberwar-Einheiten werden bewundern dürfen.

Mit dem Cyberwar ist aber nicht nur ein neues Werkzeug gefunden, das für kleines Geld viele Varianten von offensiven Handlungen ermöglicht, ohne dass bei einer Entdeckung dieser Handlungen dank der Non-Attribution mit großen Folgen zu rechnen wäre. Die Folgen dieses neuen Elements der internationalen Politik könnten drastisch ausfallen: Cyberwar ist nicht nur eine neue Dimension des Krieges oder eine neue Waffengattung. Es ist eine ganz neue Art von Krieg. Wer über eine gute Cybertruppe verfügt, kann unentdeckt und im Geheimen die Machtgewichtungen der Welt entscheidend verändern. Er kann seine Gegner gegeneinander aufhetzen, er kann ihre Wirtschaften schwächen, er kann ihr Wissen stehlen und es zum Aufbau seiner eigenen Wirtschaft verwenden, er kann die internationalen Börsen so manipulieren, dass sie ihm nützen und seinen Gegnern schaden, er kann im Internet die politischen Meinungen weltweit beeinflussen, er wird der Herr über die Infrastrukturen potentieller Gegner sein – und sollte tatsächlich einer dieser Gegner einmal gegen ihn vorrücken wollen, wird er jedes militärische Gerät, das auf Informationstechnik beruht, frühzeitig infiltriert haben und es bereits beherrschen.

Cyberwar kann also in zwei Richtungen besonders sinnvoll eingesetzt werden: Zum einen als »Krieg im Geheimen«, der zu Zeiten des Friedens genutzt werden kann, um hinter den Kulissen für eine Verschiebung von Macht zu sorgen – eine Variante, die wir in Zukunft mit Sicherheit sehen werden und die im gegenwärtigen konzeptionellen Denken von Sicherheitspolitik und politikwissenschaftlicher Forschung noch überhaupt nicht angekommen ist. Zum anderen kann man Cyberwar nutzen, um konventionellen Kriegen vorzubeugen oder um diese zu begleiten. Cyberwar ist sowohl präventiv einsetzbar, indem feindliche Strukturen infiltriert und beispielsweise frühzeitig mit einem Off-Schalter versehen werden (nur, falls man den einmal braucht), als auch »enabling« (ermächtigend), indem er konventionelle Kapazitäten im Krieg steigern oder feindliche taktische Geräte abschalten kann.

Außerdem deutet sich beim Cyberwar noch eine grundlegende Veränderung im gängigen Gefüge militärischer Macht an. Während bislang die westlichen Streitkräfte aufgrund ihrer technischen Überlegenheit immer führend waren, kann der Cyberwar genau dieses Verhältnis jetzt kippen. Offensivkapazitäten wird sich jeder zulegen können. Gleichzeitig sind Schwellen- und Entwicklungsländer weit weniger mit Informationstechnik ausgestattet und geringer vernetzt als die westlichen Industrienationen. Mit anderen Worten: Sie sind offensiv gleichwertig, defensiv aber weniger abhängig, weniger angreifbar und eindeutig flexibler. Das ist ein weiteres neues und ebenfalls überaus interessantes Phänomen, das das traditionelle Kräfteverhältnis in diesem Bereich in gewisser Weise umkehrt. Dieses traditionelle Kräfteverhältnis wurde von den Politikwissenschaften oft als Ausgangssituation der sogenannten »neuen Kriege« und der »asymmetrischen Konflikte« bezeichnet. Mit »asymmetrischen Konflikten« meinte man all jene Konflikte, bei denen die Defensive wesentlich schwieriger ist als die Offensive. Die neuen Kriege und die asymmetrischen Konflikte waren aber immer dadurch bestimmt, dass die westlichen Industrienationen aufgrund ihrer massiven Bewaffnung und ihrer hohen Technisierung einen unüberwindbaren Vorteil gegenüber allen anderen Nationen hatten. Das dreht sich jetzt um. Eine hochtechnisierte Gesellschaft zu sein, mit einem hochtechnisierten Militär, ist aus der Perspektive des Cyberwar plötzlich ein entscheidender und kritischer Nachteil.

Wenn Angriffskapazitäten einmal weltweit verbreitet sind, könnten sich auf diese Weise die globalen Machtverhältnisse nachhaltig verändern, und es kommt zu einer »Anti-Asymmetrie«. Das ist begrifflich ein wenig gekünstelt, aber es soll darauf hinweisen, dass vormals schwache und gering technisierte Staaten in diesem Feld schon bald mächtiger sein können als die Hightech-Nationen.

Wegen der zahlreichen Probleme in der Defensive wird das gesamte Feld der Cybersecurity von der Offensive dominiert. Der Angreifer bestimmt heute die Regeln – was sich für viele Militärs in eine Variante von »Angriff ist die beste Verteidigung« übersetzt. Natürlich nicht in dem Sinne, dass »mehr Offensive« auch »mehr Sicherheit« bedeutet, aber wer in der Offensive die Nase vorn hat, kann momentan einfach insgesamt mehr Regeln aufstellen, bestimmte Richtungen vorgeben und auch eine mögliche Eskalation besser beherrschen. Hier können wir also einen Mechanismus des Wettrüstens wiederfinden: Ganz nach der alten Chemiker-Regel »Viel hilft viel« kann die Offensivdominanz in eine Rüstungsspirale führen.

2 Cyberhype
Das Verwirrspiel um Cyberprotest,
Cybercrime und Cyberwar

Neben den echten und dringlichen Cybersecurity-Problemen gibt es leider auch viel Cyberhype. Das muss einmal klar gesagt werden. Die »Anheizer« des Hypes sind entweder nicht kompetent genug, um in dem Gewirr aus technischen Begriffen und strategischen Optionen die echten von den eher fragwürdigen Bedrohungen zu unterscheiden (hierzu zählen leider auch Journalisten, die bei jedem kleinen Einbruch den Cyberwar ausrufen), oder sie haben einfach ein Interesse daran, eine bestimmte Variante der Bedrohung herauszustellen, weil sie damit Geld oder/und Einfluss gewinnen können (wie beispielsweise fragwürdige Anbieter von Cybersecurity-Produkten). Hinzu kommt, dass in den meisten Fällen selbst bei Experten noch Unklarheit darüber herrscht, ob eine konkrete Bedrohung überhaupt existiert.

Internetbasierte Angriffe sind beispielsweise nur dann eine Gefahr, wenn »kritische Prozesse« wie etwa der Kühlkreislauf des Atomkraftwerks oder die entscheidenden Mechanismen des automatisierten Börsenhandels auch direkt am Internet hängen. Genau das weiß man in vielen Fällen aber einfach gar nicht. Zum einen wissen viele Institutionen (leider) nicht, was ihre speziellen kritischen Prozesse überhaupt sind. Das meiste ist hier naturgewachsen, und oft schon hat sich ein kleiner Faktor wie eine kaum beachtete Pumpe oder ein wenig relevant scheinender Rechner im Keller als letztlich kritisches Element herausgestellt. Zum anderen hat oft noch überhaupt niemand im Detail nachgesehen, was eigentlich auf welche Weise über das Internet erreichbar ist und was nicht. In der Regel waren die Ingenieure vorsichtig mit direkten Internetverbindungen, aber oft kommen doch noch erstaunlich naive Verbindungen zutage. So wurden etwa bereits mehrfach die Steuerungen von Schleusentoren großer Dämme direkt im Internet gefunden. Hinzu kommt bei diesen Unklarheiten aus Unwissen, dass die Anforderungen und Ergebnisse sehr individuell sind. Jede technische Institution hat ihre eigene Ingenieurskultur mit eigenen Verfahren und individuellen Zulieferern. Bei Kraftwerken zum Beispiel stellt sich immer wieder einmal heraus, dass bei einigen einige der Steuerungsbereiche über das Internet erreichbar sind, bei anderen aber nicht. Das macht gesellschaftsübergreifende Abschätzungen der Bedrohungen relativ schwer.

Einen guten Maßstab zur Abschätzung der Bedrohung aus dem Netz haben wir allerdings: die Akteure im Hintergrund. Denn es wird mit Sicherheit einen Unterschied machen – und zwar sowohl von der Bedrohung als solcher aus gedacht als auch aus technischer, juristischer und organisatorischer Sicht –, ob wir von demonstrierenden Teenagern und betrügerischen Kleinkriminellen oder von großen Verbrechersyndikaten und feindlich gesinnten Militärs angegriffen werden. Denn je stärker ein Angreifer ist, desto besser ist er und desto schädlicher ist er – kurz: desto größer ist die Bedrohung. Das ist allerdings eine grundlegende Einsicht, die sich noch nicht weit herumgesprochen zu haben scheint. Womöglich liegt das daran, dass man sich in der konventionellen IT-Sicherheit (in Forschung, in Industrie und auch im Staat) momentan noch zu 90% mit Bedrohungen durch Teenager und Kleinkriminelle auseinandersetzt, während die sehr viel gefährlicheren Angreifer trotz steigender Zahlen ignoriert werden. Hier wird man halt vom Tagesgeschäft getrieben. Das kann sich aber schnell und vor allem gravierend ändern.

Und hier beginnen die Probleme eines Cyberhypes. Denn dank dieses Tagesgeschäfts sind momentan die Aufmerksamkeit und die Gegenmaßnahmen falsch ausgerichtet. Staaten schützen die falschen Ziele und bereiten sich auf eine viel zu niedrige Angriffsstärke vor. Das soll nun nicht heißen, dass das völlig sinnfrei wäre. Wir brauchen auch den Schutz gegen marodierende Teenager und Kleinkriminelle. Aber die Bemühungen im Bereich IT-Sicherheit sollten proportional zur Bedrohung angefangen und priorisiert werden. Da ist die Bedrohung durch feindliche Militärs sicherlich eine weitaus höhere. Das geschieht im Moment sicher nicht. Leider, denn viele der Maßnahmen gegen hochqualifizierte Angreifer würden automatisch auch das Problem der niederschwelligen Angriffe erledigen, sozusagen »on the fly«. Die Priorisierung der Cybersicherheit müsste also gerade exakt andersherum laufen, als es im Moment in Deutschland und in vielen anderen Ländern der Fall ist.

Doch warum konnte sich die Agenda eigentlich so falsch ausrichten? Der Grund ist einfach, aber wichtig: Die niederschwelligen Angreifer genießen eine hohe Sichtbarkeit. Hat man es zum Beispiel mit politischen Aktivisten zu tun, die das Internet benutzen, um Öffentlichkeit zu generieren, dann ist eine deutlich sichtbare Aktivität im Netz natürlich explizit gewünscht. Die Gruppe Anonymous etwa hat bei ihren ersten Protesten MasterCard und Amazon angegriffen, bei denen sofort erkennbar war, dass sie nicht mehr funktionierten. So etwas fällt auf. Und genau das ist das Ziel dieser Aktivitäten: auffallen, präsent sein. Auch die vielen Kleinkriminellen generieren eine hohe Sichtbarkeit. Das ist kein explizit gewünschtes Resultat, aber Kleinkriminelle (wie etwa Kreditkartenbetrüger) arbeiten oft einfach mit großer Masse. Sie versuchen pro Angriff möglichst viele – mitunter mehrere Millionen – betrügerische E-Mails abzusetzen oder sie generieren viele Tausend Varianten eines Angriffs, um weniger einfach durch die auf bestimmte fixe Varianten eingestellten Virenscanner detektierbar zu sein. Diese große Masse ist wieder viel besser sichtbar. Sie wird von den IT-Sicherheitsfirmen bemerkt und dort mit Freude ausgeschlachtet, denn so entsteht in der Öffentlichkeit ein Bild von vielen Tausenden und Millionen Angreifern, die den Informationsgesellschaften an ihr virtuelles Leder wollen (und vor denen uns nur ein guter Virenschutz der Marke XB-Liebig schützt).

Im Gegensatz dazu sind Militärs oder Industriespione kaum erkennbar. Diese Angreifer wollen in der Regel unsichtbar sein. Cyberwarrior möchten hinter den Kulissen manipulieren, und selbst bei sichtbaren Aktivitäten kann man sich als qualifizierter Angreifer noch recht gut aussuchen, wann man auf welche Weise entdeckt und gesehen werden möchte. Dabei kann es auch oft sein, dass es den Angreifern einfach egal ist, dass sie gesehen werden. Viele wissen um das Problem der Attribution und scheren sich wenig darum, dass man ihr Land als Urheber identifiziert. Außerdem gehen auch hochkarätige Angreifer opportunistisch vor. Bieten sich ihnen besonders einfach anzugreifende Schwachstellen, nutzen sie oft auch einfache Angriffe. Diese sind dann besser sichtbar. Andererseits aber denken die Verteidiger dadurch in der Regel nicht an ein angreifendes Militär, sondern vermuten die üblichen, kleinkarätigen Angreifer.

Aber nicht nur die Angreifer, sondern auch die Opfer der gefährlicheren »unsichtbaren« Angriffe legen in der Regel wenig Wert darauf, dass ein erfolgreicher Angriff öffentlich wird. Denn gehackt zu werden ist vielen immer noch peinlich und unangenehm, wie eine Geschlechtskrankheit, die man sich unter zweifelhaften Umständen zugezogen hat. Zwangsläufig werden dann nämlich Fragen gestellt, ob man seinen Job nicht richtig gemacht hat oder ob das Geschäftsmodell gefährdet ist. Möglicherweise steigen zudem die Versicherungskosten, während das Vertrauen der Konsumenten und der Bürger sinkt. Bekannt ist dies etwa bei den regelmäßigen Einbrüchen in Kundendatenbanken wie zuletzt bei dem Sicherheitsunternehmen »Stratfor«. Stratfor verkauft Intelligence-Informationen an Wirtschaft und Sicherheit. Für einige Zigtausend Dollars kann man ihren Newsletter abonnieren. Außerdem hat sich Stratfor als Ansprechpartner für Cyberdefense verstanden. Plötzlich aber waren alle Kundendaten von Stratfor durch einen Hack von Teenageraktivisten gestohlen und publik gemacht worden. Eine Sicherheitspanne, die einen derart großen Verlust an Vertrauen nach sich gezogen hat, dass das Unternehmen vor dem Ruin steht. Dann hat man noch das Problem, dass man die Täter meist nicht dingfest machen und öffentlich überführen kann, um das verlorene Vertrauen zurückzugewinnen. Selbst die Strafverfolgung kleiner Angreifer steht, wie wir gesehen haben, in diesem Bereich noch vor zu vielen technischen, personellen und regulativen Problemen.

Weder Angreifer noch Opfer wollen also die Angriffe in der Öffentlichkeit sehen. Besser, man gibt nichts bekannt und bemüht sich stattdessen um Stillschweigen und Vertuschung. Dieses Problem ist bei den Strafverfolgern und Verfassungsschützern bekannt und bei den Betroffenen fast schon zur Gewohnheit geworden. Das ist jedoch fatal, denn dadurch werden die qualifizierten Einbrüche gleich doppelt unsichtbar. Sichtbarkeit und öffentliche Wahrnehmung sind aber wichtige Bedingungen für politische Aufmerksamkeit – und politische Aufmerksamkeit ist eine wichtige Bedingung für die Entwicklung von Schutzmaßnahmen. Damit sind wir bei einem der größeren Probleme des Cyberwar angekommen: Er ist zu leise und droht im Rauschen der lauten aber uninteressanten Gefahren unterzugehen.

Eine kritische Haltung zum echten Bedrohungspotenzial unterschiedlicher Angriffstypen wird einem also nicht leicht gemacht. Die sichtbaren Phänomene werden (oft reißerisch) in Presse, Politik, Forschung und Industrie rauf und runter diskutiert. Die Presse kann dann ihre Nachrichten besser verkaufen, wenn etwas Sichtbares und Bekanntes eine große Gefahr darstellt, die Politik kann entschlossen auftreten und beherzte Entscheidungen treffen, die technische Forschung kann neue Forschungsprojekte gegen eine Variante von Angreifer beantragen, die sie bereits kennt und für die sie Kompetenzen vorweisen kann, und die Industrie kann bereits fertige Produkte verkaufen (mit neuem Label vorne drauf). Alle wissen, was sie beim Angriffstyp »Teenager/Kleinkrimineller« zu tun haben, und alle können als strahlender Gewinner aus der ganzen Sache herausgehen, denn der Angreifer ist bekannt und beherrschbar – und sogar vermarktbar. Der neue und andere Angreifer – der Cyberwarrior oder der ressourcenstarke Kriminelle – dagegen ist wesentlich unbekannter und unbeherrschbarer. Und auch unangenehmer. Hier könnte man sich in der Öffentlichkeit leicht die Finger verbrennen. Warum also die Aufmerksamkeit nicht lieber auf bekannte und beherrschbare Phänomene lenken? Bloß wie erfahren wir dann überhaupt noch etwas über die sehr viel solidere Bedrohung durch den Cyberwar? Wir müssen selbstständig und sorgfältig denken (was natürlich ohnehin immer empfehlenswert ist, hier aber in besonderem Maße gilt).

Blickt man auf die Hackingaktivitäten der Vergangenheit, muss man sagen, dass die Zahl der eher niederschwelligen Angriffe drastisch angestiegen ist. Es gibt weit mehr von ihnen als je zuvor, und mit Sicherheit werden auch die dadurch entstandenen Schäden in die Höhe geschnellt sein. Das ist unbestritten. Wenn man die zahlreichen Cyberangriffe protestierender Teenager und wild gewordener Kreditkartendiebe aber nicht mit ihrer eigenen Vergangenheit, sondern mit den Hackingangriffen durch Militärs und organisierte Kriminelle der Gegenwart und nahen Zukunft vergleicht, wirken diese Aktivitäten aber ausnehmend harmlos. Auch das ist unbestritten. Bei Aktivisten werden Webseiten blockiert, bei Kreditkartenbetrügern kleinere Beträge gestohlen, bei organisierten Kriminellen werden Milliardenbeträge an Börsen manipuliert, bei Militärs Staatsgeheimnisse ausspioniert und Sabotagen an kritischen Infrastrukturen vorbereitet. Was ist also schlimmer? Wo ist Cybersecurity am richtigen Ort? Die Antwort sollte leichtfallen. Bleibt nur die Frage, ob diese Art von Vergleich jemals politisch oder in der breiten Öffentlichkeit gestellt werden wird.

Sehen wir uns doch einfach einmal einen Paradefall einer lauten, aber ungefährlichen Cyberattacke im Detail an. Er ist eine echte Episode in Estland. Im April 2007 verschoben die Esten ein Kriegsdenkmal aus der Sowjetära, das der im Zweiten Weltkrieg gefallenen russischen Soldaten gedachte. Ein Affront. Nachdem beide Länder ohnehin in einem gespannten Verhältnis lebten, erboste die Bewegung des Denkmals eine Menge russischer Nationalisten. Es kam zu Demonstrationen und Protesten. Am 26. und 27. April kam es sogar zu Aufständen in den Straßen, und der estnische Botschafter in Moskau wurde während einer Pressekonferenz physisch angegriffen. Im Rahmen dieser (konventionellen) politischen Proteste kam es dann plötzlich auch zu einem digitalen Ereignis: Am 27. April gab es einen Hackerangriff auf die estnische Informationstechnik. In einer ersten Phase dieses Angriffs zwischen dem 27. und dem 29. April konnte eine Reihe recht einfacher Angriffe auf Regierungswebseiten und Nachrichtenportale beobachtet werden. Schon früh merkten die Administratoren, dass es eine verstärkte Anzahl von Anfragen an ihre Systeme gab. Sie schoben das anfangs noch auf das gesteigerte öffentliche Interesse. Plötzlich allerdings gab es einen Peak in den Anfragen. Sie stiegen von einigen Hundert auf einige Zigtausend innerhalb kurzer Zeit. Eine Menge, die die Server nicht mehr verarbeiten konnten. Nach kurzer Zeit brachen sie zusammen. Diese Angriffe wurden, wie man später rekonstruieren konnte, im Internet auf russisch-nationalistischen Foren vorbereitet und dort gemeinsam mit Anleitungen zu ihrer Anwendung gegen die estnischen Informationsinfrastrukturen öffentlich zur Verfügung gestellt. Ein Vorgehen, das von Aktivisten im Internet übrigens schon seit Jahren bekannt ist. Genau mit solchen Verfahren haben sich bereits politische Gruppierungen auf der ganzen Welt gegenseitig geärgert. Die technisch fähigeren Aktivisten schreiben Angriffe oder Angriffswerkzeuge, die dann von den technisch weniger begabten als einfache Anwendungen genutzt werden können. Schon hat man eine Masse von »bewaffneten Angreifern«. Im Falle des Angriffs auf Estland wurden in der ersten Phase vor allem einfache »Ping«-Anfragen an die Systeme gestellt. Dabei fragt ein Computer einfach nur einen anderen, ob der andere Rechner da ist und zur Aufnahme von Daten bereit ist. Koordiniert man diese Anfragen allerdings und stellt sie massenhaft an eine Adresse, kann das dazu führen, dass der dortige Rechner kollabiert. Eine »Resource Depletion« tritt ein. Wir kennen das alle von unseren Heimrechnern. Wenn man zu viele Fenster öffnet und zu viele Prozesse gleichzeitig laufen lässt, wird der Rechner immer langsamer, bis er schließlich abstürzt. Da die Rechner dann keine legitimen Anfragen mehr verarbeiten können, spricht man hier bei Online-Angriffen auch von »Denial of Service«-Angriffen (kurz: »DoS«-Angriffe; der Rechner weigert sich weiterzuarbeiten), die dann zusätzlich »distributed« (englisch für: verteilt) sein können, wenn – wie im Falle Estland – viele unterschiedliche Rechner über einen breit gestreuten Absenderadressraum die Anfragen schicken.

Zwischen dem 30. April und dem 18. Mai kam es dann zu einer zweiten Phase dieser Angriffe, der sogenannten »Hauptattacke«. Ihre Angriffe waren allesamt besser entwickelt und koordiniert, was dafür sprach, dass die verschiedenen Rechner nicht mehr von einer Vielzahl einzelner Nutzer manuell koordiniert wurden, sondern zu einem eigenen Netzwerk zusammengeschaltet wurden, das zentral gesteuert wird. Solche Netzwerke nennt man »Botnetze«, da die ferngesteuerten Rechner oft als »Bots« bezeichnet werden. Von diesem großen Netzwerk aus Einzelrechnern wurden dann massenhaft Anfragen an die Regierungswebseiten geschickt, um diese zu überlasten. Die Administratoren erhöhten daraufhin die Rechenkapazitäten und Bandbreiten, so weit wie möglich, damit mehr Anfragen verarbeitet werden konnten und das System nicht erneut kollabierte. Schließlich sind »DoS«-Angriffe und ihre Abwehr simple Rennen um die höhere Rechenkraft. Außerdem verschleierten die Angreifer ihre Herkunft mit verschiedenen technischen Maßnahmen wie Adressfälschungen oder das Springen (»Hopping«) über verschiedene Zwischenrechner (»Proxies«). Neben diesen verbesserten Angriffstechniken wurden weiterhin Internetforen benutzt, auf denen Listen mit Zielen ausgegeben wurden. Vier Angriffswellen mit »DoS«-Angriffen ließen sich unterscheiden. Am 4. Mai kam die erste. Sie war stärker als die Angriffe der ersten Phasen und sie war erneut auf Regierungswebseiten fokussiert. Die zweite Welle lief vom 9. bis 11. Mai 2007 und war am 9. Mai besonders effektiv: Sie konnte 58 Webseiten auf einmal herunterfahren. Die meisten davon waren wieder Regierungsseiten, wodurch dieses Mal sogar die offizielle E-Mail-Kommunikation der Behörden gestört wurde. Auch verschiedene Banken wurden in dieser Welle angegriffen. Darunter auch die größte kommerzielle Bank Estlands, die Hansabank. Sie war am 9. Mai für eineinhalb Stunden und am 10. Mai für zwei Stunden nicht erreichbar. Die dritte Welle folgte schließlich am 15. Mai. Hier schlug ein riesiges Botnetz aus vermeintlich 85.000 Rechnern zu. Diese Welle konnte allerdings relativ einfach abgewehrt werden, da die Verteidiger zu diesem Zeitpunkt ihre Kapazität deutlich erhöht hatten. Alle »Anfragen« konnten verarbeitet werden. Kein System brach zusammen. Einzig das Internetportal der SEB-Bank war für eineinhalb Stunden offline. Am 18. Mai kam es schließlich zur vierten und letzten Welle, bei der erneut Regierungswebseiten und Bankenwebseiten betroffen waren.

Neben den »DoS«-Angriffen kam es noch zu einigen anderen Angriffsvarianten. Versucht wurde etwa auch ein »Defacement« (das unberechtigte »Entstellen« oder »Verunstalten«) von Webseiten, bei dem Bilder estnischer Politiker mit Hitlerbärtchen ausgestattet wurden. Außerdem wurden einige DNS-Server direkt angegriffen. Sie sind das physische Rückgrat des Internets, da sie ähnlich wie eine Telefonauskunft einem Websitenamen (zum Beispiel www.beispiel.de) die zugehörige IP-Adresse (also die »Telefonnummer« im Internet) zuordnen. Der Angriff auf die DNS-Server blieb allerdings ohne nennenswerten Erfolg, da die Angreifer zu unqualifiziert, die DNS-Server zu gut gesichert waren. Darüber hinaus wurden massenhaft politische Spam-E-Mails verschickt.

Aber all das war halb so wild. Es kam zu keinen Ausfällen kritischer Infrastrukturen wie Strom, Gas, Telefon, Logistik oder Wasser. Es gab weder Tote noch Verletzte und mit Sicherheit auch keine Milliardenschäden. Das »sensibelste« Ziel, das getroffen wurde, war die Notrufnummer 112. Diese war – da man sie naiverweise direkt ans Internet gehängt hatte – ebenfalls für einen sehr kurzen Zeitraum außer Betrieb. Davon abgesehen war der Schaden aber mehr als überschaubar: Einige Webseiten waren dann und wann einige Stunden »out of service«, einige Kommunikationskanäle konnten nicht mehr genutzt werden, und für die Banken, die angegriffen wurden, war außerdem das e-Banking kurzzeitig nicht mehr erreichbar.

Tatsächlich ist die beste Analogie, um politisch motivierte DoS-Angriffe zu verstehen und zu bewerten, die klassische Sitzblockade bei Demonstrationen, und auch das Website-Defacement ist kaum mehr als das digitale Analogon zum aufgemalten Schnurrbart auf dem Wahlplakat. Das kann lästig sein. Das kann auch mal kurz gefährlich werden, wenn man so naiv war und kritische Elemente wie eine Notrufnummer direkt an das Internet gehängt hat (was sich schon aufgrund des »normalen« Aufkommens an Viren und Würmern als überaus leichtsinnig streng verbietet). Aber es ist lange nicht mit Naturkatastrophen, mit militärischen Krisen oder mit Terrorangriffen vergleichbar. Genau so wurde es in der öffentlichen und politischen Diskussion aber dargestellt. In der Presse, durch die Politik, bei den Militärs, in Industrie und Forschung, sogar in einem offiziellen EU-Report. Obwohl es sich ganz eindeutig um ungefährliche, einfache politische Demonstranten mit üblichem Demonstrationsgebaren gehandelt hat.

Das Urteil fällt für den »Ernstfall Estland« also eindeutig aus: Cyberhype! An dieser Stelle haben wir es ganz klar mit maßlosen Übertreibungen zu tun, und leider folgten danach noch einige andere, ähnlich gelagerte Fälle wie die erneut Aktivisten zuzuschreibenden DoS-Angriffe im Kontext der Militäroperationen in Georgien im Sommer 2008.

In diesem Fall ließe sich etwas fundierter argumentieren, ob nicht das russische Militär tatsächlich irgendwie involviert war. Das Vorgehen hätte zu russischen Auffassungen von Information Operations gepasst, begleitenden Maßnahmen, um Kommunikation und Politik zu stören. Ein Operationstyp, den wir uns später noch ansehen werden. Aber selbst wenn, so haben die Aktivitäten im Netz allein auch im Fall Georgien keine gravierenden Schäden verursacht. Sie waren lästig. Sie haben Aufmerksamkeit generiert. Aber sie haben Leib und Leben weder direkt gefährdet noch indirekt, da sie taktisch nicht zu den konventionellen Militäroperationen vor Ort beigetragen haben. Auch hier wäre es also übertrieben, von Cyberwar zu sprechen.

In Estland wie in Georgien (und später auch bei den Aktionen von Anonymous) hatte man es einfach nur mit Demonstranten und Demonstrationen zu tun. Ein Phänomen, das in dieser Variante schon vorher aufgetreten ist und auch in Zukunft in genau dieser Form im Begleitprogramm politischer Konflikte aller Art auftreten wird. Patriotischer »Netzaktivismus« ist nur ungewohnt, da das Internet erstmals breit grenzübergreifende Proteste ermöglicht. Das sieht dann anders aus als die gewohnten Bilder von Demonstranten.

Dass trotzdem bis heute so virulent über diese Phänomene als »Cyberwar«-Vorfälle berichtet wird, belegt einmal mehr, dass der gesamte Bereich der Cybersecurity noch nicht besonders gut verstanden ist. Zumindest was diese konkreten Fälle betrifft. Hier sind eher die politische Überbewertung und die folgenden realpolitischen Eskalationen ein Grund zur Sorge.

Das hat sich unlängst auch wieder bei einem kleinen virtuellen Schlagabtausch zwischen arabischen und israelischen Aktivisten gezeigt. Eigentlich ein gewohnter Konflikt. Arabische Aktivisten griffen schon immer Webseiten der israelischen Regierung an. In diesem jüngeren Fall allerdings äußerte sich erstmals (und sofort) das israelische Verteidigungsministerium mit Drohungen. Ein klarer Indikator für ein deutlich offensiveres Klima in der Interpretation aktivistischer Cyberangriffe. Die Staaten sollten sich hier aber besser zurückhalten. Globaler Netzaktivismus wird sich kaum wieder einfangen lassen. Dazu zu tendieren, mit realer Gewalt auf so etwas zu reagieren, kann schnell zu sehr unproportionalen Eskalationen führen.

Von der prinzipiellen Harmlosigkeit und dem zivilen Charakter der Akteure abgesehen ist es eine noch offene Frage, ob DoS-Angriffe und Botnetze eine Gefahr für die Gesellschaft darstellen oder nicht. Sie werden zwar unglaublich häufig und in dramatischen Farben als solche porträtiert, aber ob DoS-Angriffe wirklich gefährlich werden können, scheint recht unwahrscheinlich und nur in Ausnahmefällen wirklich schlechten Sicherheitsengineerings möglich. Sie könnten nämlich nur kritisch sein, wann immer ein kritischer Prozess direkt an das Internet gehängt wird und zusätzlich auch noch so empfindlich ist, dass jede externe Störung sofort einen kritischen Unfall auslöst. Diese Voraussetzung für eine echte »Kritikalität« von DoS-Angriffen scheint aber allem Anschein nach (glücklicherweise) nicht so häufig gegeben. Berichte über DoS-Angriffe auf Atomkraftwerke oder auf Flugzeuge mit katastrophalem Ausgang sind zumindest noch nicht bekannt geworden. Man muss allerdings auch erst noch eine empirische Landkarte entwerfen, die genau abbildet, welche Prozesse über DoS-Angriffe angreifbar sind und wie gefährlich die Störung dieser Prozesse sein kann. Bis die Ergebnisse solcher Untersuchungen vorliegen, sollten wir uns aber nicht irgendwelche hochdramatische Krisen aufquatschen lassen. Kritische DoS-Angriffe sind voraussetzungsreich, sie können in der Regel mit der Zeit beherrscht werden, sie sind wenig flexibel, und alles, was wir bisher gesehen haben, deutet darauf hin, dass sie zwar sehr »sichtbar«, sonst aber kein besonders gefährliches Werkzeug sind. Solange sie vorrangig den temporären Ausfall geringer Mengen von Webseiten und E-Mails verursachen, sollte nicht gleich von einer gesellschaftlichen Krise gesprochen werden – geschweige denn von Krieg.

Auch andere Angriffsvarianten und Zahlen aus der Cyberwelt verführen regelmäßig zu fehlerhaften Einschätzungen von Bedrohungslagen. Ein Beispiel sind die zigtausend neuen Viren und Würmer, die jeden Tag registriert werden. Mit diesen Zahlen erschrecken vor allem die IT-Sicherheitsunternehmen immer wieder gerne die Öffentlichkeit. Es scheint dann fast so, als würden ganze Heerscharen böswilliger Entwickler ununterbrochen massenhaft Angriffe gegen die unschuldigen Informationsgesellschaften stricken. Aber so ist es nicht. Wir kennen den Grund ja bereits: Er liegt in den Verfahrensweisen der »reaktionär« ausgerichteten IT-Sicherheitsindustrie und daran, dass man mit Varianten ein und desselben Wurms bequem an den Scannern vorbeispazieren kann. Für unsere globale Sicherheitsbewertung heißt das, dass hinter den vielen neuen Viren und Würmern lange nicht so viele böswillige Entwickler stecken müssen. Wie viele es genau sind (Entwickler, nicht Würmer), wissen wir nicht. Hinzu kommt, dass diese Massenangriffe nicht besonders gefährlich sind. Einige von ihnen kommen sicherlich durch die Scanner, viele von ihnen installieren dann erfolgreich ihre »Malware« oder betrügen geschickt und schaden dann den Menschen, die darauf hereinfallen. Trotzdem sind dies immer noch Angriffe durch Kleinkriminelle. Spam und Massenviren werden inzwischen fast nur noch von Kreditkartendieben und anderen Betrügern verwendet. Das heißt, selbst wenn sie (massenhaft) erfolgreich sind, ist der Schaden ein (in der Regel kleiner) finanzieller Betrug und als solcher erneut nicht mit den Folgen von Naturkatastrophen, militärischen Krisen oder Terrorangriffen gleichzusetzen. Entsprechend muss man also auch diese Fälle trotz ihrer großen Masse (die sich ja auch weltweit verteilt) etwas beruhigter betrachten.

Das Problem zumindest des kleinkriminellen Cybercrime ist sicherlich ein zahlenmäßig großes und ein wachsendes. Das soll an dieser Stelle gar nicht kleingeredet werden. Aber es ist eben bei weitem nicht so gefährlich wie der mögliche militärische Angreifer, mit dem wir uns beim Cyberwar beschäftigen werden (oder der ressourcenstarke, organisierte Kriminelle, der zu ganz anderen Dingen in der Lage ist). All diese relativ betrachtet »ungefährlichen« Aktivitäten irgendwo zwischen politischer Protestaktion und kleinkrimineller Betrügerei sind nicht das große Problem der Cybersecurity. Bei all diesen vermeintlichen »Ernstfällen« sollten wir nicht von »Cyberwar« – also Krieg – sprechen, und wir müssen keine Welt-Sicherheits-Gipfel einberufen. Tut man dies trotzdem, kommt man leicht zu einem schlechten Ruf und einer unnötigen Einrichtung von Maßnahmen und Zuständigkeiten, die dieser »bedrohlichen« Aktivitäten Herr werden sollen. Das beste Beispiel dafür ist das Verhalten der NATO: Das Bündnis hat sich bereits sehr umfangreich gegen die DoS-Angriffe und sonstige Botnetz-Aktivitäten aufgestellt. Doch warum sollte die größte existierende Militärallianz plötzlich mit großem militärischem Eifer die westliche Welt vor demonstrierenden Teenagern und Handtaschendieben schützen wollen? Das ergibt keinen Sinn und spricht sogar gerade für das Phänomen, dem die NATO mit diesem Aktionismus politisch begegnen will: dass sie nämlich gar nicht mehr benötigt wird.

Aber gibt es denn eigentlich eine echte Agenda für Cybersicherheit? Ja. Natürlich. Sie besteht in der Errichtung eines Schutzes gegen die höher qualifizierten und damit sofort auch viel gefährlicheren Angreifer in diesem Feld: die organisierten und ressourcenstarken Kriminellen, die Söldner und vor allem Staaten und ihre Militärs und Spione. Diese sind weniger sichtbar und weniger plakativ, aber sie sind die eigentliche und große Gefahr, und vor allem mit ihnen müssen wir uns so schnell wie möglich theoretisch und politisch auseinandersetzen. Diese Angreifer sind im Cyberbereich eine echte Bedrohung. Und sie haben ganz neue Kriegsschauplätze für sich entdeckt, die wir nun nacheinander besuchen werden.

3 Cyberintelligence
Die Spione im Datenstrom

Bevor wir uns die verschiedenen militärischen Nutzungsformen von Cyberangriffen ansehen – wir werden dazu die militärische Sprechweise von »Operationstypen« übernehmen, also Varianten von militärischen Einsätzen –, wollen wir uns erst einmal kurz ansehen, was die nicht-militärischen Spione, die Nachrichtendienste, in diesem Bereich machen. Nachrichtendienste spielen im Cyberwar eine überragend wichtige Rolle. Sie sind oft zuständig für die notwendige Aufklärung im Vorfeld und für das Anbringen des eigentlichen Angriffs. Aber sie haben auch ihre eigenen Cyberoperationen, die sie im Rahmen ihrer klassischen Tätigkeiten der Informationsbeschaffung betreiben. Die Umtriebe der Spione sind dabei sehr eng mit den Grundstrukturen jeder Cyberoffensive verbunden.

Cyberangriffe bestehen aus zwei aufeinander aufbauenden Handlungsstufen. Die erste Stufe ist der geheime Einbruch in die Zielsysteme – das eigentliche Hacking. Hier müssen Systeme auf Schwachstellen ausgeforscht werden, um dann über (unbewachte) Hintertüren eindringen zu können. Die zweite Stufe ist die eigentliche schädigende Handlung. Ist man einmal im System drin, kann man entscheiden, was man tun möchte. Das Spektrum der Möglichkeiten ist dabei immens groß. Computer sind richtige Alleskönner – und genau diese Eigenschaft kann sich jeder Angreifer auch zunutze machen. Er kann alles tun, was ein regulärer Nutzer mit seinem Rechner tun kann, und wenn er gute technische Fähigkeiten hat, sogar noch eine ganze Menge mehr. Denn natürlich ist ein Angreifer nicht daran interessiert, die normalen Handlungen in normaler Weise durchzuführen. Er will im Wesentlichen eines von vier Dingen, die man mit gekaperten Rechnern tun kann: spionieren, sabotieren, manipulieren oder propagieren. Bei der Spionage möchte der Angreifer wissen, was das Opfer weiß. Er will Informationen abgreifen. Bei der Sabotage will der Angreifer das Opfer stören bzw. handlungsunfähig machen, bei der Manipulation kritische Prozesse beeinflussen und in einer Art und Weise steuern, die den Zielen des Angreifers dient. Bei Propaganda greift er in die öffentliche Meinung eines anderen Staates ein, um ihn zu lenken. All das erfordert viel Geschick und eine gute Kenntnis des Angegriffenen und seiner Handlungsgewohnheiten.

Dies ist die Essenz des offensiven Cyberwar. Phase Eins: Einbruch ins System. Phase Zwei: Eingriff ins System. All diese Aktivitäten sind nun klassische Tätigkeiten der Intelligence, also nicht der Militärs, sondern der Spione.

Ihre Fähigkeiten und Erfahrungen, ihre Möglichkeiten und Taktiken sind die Roadmap zum Cyberwar. Sie bestimmen, was man wie wo wann tun kann und was nicht. Natürlich bemühen sich viele Militärs, diese Fähigkeiten aus den Nachrichtendiensten abzuziehen und sie auf breiter Basis in ihren echten, explizit militärischen Truppen zu etablieren, aber die Vorgehensweise bei einer Cyberattacke wird dennoch – zumindest bis zum Erreichen des militärischen Ziels – nachrichtendienstlich sein, und die Nähe zu den Diensten wird eng bleiben müssen. In vielen Ländern sind die Cybertruppen heute deshalb entweder direkt in die Spionageabteilungen eingebunden oder zumindest lose angebunden. In Russland etwa sind die Cyberkrieger Teil der FAPSI, der Nachfolgeorganisation des KGB. In den USA sind sie militärisch, werden aber von einem Nachrichtendienstchef befehligt. Dieser Charakterzug des Cyberwar betrifft auch die Defensive. Jede Cyberverteidigung sollte intensive Kenntnisse in Spionageabwehr mitbringen. Nur so werden sich die Angriffswege und die umfassenderen Pläne von Angreifern erkennen und adressieren lassen.

Was wir uns an dieser Stelle im Detail ansehen wollen, ist der konkrete Nutzen einer »Cyberintelligence«, also der Nutzen von Cyberangriffen zu konventioneller Spionage.

Sie kommt zum Tragen, wenn es um die Geheimhaltung von Staaten geht. Dazu können wir zunächst festhalten, dass Staaten Geheimhaltung an vielen Stellen praktisch brauchen. Ein Beispiel ist die Diplomatie. Ein anderes Land muss nicht wissen, was man selbst von ihm weiß oder hält, wenn man in möglichst günstiger Weise mit ihm verhandeln will. Ebenso wenig muss es wissen, wie man mit seinen potentiellen Gegnern verbunden oder mit seinen potentiellen Verbündeten verfeindet ist. So lassen sich der Erhalt prinzipiell guter internationaler Beziehungen, die freundliche Verbindung mit den Starken und das Getrennthalten möglicher Gegner noch am besten realisieren. Eine traditionelle und überaus funktionale Haltung in der Diplomatie. Doch die Diplomatie kann auch versagen – und das muss in Zeiten des Cyberwar nicht unbedingt darauf zurückzuführen sein, dass sich die Diplomaten falsch verhalten hätten. Cybereinbrüche in die Außenministerien sind auch eine Option.

Tatsächlich stammt einer der bis dato berühmtesten Spionagevorfälle aus einem Außenministerium (das Land darf hier nicht genannt werden – es schämt sich noch). Das System dort schien eigentlich sicher. Es war auf dem neuesten Stand der Technik. Die Sicherheitsmaßnahmen waren sogar beispielhaft. Alles, was am Markt war, wurde gekauft. Man hatte verschiedenste Varianten von Sensoren, Integritätschecks, Präventionssystemen, Separationen. Es lief alles einwandfrei. Es gab nur die üblichen Einbruchsversuche, derer man aber Herr wurde. Das dachte man zumindest. Bis eines Tages einer der Systemadministratoren einen alten Rechner bemerkte, der immer wieder abstürzte. Nun war dieser Administrator allem Anschein nach nicht nur fähig, er war auch ein »Nerd« – jemand, der sich weit über das normale Maß hinaus für Computer interessierte. Also tat der Mann etwas Unübliches. Statt einmal tief die Reset-Taste durchzudrücken und das System einfach neu zu starten, begab er sich auf eine Expedition in den Fehler. Und was er fand, war dann weit mehr als ein simples Konfigurationsproblem. Es war ein Hack. Ein Cyberangreifer war tatsächlich in die hochsicheren Systeme eingedrungen und hat dort mehrere Jahre lang vollkommen unentdeckt gesessen und sich alle Informationen schicken lassen. Eine Katastrophe. Vor allem, da man sich so sicher gefühlt hatte, nach all den Tests und Beteuerungen der IT-Sicherheitsfirmen. Tatsächlich war das genaue Gegenteil der Fall. Das Ausmaß des Angriffs war erschreckend. Der Angreifer hatte ein eigenes Netzwerk im Netz des Außenministeriums betrieben, ein »Darknet«. Es lief vollkommen unbemerkt unterhalb aller Datenbanken und Prozesse, scannte regelmäßig alles und kopierte die interessanten Daten auf separate Speicherorte. Von denen wurden die gesammelten Informationen dann einfach zu bestimmten Zeitpunkten en bloc an verschiedene Orte gesandt. Der Angreifer wartete sogar sämtliche Maschinen des angegriffenen Netzwerkes, damit sie nicht abstürzten und die Verteidiger dazu verführen konnten, mal in ihre Maschinen zu sehen.

Warum die vom Außenministerium eingebauten Sicherheitsmaßnahmen nichts davon mitbekamen, war natürlich die erste Frage. Die Antwort war auch für die Analysten erschreckend. Sie waren einfach mit angegriffen worden. Die meisten Sicherheitsprodukte waren höchst geschickt manipuliert worden. Die Sensoren sahen einfach in die andere Richtung, wenn sich der Angreifer bewegte und sich Infos schicken ließ. Nichts, aber auch gar nichts funktionierte, wie es sollte. Und der Angreifer hatte sogar Systemmigrationen und Updates in den Produkten mit eigenen Updates seiner Werkzeuge begleitet. Das Maß der Professionalisierung war erschreckend. Hier waren hochqualifizierte Praktiker und mit Sicherheit auch Wissenschaftler am Werk gewesen. Die gesamte Informationsbasis der Diplomaten war vollständig transparent. Der Angriff war eine beeindruckende Demonstration moderner Spionagekunst. Und sicher kein Einzelfall. Auch wenn sonst kaum weitere Fälle bekannt wurden, ist doch davon auszugehen, dass die meisten Nachrichtendienste zumindest interessiert sind, solche Fähigkeiten auszubilden.

Paranoide Kritiker vermuten hinter Geheimhaltung oft nur Staatsverschwörungen. Aber das ist natürlich Unsinn. Geheimhaltung ist notwendig. Sonst können im internationalen Spiel der Kräfte schnell Nachteile entstehen. Man kann das zwar für nicht relevant erklären, vor allem in Friedenszeiten. Aber da es immer ausreichend fremde Staaten und Koalitionen geben wird, die dieses Spiel trotzdem spielen und da notwendig jeder, der wirtschaftlich oder politisch Einfluss ausüben kann, involviert wird, übernimmt man besser eine aktive Rolle, als sich passiv zu einem der Bälle dieses Spiels zu machen. Das ist dann auch in keiner Weise undemokratisch, solange die Rückbindung an das Parlament und dessen Kontrolle funktioniert.

Computer können Geheimhaltung in einem bisher nicht dagewesenen Maß kompromittieren. Der Grund liegt schlicht in der Kernfunktion der IT selbst. Sie soll zentralisiert viele Informationen verwalten und zugänglich machen. In Bereichen mit Geheimhaltung sind solche Zugänge zwar gesichert. Aber das sind rein technische Riegel, die sich eben gerade von den hochqualifizierten Angreifern mit ausreichender Sachkenntnis noch immer durchbrechen ließen.

In der staatlichen Spionage sind zentralisierte Datenhaltungen also ein besonders schwieriges Verfahren. Denn sie werden automatisch ein hochattraktives Ziel für ungewöhnlich qualifizierte Angreifer sein: die Cyberintelligence-Einheiten.

Solche Spezialisten können (aus konventioneller IT-Sicherheitsperspektive gesehen) äußerst ungewöhnliche Dinge tun – wie etwa die installierten Sicherheitsprodukte selbst angreifen. Gerade wenn diese Produkte am offenen Markt erhältlich – also keine gut geschützten Geheimentwicklungen – sind, kann ein Angreifer sie einfach kaufen und entweder in Ruhe nach Hintertüren suchen oder – eleganter – er greift die Produkte selbst an.

Diese letzte Vorgehensweise ist sogar klassisch. Um ein Sicherheitssystem zu unterwandern, kompromittiert man am besten jene Elemente, die am meisten Vertrauen genießen und die gezielt in sensible Bereiche eingebaut sind. So arbeiten Spione schon seit Tausenden von Jahren. Früher war es die Lieblingskonkubine des Königs, heute ist es der Exploit in der Sicherheitssoftware. Beliebt für Spionagehacks waren in der Vergangenheit auch Drucker oder Dokumentenvernichter. Dort kann man als Angreifer heimlich Scanner einbauen, die jedes zu druckende und jedes aufgrund seiner Brisanz zu zerstörende Dokument vorher einscannen, um das Ergebnis zum Angreifer zu bringen. Leider ist Sicherheitssoftware selbst auch alles andere als sicher.

Das ist das besondere Problem der »Security of Security«. Normalerweise erwartet man von Sicherheitsprodukten, dass sie das vermeiden, was ihre Schutzgüter zu Schutzgütern macht: eigene Sicherheitslücken. Die Vergangenheit hat jedoch immer wieder deutlich gemacht, dass Sicherheitsprodukte genauso schlampig entwickelt werden wie alle andere Software. Sie haben also auch die gleichen Fehler und sind genauso angreifbar. Nur dass sie eigentlich Angriffsschutz bieten sollen und viel in kritischen Bereichen eingesetzt werden.

Gut finanzierte Cyberspione spielen in einer Liga, in der man solche Fehler nutzen kann und nutzen wird. Genau dieses Vorgehen, in genau dieser Ausdehnung und Stärke, ist bereits Realität. Was man von einem proportional sensiblen Umgang mit Geheiminformationen und IT-Technik nicht gerade behaupten kann. Außerdem können sie sogar schon in der Entwicklung von Produkten angreifen, Hard- und Software. Das werden Aspekte sein, mit denen wir uns später noch beschäftigen werden.

Schließlich sind Spione auch wichtig für die allgemeine Vorbereitung und die Anbringung von anderen militärischen Angriffen. Wir hatten bereits gesagt, dass eine möglichst perfekte Abbildung der Zielstruktur unglaublich wichtig ist. Angriffe müssen sehr intensiv und unter möglichst realen Bedingungen getestet werden, sonst stürzen die Rechner ab und die Angriffe können entdeckt werden. Jeder Fall von Industriespionage kann daher auch ein Fall von »Cyberreconnaissance« sein, der einen Angriff vorbereitet. Dazu gehören dann auch Details wie die Aufklärung der verwendeten Software und der Vertrauens- und Sicherheitsmechanismen, bei denen man folgend gesondert einbrechen kann. Die Vergangenheit kennt hier übrigens auch physische Einbrüche in die Firmen, die Vertrauensmechanismen für digitale Prozesse herstellen. Ein Vektor, den diese Firmen gerne mal vergessen. Ihre Datensicherheit mag hoch sein, aber die sensiblen Server stehen dann in einer kleinen Kammer mit einer Fünf-Euro-Wache in einem Kilometer Entfernung und einem Vorhängeschloss davor. Für Nachrichtendienste ist das ein Silbertablett. Und eine Manipulation der Vertrauensmechanismen ist, wie oben schon skizziert, besonders profitabel. Solche Angriffe werden in der Zukunft auch häufiger zu sehen sein. Die Einbrüche bei DigiNotar und RSA – zwei Herstellern von Vertrauensmechanismen – sind zwei junge und erste Beispiele solcher Ausrichtungen und deutliche Indikatoren dafür, dass inzwischen mehr taktisch denkende Angreifer auf dem Spielfeld angekommen sind.

Eine weitere wichtige Komponente der Vorbereitung von Cyberangriffen ist Geduld. Cyberwar hat von Natur aus eine starke präventive Komponente. Während man einen Luftschlag in der Regel innerhalb einer überschaubaren Zeit (der Flugzeit) befehlen kann, ist es einem Befehlshaber im Cyberwar nicht möglich, seinen Offizieren zu befehlen, jetzt sofort ein bestimmtes Ziel zu bombardieren. Würde ein Cybergeneral seiner Truppe befehlen, innerhalb einer Stunde ein bestimmtes Ziel anzugreifen, würde er nur nervöses Kichern ernten, denn ein Cyberangriff benötigt eine ungemein lange Vorbereitungszeit. Um einen Angriff zu entwickeln, der möglichst undetektierbar ist und der an einigen Sicherheitsmechanismen vorbeimuss, der möglicherweise auch noch von einem Innentäter angebracht werden muss, benötigt man einige Wochen bis Monate. Selbst mit einem großen Team. Dies ist ein Nachteil und ein Risiko für die Cyberoffensive. Denn so sind offensive Cybertruppen gezwungen, ihre Angriffe lange vor einem realen Angriff auf Vorrat zu produzieren und eventuell auch bereits partiell zu implementieren. Das macht das Ganze etwas teurer.

Will man in der Lage sein, jederzeit losschlagen zu können, muss man theoretisch laufend neue Angriffe entwickeln, denn Angriffe können sehr schnell veralten. Wenn das Ziel seine Konfigurationen ändert oder die für den geplanten Angriff genutzte Sicherheitslücke findet und schließt, ist man raus. Gegen diese Risiken kann man sich nur absichern, indem man seine Angriffe in vielen kleinen Modulen als Flickwerk entwickelt. Man baut viele kleine Angriffsteile, die sich später frei kombinieren lassen. Zudem wird jede Cyberwar-Einheit, die etwas auf sich hält, nicht einen, sondern mehrere Angriffe für attraktive Ziele entwickeln. Plan B-Angriffe, falls Plan A nicht funktioniert. Hinzu kommt, dass es hilfreich sein kann, wenn man bereits frühzeitig aufklärende Elemente in die Zielstruktur einbringt, um dort das Ziel laufend zu beobachten und Angriffe anzupassen. So ein Exploit-Monitoring im Ziel ist bereits praktiziert worden und scheint profitabel zu sein. Für die Cyberintelligence heißt das, dass sie nicht nur geduldig, sondern auch äußerst vorausschauend arbeiten muss.

Dieser vorausschauende Charakter der Offensive ist einer der Gründe, warum Cyberwar auch in Friedenszeiten ein Problem sein kann. Sollten einige Länder uns als potentielles Ziel für einen Machthebel, eine Ablenkung oder Ähnliches anvisieren, ist es wahrscheinlich, dass sie vorgreifend schon einmal ein paar maßgeschneiderte Angriffe entwickeln. Die könnten sie dann schon mal in die Zielstrukturen einbringen und eventuell sogar testen. Ein Szenario, mit dem wir uns später noch auseinandersetzen werden. Das ist nicht unbedingt hochgefährlich, solange alles passiv und ungefährlich bleibt. Aber das muss es nicht. Und so oder so wäre so etwas ein Bruch unserer Souveränität und ein Fenster für Spionage – wenn man den Zugang schon mal hat. Deshalb ist einmal entdeckten Angriffen auch dringend nachzuspüren.

Damit soll das Spektrum klassischer Cyberintelligence zumindest angedeutet sein. Natürlich gibt es noch viel mehr, was reine Cyberspione machen können. Aber das ist meist in andere militärische Operationstypen eingebettet, von denen wir uns ja einige ansehen werden. Das Ausspionieren von Gegnern, das Aufklären von Zielstrukturen und das vorbereitende Einbringen von Angriffswerkzeugen dagegen sind klassische nachrichtendienstliche Tätigkeiten.

4 Economic Operations
Angriffe auf die Wirtschaft

»Economic Operations« (übersetzt: »Wirtschaftsoperationen«, kurz: Eco Ops) sind militärische oder nachrichtendienstliche Einmischungen in die Wirtschaften anderer Länder, um damit politische Ziele des eigenen Landes zu befördern.

Das ist kein unbedingt neuer Kriegsschauplatz. Die Besetzung von Ölfeldern durch ausländische Militärs ist in gewisser Weise immer auch eine wirtschaftsorientierte Operation. Allerdings werden bei solchen klassischen Ressourcenkriegen konventionelle militärische Mittel (und Waffen) eingesetzt, außerdem ist nicht zwingend die andere Wirtschaft und ihr Funktionieren das Ziel des Angriffs. Vielmehr greift man ein Land militärisch an und nimmt sich dessen Güter zur eigenen Verwertung. Im Cyberwar können Angriffe auf die Wirtschaft eines anderen Landes hingegen etwas anders ausgerichtet sein: Sie greifen direkt in Handel und Wandel ein, sie attackieren, sabotieren oder manipulieren Firmen oder Handelswege, um das Wirtschaften selbst zu beeinflussen. Man schädigt (oder befördert in manchen Fällen) fremde Unternehmen und Volkswirtschaften. Die militärischen Operationen selbst stehen in ganz unterschiedlichen, größeren politischen Kontexten. Mal wird man geostrategische Ziele verfolgen, wie die Schwächung eines bestimmten Industriezweigs, den man mit seinem Land dominieren möchte oder einer gegnerischen Wirtschaftsgemeinschaft, um sie in höhere Handelsbeziehungen zu einem selbst zu bringen, um

Abhängigkeiten und Vertrauensverhältnisse zu beeinflussen, mal wird man vielleicht einfach eigene wirtschaftspolitische Ziele verfolgen und Konkurrenten schwächen wollen.

»Economic Operations« waren allerdings bis zum Aufkommen des Cyberwar eine eher untergeordnete Variante des Krieges. Sich auf diese manipulative Weise in Wirtschaften einzumischen, war einfach zu schwierig. Natürlich hat man mit seinen eigenen Wirtschaften in Kombination mit Außenpolitik versucht, konkurrierende Staaten in den Ruin zu treiben, aber direkte, sabotierende Einmischung war in der Regel zu aufwändig. Das hat sich jetzt geändert, da die Wirtschaften in allen Bereichen massiv von Informationstechnik und Netzwerken durchsetzt sind. Ein wahres Mekka der Hacker-Möglichkeiten eröffnet sich hier, das in Zukunft zu einer Renaissance dieser Art Angriffe auf die Wirtschaft eines anderen Staates führen könnte. De facto erachte ich persönlich diesen Kriegsschauplatz als den besorgniserregendsten von allen, weil ein Angriff so leicht möglich und vor allem so direkt und vielschichtig profitabel ist. Sei es die Kontrolle über Produktionszweige, die vollständige Einsicht in die Innovationsbemühungen ganzer Länder oder – am gravierendsten – eine Fernsteuerung für die Finanzindustrie – all das ist für hochqualifizierte Hackertruppen kostengünstig zu haben und politisch wie wirtschaftlich überaus attraktiv.

4.1 Spionage
Ausgeblutet dank Internet

Die erste operative Dimension für Economic Cyberoperations ist die Wirtschafts- beziehungsweise Industriespionage, wobei der Unterschied zwischen dem normalen, kommerziellen Industriespion hier darin besteht, dass die Absicht dahinter eine staatliche ist und – natürlich – dass die Mittel wesentlich höher sind.

Cyberspionage ist mindestens so alt wie der Computer selbst. Tatsächlich war die Spionage einer der ersten »Geschäftszweige«, der selbst professionell Rechner entwickelte. Der berühmte Computerwissenschaftler Alan Turing war eine der großen Figuren der Informatik und er entwickelte in den 40er Jahren gemeinsam mit den Ingenieuren Thomas H. Flowers, Max Newman, John Tiltman und William Tutte den ersten großen elektronischen Computer für das britische Militär in der Anlage Bletchley Park: Er hieß Colossus.

Colossus hatte nur einen Zweck. Er sollte die deutschen Geheimnachrichten knacken, die damals von der berühmten Enigma und von den technisch noch besseren Modellen Lorenz SZ40, SZ42 sowie von der Siemens Schlüsselfernschreibermaschine T52 chiffriert wurden. Eine überaus kriegswichtige Leistung, denn mithilfe der abgefangenen Nachrichten ließen sich die Bewegungen der Deutschen voraussagen, sodass man sich strategisch exakt darauf einstellen konnte. Das Colossus-Projekt war erfolgreich, wurde allerdings erst 1970 öffentlich bekannt. Bis dahin hatten längst andere Computer ihren Siegeszug begonnen, auch wenn ihre Rolle sich mit der Zeit wandelte. Anfangs, wie bei Colossus, wurden Computer vor allem aufgrund ihrer Rechenleistung in der Spionage eingesetzt. Sie konnten wesentlich schneller und nach verschiedensten Algorithmen alle möglichen Varianten von Zeichen durchtesten, die für das Dechiffrieren von Nachrichten nötig waren, und auch heute verwendet man einige Spezialcomputer noch auf diese Weise. Kryptologie ohne Computer gibt es nicht mehr. Aber seit der Computer immer häufiger von Staat und Wirtschaft zum massenhaften Speichern von wichtigen Informationen genutzt wurde, wurde er mit der Zeit vom Spionagemittel auch zum Spionageziel. Festplatten (beziehungsweise Magnetbänder) wurden zu immer attraktiveren Zielen der Spione, die dort – ungemein praktisch – massenhaft Informationen mit nur einem einzigen Diebstahl abgreifen konnten. Dieser Trend wurde noch einmal befeuert mit dem Aufkommen von weltweiten Rechnernetzwerken. Jetzt konnte man sich einfach an einen der schlechter bewachten Knoten eines solchen Netzwerkes setzen, bequem von dort aus einbrechen und sich alles dorthin schicken lassen, wo man es in Ruhe abholen konnte. Aus Angreiferperspektive ein hervorragender Service. Und allemal billiger und schneller, als das entsprechende Wissen auf konventionellen Wegen abzugreifen oder – im Falle von Forschung und Entwicklung – sogar selber zu generieren.

Da nur die wenigsten heutigen Fälle von Cyberspionage an die Öffentlichkeit kommen – und wenn, dann nie mit Details –, hier stellvertretend für viele reale Fälle zunächst einmal das fiktive Szenario eines Paradefalls für staatlich geführte Wirtschaftsspionage.

»Habermas war zufrieden. Sein Unternehmen Töchter & Söhne blickte auf eine Reihe sehr erfolgreicher Geschäftsjahre zurück. Man hatte sich zum Marktführer im Bereich der Überwachungsdrohnen aufschwingen können. Ein kleiner Markt, aber mit einigen großen Fischen darin. Töchter & Söhne war der Aufstieg sogar als mittelständisches Unternehmen gelungen. Die Konkurrenz hat nicht schlecht gestaunt. Es hatte sich aber auch wirklich gelohnt, in die Forschung zu investieren – auch wenn die Zusammenarbeit mit der Fraunhofer Gesellschaft und die EU-Anträge bürokratisch aufwändig gewesen waren. Aber nur so hatte man die entscheidenden kleinen Vorteile erarbeiten können, die die eigenen Produkte jetzt so einzigartig gut am Markt platzierten. Besonders die erheblich verbesserte Gesichtserkennung der Drohnen war einfach unschlagbar. Sie konnten selbst in erheblicher Flughöhe bekannte Hooligans in Stadien identifizieren. Ein klarer Vorteil gegenüber den anderen, fast blinden Geräten der Konkurrenz mit ihren verwackelten Aufnahmen. Ein gutes Produkt – und ein gutes Produkt ist ein gutes Geschäft. Zufrieden lehnte sich Habermas zurück.

Da klopfte es an der Tür. Herein kam der Informatiker aus der Systemadministration. Habermas hoffte, er würde nicht wieder mit irgendwelchen Anschaffungswünschen für irgendein IT-Zeug kommen, denn das war in der Regel viel zu teuer. Der Informatiker sah etwas bleich aus und meinte, dass jemand im System gewesen sei. Habermas dachte zunächst, dass Spione auf das Firmengebäude gelangt waren, doch der Administrator erklärte ihm, dass jemand in ihren Rechnern gewesen sei. Habermas hatte schon von Hackern gehört – und sowohl die Hautfarbe als auch die weit aufgerissenen Augen seines Mitarbeiters gefielen ihm immer weniger. Er wollte wissen, ob die Computer noch funktionierten und welcher Schaden entstanden sei, doch der Administrator wurde nur noch bleicher. Er wisse leider nicht, was genau passiert sei. Er wisse lediglich, dass jemand eine ganze Weile im System war. Es gäbe da einen Eintrag für einen neuen Nutzer, der ihm zunächst nicht aufgefallen sei. Dieser Benutzer habe höchste Zugriffsrechte gehabt und konnte remote auf alle SQL-Datenbanken zugreifen. Der Administrator sah ihn verzweifelt an und meinte abschließend, er selbst habe aber nichts geloggt. Habermas wusste zwar nicht, was das bedeutete, aber so wie der Informatiker dreinblickte, waren es keine guten Nachrichten. Schließlich sagte der Informatiker noch kleinlaut, dass man Töchter & Söhne wahrscheinlich ausspioniert hat. Habermas war schlagartig außer sich. Industriespionage! Ausgerechnet! Er wollte sofort wissen, was weggekommen war, und wer ihn angegriffen hatte. War das etwa die Drohne AG aus Wippingen? Das würde er denen zutrauen. Es war bestimmt die Drohne AG. Er fragte den Informatiker aufgebracht, wie das überhaupt passieren konnte und warum er so etwas nicht verhindert hatte, aber der Informatiker schwieg nur und wurde immer kleiner und bleicher. Kein guter Tag für ihn und seine Abteilung.

Als sich die ersten Wogen wieder glätteten, wurden besonnenere Schritte eingeleitet. Da sich die IT-Abteilung außerstande sah, den Angriff wirklich detailliert zu analysieren, wurde eine private IT-Forensik-Firma angerufen, die gleich am nächsten Tag vorbeikam. Es wurden Kopien von Festplatten gemacht und dann alles Mögliche ausgelesen und gemessen. Am Ende war Habermas aber nicht schlauer als vorher. Ja, es gab einen Einbrecher. Er war auf einem Standardweg hereingekommen: über eine fingierte E-Mail. »Spearphishing« hatten die Forensiker gesagt, und es seien wohl auch Daten weggekommen – bzw. eine Kopie von ihnen. Viele Daten. Aber welche Daten genau betroffen waren, war nicht zu ermitteln. Prinzipiell wäre der Angreifer an alles herangekommen. Wer dieser Angreifer war, ließ sich leider nicht ermitteln. Eine Adresse konnte man finden – in Asien. Das war's. Habermas wollte schon zum Hörer greifen und Polizei und Verfassungsschutz einschalten, besann sich dann aber eines Besseren, denn wenn die Öffentlichkeit davon Wind bekäme – wäre das schlecht für das Geschäft. Immerhin war die Polizei sein Kunde. Wenn rauskäme, dass er nicht auf seine Daten aufpassen kann, dann würden die vielleicht nie wieder etwas bei ihm bestellen. Also keine Polizei und kein Verfassungsschutz. Zu allem Überfluss sei der Angreifer, so die Forensiker, auch kein reiner Hobbyhacker gewesen. Sie sprachen von einem »sehr hochwertigen Angriff«, der schon seit langer Zeit im System sei. Kaum zu entdecken. Auch wenn Habermas höhere Schutzmaßnahmen für die IT-Sicherheit gehabt hätte, hätten die ihm bei dieser Angriffsqualität nichts genutzt. Er war Opfer von hochwertiger Industriespionage aus Asien geworden. Was blieb also zu tun? Nicht viel. Habermas verpflichtete alle Beteiligten zu Stillschweigen und kehrte die ganze Sache unter den Teppich. Außerdem nahm er sich vor, künftig mehr Geld für IT-Sicherheit auszugeben, angefangen bei kompetentem Personal.

Fünf Jahre später musste Töchter & Söhne Konkurs anmelden. Zu viele Konkurrenten mit gleichwertigen Produkten waren auf den Markt gedrängt. Insbesondere diese eine Firma aus Südafrika hatte einfach verdammt gute Drohnen für einen verdammt lächerlichen Preis. Kein Wunder, dass man sich da nicht halten konnte. Habermas seufzte, als er die Türen zu seiner einstmals so glanzvollen Firma das letzte Mal hinter sich schloss. Wenigstens war die Drohne AG auch pleite. Verdammte Globalisierung.«

Das Beispiel zeigt: Cyberspionage ist profitabel. Die Überlegung, dass andere Unternehmen im gleichen Markt Cyberspionage einsetzen, um ihre Konkurrenten auszuspähen, ist nicht unbedingt paranoid und weit hergeholt. Eine Studie des Campus Wien zu Wirtschaftsspionage ergab, dass über die Hälfte der dort bewerteten Unternehmen bereits Vorfälle mit Spionage hatten, wobei in 29% dieser Fälle der Spion ein inländischer Konkurrent zu sein schien. Oftmals sind es unzufriedene Angestellte der Zielunternehmen, die Daten entführen und verkaufen. Manchmal beauftragen Firmen aber auch ihre eigenen Informatiker mit den Einbrüchen, teilweise bieten auch spezialisierte Detekteien diese Variante von Spionage an. Dies alles sind aber noch einfache Fälle von kommerzieller, krimineller Industriespionage. Ganz anders sind dagegen private Unternehmen, die aus anderen Märkten kommen – und von den jeweiligen Regierungen unterstützt werden. In diesem Fall werden strategische Interessen eine wichtige Rolle spielen und Militärs möglicherweise in die Entwicklung eingebunden sein. Ein erster, wenn auch sehr kalter Fall von Cyberwar.

In diesen Kontext könnte auch etwa die berüchtigte »Cyberspionage aus China« einzuordnen sein. Tatsächlich macht diese chinesische Variante aber nur auf den ersten Blick einen Großteil der Angriffe aus. Die Zuschreibung ist de facto unseriös, denn für Industriespione aller Couleur ist es in der Regel ein Leichtes, einen Server irgendwo in einem anderen Land entweder zu mieten oder dort einfach einzubrechen und ihn als Zwischenhändler (als »Proxy«) zu verwenden. China ist dabei einfach eine praktische Variante. Zum einen sind chinesische Alltagsrechner oft miserabel gesichert, da hier häufig gecrackte Kopien von regulärer Software – wie zum Beispiel Windows – benutzt werden, gleichzeitig aber alle Update-Funktionen abgestellt sein müssen, da die Updates sonst eine illegitime Verwendung feststellen und das updatende Programm lahmlegen. Ohne Updates behalten die Systeme aber natürlich alle Sicherheitslücken, die dort jemals entdeckt wurden, und sind offen für jede Art von Angriff. Zum anderen sind chinesische Rechner als Proxys praktisch, da inzwischen alle Länder Cyberspionage aus China regelrecht erwarten. Das hat für nicht-chinesische Angreifer den Vorteil, dass die Opfer des Angriffs aufhören nachzuforschen, wenn sie die chinesische IP-Adresse sehen. Sie denken sich »China mal wieder«, schreiben vielleicht eine kurze Protestmitteilung und kehren dann zu Business As Usual zurück. Praktisch. Wäre ich ein Cyberspion – ich würde auf jeden Fall über China gehen, um meine Industriespionage zu betreiben.

Das lässt die langen Serien von Anklagen gegen China natürlich in einem etwas anderen Licht stehen, und China selbst beteuert immer wieder, dass ein Drittel aller Cyberspionage aus den USA kommt und nicht aus China. Das muss man jetzt auch nicht unbedingt glauben.

De facto wissen wir aber einfach nicht, wer hinter den transnationalen Spionagefällen steckt und ob sich überhaupt irgendein Land besonders auszeichnet. Denn nicht nur China hat ein Interesse an Wirtschaftsspionage, um den Aufbau des eigenen Landes (unter Umständen auf Kosten anderer Länder) möglichst schnell voranzutreiben. Die Möglichkeiten stehen allen Ländern offen und dürften auch für alle attraktiv sein. Wir leben immerhin in der globalisierten Wissensgesellschaft. Wissen ist Macht, und Forschung und Entwicklung sind ungemein wichtig, um am weltweiten Markt bestehen zu können – und am weltweiten Markt zu bestehen ist nicht nur für die einzelnen Unternehmen gut, sondern auch für die Länder, in denen diese Unternehmen sich ansiedeln. Gleichzeitig sind Forschung und Entwicklung aber unerhört teuer und voraussetzungsreich. Oft mangelt es an Personal und Ausrüstung. Wer konkurrieren will, kann Cyberspionage auf jeden Fall als eine zusätzliche Option sehen. Beispiele für Cyberspionageringe gibt es inzwischen viele. Besonders bekannt ist etwa ShadyRat, ein (vermeintlich) chinesisches Spionagenetzwerk, das zwischen 2006 und 2008 vollkommen undetektiert über 70 große internationale Unternehmen ausspioniert hat, oder Operation Aurora, die mit hochqualifizierten Mitteln im Jahr 2009 bekannte und auch für Staaten interessante Ziele wie Adobe, Juniper Networks, Rackspace, Yahoo, Symantec, Northrop Grumman, Google, Morgan Stanley und Dow Chemical ausspioniert hat. Die Vorteile liegen auf der Hand. Man spart sich Forschungsförderung und wird reif für Weltmärkte. Und sofern die einzelnen Hacks nicht direkt aus den eigenen Behörden und Ministerien heraus unternommen werden, kann man sich auch immer plausibel herausreden. Dies macht es schwierig, einige weltweite Ideen zu IT-Sicherheit und Rechtskooperation durchzusetzen. Gerade Schwellen- und Entwicklungsländer würden sich mit einer Erhöhung ihrer IT-Sicherheit und der verstärkten Kontrolle nur selbst schaden, weil sie dann plötzlich dazu angehalten werden könnten, die aus ihren Ländern kommende Spionage aktiv einzudämmen. Länder, die stärker von einer Cyber-Offensivkraft profitieren als von einer guten Defensive und Aufklärungsfähigkeit, werden sich immer gegen neue Sicherheitsmaßnahmen und internationale Bemühungen sperren. Die vollentwickelten Informationsgesellschaften stehen dann – wie so oft im Cyberwar – dumm da. Hier kommt wieder der Aspekt der Anti-Asymmetrie zum Tragen: Die weniger informatisierten Lowtech-Länder können viel gewinnen, während die Hightech-Informationsgesellschaften viel verlieren können.

Schließlich können Staaten auch einfach direkt angreifen, statt die eigenen Unternehmen spionieren zu lassen. In diesem Fall können sie das Wissen dann entweder verwerten, indem sie es an ihre Unternehmen weitergeben oder indem sie die entsprechenden Produkte direkt selbst entwickeln, wie es etwa bei strategisch wichtigen Rüstungsprodukten häufig der Fall ist.

Bei den allermeisten Cyberspionagefällen wird allerdings nie ganz klar werden, wer jetzt genau angegriffen hat, weder welches Land, noch welcher Akteur. Hinweise auf den Angreifer kann man lediglich in der Qualität eines Angriffs entdecken. Kriminelle tendieren dazu, mit dem geringstmöglichen Aufwand zu arbeiten, weshalb diese Angriffe in der Regel entsprechend einfach sind. Besonders aufwändige und vielschichtige Hacks können hingegen ein Indiz für einen staatlichen Angriff sein. Unser Paradefall hat Indikatoren für einen besonders starken Angreifer getragen, was bei Produkten im Sicherheitsbereich auch wahrscheinlich ist. Was bei unserem Beispiel jedoch gegen einen echten staatlichen Cyberspion spricht: Der Angriff wurde bemerkt, was bei starken Angreifern in der Regel selten gelingt.

Eine andere Schwierigkeit bei Cyberspionage ist festzustellen, was überhaupt gestohlen wurde. Denn Daten werden eigentlich nicht gestohlen, sondern einfach kopiert. Da sie so am Ursprungsort nicht verschwunden sind, kann man oft nur schwer sagen, was das Ziel des Angriffs war – und was der Angreifer überhaupt wollte. In seltenen Fällen speichern Unternehmen alle Zugriffe und Prozesse genau (»Logging«). Wenn der Angreifer dies nicht bemerkt (und umgeht), kann ihn das natürlich verraten. Aber solche Speicherungen sind kostenintensiv und abgesehen von Überwachungszwecken wenig sinnvoll, weshalb sie nicht oft implementiert sind.

Das gilt besonders für kleine und mittlere Unternehmen (abgekürzt oft »KMUs«), weshalb sich Cyberspionage vorrangig mit dieser Art von Unternehmen beschäftigt. Sie sind weniger gut abgesichert als große Unternehmen, die nicht selten schon eine Geschichte mit Industriespionage haben und entsprechend sensibilisiert sind. Zudem haben sie auch mehr Geld für einen Schutz. Kleine und mittlere Unternehmen, die in Forschung und Entwicklung tätig sind, sind damit ausgezeichnete Ziele. Sie sind leicht und kostengünstig zugänglich und beherbergen oft genug interessante und verwertbare Informationen. Oft gehen solche Spionageangriffe sogar regelrecht in die Fläche, denn viele dieser Unternehmen benutzen sehr ähnliche IT und IT-Sicherheitssysteme, weshalb es für einen Angreifer attraktiv sein kann, seinen einmal entwickelten Angriff an möglichst vielen Stellen gleichzeitig anzubringen. Tatsächlich zeigen Erhebungen in Deutschland, dass über ¾ aller Cyberspione exakt solche kleinen und mittleren Unternehmen im Visier haben, auch solche mit vermeintlich staatlichem Hintergrund. Sehr häufig werden regelrechte Spionagenetzwerke aufgedeckt, bei denen ein bestimmter Angriff in vielen verschiedenen Industrien und Staaten zu finden ist. Ein Beispiel dafür ist »Titan Rain«, eine über einen längeren Zeitraum andauernde Spionageattacke auf das US-Militär und auf Rüstungsfirmen im Jahr 2004, bei der immerhin 1300 Attacken von insgesamt 79.000 Versuchen erfolgreich waren. Auch jüngere Beispiele tragen häufig dieses Muster. Allerdings wird eine netzartig ausgedehnte Spionage nicht immer das Mittel der Wahl sein. Immerhin erhöht eine hohe Ausbreitung auch das Risiko der Detektion und damit die Ineffizienz des Angriffs an anderen Stellen. Weiß man als Angreifer ganz genau, was man möchte, und befindet sich dieses Wissen an genau einem Ort, so wird man (zumindest vorläufig) davon absehen, den Angriff breit zu streuen und nur streng lokal angreifen. Es sei denn, man will einfach alles abgreifen, was man irgendwie bekommen kann.

Zur Konfrontation von Cyberspionage ist der Staat gefordert, neue, den Bedrohungen angemessene (und entsprechend dynamisch weiterentwickelte) Standards und eventuell auch eigene Produkte und Schutzkonzepte zu verträglichen Preisen anzubieten. Schließlich ist er letztlich auch betroffen. Seine (Mit-)Investitionen in die Forschung und Entwicklung gehen teilweise verloren, und wenn ausländische Konkurrenz die heimischen Betriebe verdrängt, drohen Arbeitslosigkeit und Rezession. Aber auch die Firmen sind gefordert. Sie müssen lernen, viel vorsichtiger mit ihren sensiblen Daten umzugehen und wesentlich zurückhaltender mit Vernetzungen und IT zu sein.

An dieser Stelle soll übrigens auch dringend von Cloud Computing abgeraten werden. Cloud Computing ist im Grunde nur ein neues Buzzword für das Outsourcing von IT. Im Falle der Cloud werden häufig Daten und Programme, Rechen- und Netzwerkkapazitäten bei Anbietern angemietet. So müssen die Unternehmen keine eigenen IT-Abteilungen mehr halten (oder nur noch kleine) und können Arbeitsplätze einsparen. Eine gut gesicherte Cloud kann sogar zunächst einen relativen Sicherheitsvorteil für viele Unternehmen bieten. Große Clouds bieten oft eine hohe IT-Sicherheit, die sich einfache Unternehmen sonst nicht leisten könnten. Allerdings gibt es zwei essentielle Schwachpunkte der Cloud: Zum einen muss man dem Cloud-Betreiber viel Vertrauen entgegenbringen, denn man kann nie richtig beurteilen, wie gut denn die Sicherheitsmaßnahmen dieser nicht selten weit entfernt sitzenden Anbieter wirklich sind und ob die Daten auch wirklich auf die angegebene Weise verwendet werden. Zwar kann man mit Sicherheit sagen, dass Cloud-Betreiber ein großes Interesse an der Sicherheit der Daten haben, da kompromittierte Clouds das Ende dieses Geschäftsmodells wären, aber gegen Fehler in der Sicherheitskonfiguration, gegen Innentäter oder hochkarätige Angreifer haben auch sie nichts in der Hand. Und würden die Cloud-Betreiber erfolgte Einbrüche überhaupt offenlegen? Man weiß es einfach nicht. Zum anderen stellt eine Cloud immer eine fette Beute für Datendiebe dar – sie ist ein »Juicy Target« (ein erfolgversprechendes »saftiges« Ziel). Denn anstatt immer in verschiedene Unternehmen einzubrechen, um eine Vielzahl unterschiedlicher Daten zu bekommen, muss der Angreifer nur einmal einbrechen. Das wird zwar aufwändiger sein, aber gerade bei großen Clouds wird sich der Aufwand sicher lohnen. Zumindest, wenn man ein hochkarätiger Angreifer ist, der sich den Aufwand prinzipiell leisten kann. Mit anderen Worten: Eine Cloud kann möglicherweise Kleinkriminelle draußen halten, ist aber eine attraktive Einladung an qualifizierte Angreifer. Die Auslagerung der eigenen Daten in eine Cloud ist also nicht unbedingt ein Sicherheitsgewinn, denn gerade jene Art von Hackern, die das Cloud Computing anlockt, hat gute Chancen, an die Daten zu kommen und verfügt darüber hinaus meist auch über weit mehr und weit gefährlichere Möglichkeiten, die Daten kriminell zu verwerten. Die Regel ist also ganz einfach: Finger weg von der Cloud.

Wenn ein hochqualifizierter Hacker angreift, ist die Chance hoch, dass er mit seiner Cyberspionage auch durchkommt. Was tut man aber nun als betroffenes Unternehmen? Zur Polizei gehen? Wohl eher nicht. Die Haltung unseres Managers Habermas ist da ganz paradigmatisch, denn die Polizei (respektive der Verfassungsschutz) kann bei Cyberspionage ohnehin nicht viel tun. Selbst wenn eine genaue Attribution gelingt, ist die Verfolgung des identifizierten Verbrechens in einem anderen Land oft schwierig, da präzise Rechtskooperationen und etablierte Beziehungen mit klaren Verfahrensweisen gegenwärtig nur zwischen sehr wenigen Ländern existieren, und in vielen Fällen gibt es dann noch andere Probleme. Einige Polizeidienststellen sind so unterbesetzt, dass jeder neue Fall einige Wochen warten muss, bis er drankommt, oder sie sind gar nicht erst in der Lage, IT-basierte Verbrechen zu verfolgen, weil sie überhaupt keine Fachleute dafür haben. Die Daten sind aber leider recht schnell über alle Berge. Eine Anzeige ist also wenig erfolgversprechend, während gleichzeitig der Imageverlust droht. Sollte bekannt werden, dass man seine Daten verloren hat, wird man zum unzuverlässigen Partner degradiert und steht mit seinem Versagen unter Umständen sogar in der Öffentlichkeit. Eine unangenehme Situation, die sich kaum ein Unternehmen leisten kann. Die Risiken sind bei einer Anzeige also höher als der zu erwartende Nutzen, und so wird folglich kaum etwas angezeigt. Das ist aber natürlich schlecht für die Ermittler und damit auch schlecht für die Allgemeinheit, denn es können kaum solide Daten über das Ausmaß der Cyberspionage erhoben werden und andere Unternehmen können nicht vor bestimmten Trends oder Methoden gewarnt werden. Der natürliche Egoismus der Unternehmen begünstigt und befördert so die Tätigkeiten der Spione.

Außerdem – auch ein besonderes Merkmal der Cyberspionage – ist meist vollkommen unklar, was die Folgen dieser wirtschaftlich motivierten Angriffe sind. Gerade bei grenzüberschreitender Spionage ist es schwierig zu bestimmen, wie hoch die realen Schäden für das bestohlene Unternehmen am Ende sind. Ein unmittelbarer Schaden entsteht ja nur, wenn eine direkte Konkurrenz entsteht, die das eigentliche Unternehmen dann aus dem Markt drängt. Ob ein Spionageangriff gegen ein Unternehmen, das seine Produkte in Europa verkauft und Daten nach China verliert, relevant ist, lässt sich kaum mit Sicherheit sagen. Eine ungünstige Situation, denn wo keine klaren Schäden sichtbar werden, fällt es schwer, Geld für teure IT-Sicherheitsmaßnahmen auszugeben. Viele Unternehmen scheuen diese Kosten. So vertreten einige Unternehmen auch die Haltung, dass Spione nach einem Angriff ohnehin zu viel Zeit brauchen, um die erbeuteten Informationen auch umzusetzen. Bis dahin hätten die eigenen Abteilungen schon lange wieder neue Fortschritte gemacht und umgesetzt. Das klingt wenig überzeugend – eher nach einem fadenscheinigen und ausweichenden Argument, denn warum sollten die Angreifer mehr Zeit für die Produktion benötigen? Ein weiteres Problem entsteht durch das Quartalsdenken der regelmäßig wechselnden Manager: Die hohen Kosten für eine erhöhte Sicherheit gegen Spione fallen in die vier Jahre, in denen sie an diesem Unternehmen sind. Die Folgen der Industriespionage dagegen sind recht diffus und treten in der Regel erst einige Jahre nach dem Einbruch in Erscheinung. Da sind sie schon längst wieder woanders, und da die Aufgabe der Manager mehr oder weniger lautet, in der Zeit, in der sie im Unternehmen sind, die Gewinne zu maximieren und die Kosten zu minimieren, wird eben nichts getan. Sicherheit gegen Spione wird klein geschrieben. Für das Unternehmen insgesamt rächt sich diese Haltung aber natürlich, denn Konkurrenzprodukte, deren Entwicklung auf Industriespionage basiert, können ohne Zweifel ein paar Vorteile auf sich vereinen: Zum einen haben sie nicht die erheblichen Kosten der Forschung und Entwicklung verursacht und können billiger verkauft werden. Zum anderen wurde in der Regel in mehreren Unternehmen spioniert und je das Beste herausgesucht und kombiniert. Der Insiderwitz, dass der neue chinesische Kampfjet aussehe wie eine Mischung aus den besten Features, die in den letzten Jahren in westlichen Rüstungsfirmen für Jets entwickelt wurden, fußt natürlich nur auf wilden Vermutungen, aber für jeden Staat mit routinierten Industriespionen wäre das Zusammensetzen hochentwickelter Komponenten der Konkurrenz natürlich sowohl möglich als auch geboten.

Mit anderen (wie ernüchternden) Worten: Das Unternehmen, das auf Industriespionage anstatt auf eigener Forschung aufbaut, ist in der Regel im Vorteil, denn es kann immer bessere und billigere Produkte auf den Markt bringen. Vorteile, die den geostrategischen, militärischen Nutzen wirtschaftlicher Cyberspionage sofort klarmachen. Zum einen können so die eigenen Wirtschaften günstig aufgebaut und die gegnerischen Wirtschaften effizient geschwächt werden. Zum anderen kann man überragende Produkte in Kombination der besten Features herstellen. Das ist in allen Fällen praktisch – vor allem aber bei ausspionierten Rüstungsprodukten.

Wie geht man als Cyberspion bei einem Angriff auf ein Unternehmen vor? Ein überaus etablierter Weg ist das »Spearphishing«. Dies ist eine Variante des »Phishings«, bei dem der Angreifer versucht, ein Opfer zu einem Betrug zu verführen. Während Phishing allerdings massenhaft stattgefunden hat, mit generalisierten Betrugsversuchen, ist der Angriff über Spearphishing gezielt auf bestimmte Zielpersonen ausgerichtet. Ein solcher Angriff läuft meist so ab: Der Angreifer informiert sich zunächst detailliert über das Unternehmen. Er sieht sich genau an, wer in welcher Position ist und wer wofür zuständig ist, um sich eine Zielperson für seinen Angriff auszusuchen, die auf die gesuchten Zieldaten oder Zielsysteme Zugriff hat. Ist diese Person identifiziert, wird sie zunächst einmal digital beobachtet. Der Angreifer sieht sich genau an, mit wem sie kommuniziert und wofür sie sich interessiert. Dies tut er, um leichter ein Vertrauensverhältnis zur Zielperson aufbauen zu können. So kann er sich in bestehende Prozesse einklinken, so tun, als wäre er ein Angestellter eines befreundeten Unternehmens oder der Freund eines Freundes. Wenn er für diese Imitation genügend Informationen für seinen Angriff gesammelt hat, schaltet er sich ein. Konkret kann das auf ganz unterschiedliche Weise geschehen. Wenn sich die Zielperson beispielsweise vor einer Weile mit einem anderen User in einem Internetforum zu einer Fachfrage unterhalten hat, nimmt der Angreifer die digitale Identität dieses anderen Users an, indem er den E-Mail-Account dieser Person hackt und der Zielperson von dort aus eine E-Mail mit einer Anlage schickt, die sie öffnen soll und die kein Misstrauen erweckt – beispielsweise eine interessante Präsentation oder ein lustiges Bild zu »unserem« Thema. Ein vollkommen unverdächtiger Vorgang. Die Zielperson schreibt freundlich eine E-Mail zurück – die vom Angreifer natürlich abgefangen wird, bevor der echte User sie bemerken kann – und öffnet das Attachment. Darin befindet sich dann auch wirklich eine zum »gemeinsamen« Thema passende Präsentation oder ein passendes Bild – darüber hinaus aber auch ein angehängter Angriff. Der installiert sich (natürlich unbemerkt) auf dem Rechner der Zielperson und stellt sofort den Zugang zum Angreifer her, der danach mit den umfangreichen Zugriffsrechten der Zielperson im Zielsystem schalten und walten kann, wie er möchte. Es gibt viele weitere Varianten einer solchen Spearsharing-Attacke. Der Angreifer könnte auch so tun, als sei er ein passender Dienstleister, der vom »Opfer« gehört habe und der ihm mal ein genau für ihn passendes Produkt vorstellen wollte. Erneut schickt der Angreifer einen Anhang mit – vielleicht einem PDF –, und erneut wird der Angegriffene das Attachment vermutlich öffnen, und wieder ist der Angriff geglückt.

Das Entscheidende bei jedem der Angriffe: Der Prozess ist einfach viel zu »normal«, um Aufsehen zu erregen. Er fällt lange nicht so auf wie ein massengenerierter Brief eines »afrikanischen Prinzen«. Und genau darum geht es beim Spearphishing. Man sucht sich sein Opfer genau aus und ermittelt, was bei seinem Verhalten am Rechner »normal« ist, um innerhalb dieses vertrauten Raumes einen Angriff zu platzieren. Spearphishing ist damit zwar vergleichsweise aufwändig, aber auch unglaublich erfolgreich, und jeder kann das leicht für sich nachvollziehen. Wer ruft schon jedes Mal den Absender einer E-Mail mit Anhang an, um zu überprüfen, ob der Absender auch tatsächlich der Absender war. Damit würde man sich lächerlich machen, und außerdem würde ein Großteil der Arbeitszeit dabei draufgehen. Man tut es also nicht und öffnet so ein attraktives Fenster für Einbrecher, die über das Know-how und die Ressourcen für einen solchen Angriff verfügen. Für Cyberwarrior als Angreifer, die keine Mühe scheuen, ist Spearphishing ein wichtiges Werkzeug. Viele der anspruchsvolleren Cyberspionageangriffe mit vermeintlich staatlichem Hintergrund sind über diesen Vektor an ihr Ziel gekommen.

Abschließend kann man sagen, dass Cyber-Industriespionage sehr leicht und sehr profitabel ist, gerade grenzüberschreitend und für Schwellen- und Entwicklungsländer. Außerdem herrscht in den meisten Informationsgesellschaften ein eklatanter Mangel an Sensibilität für den Wert des Wissens. Die massive Cyberspionage wird in der Regel toleriert, und kaum ein Land hat bisher wirklich durchgreifende und konsequente Maßnahmen beschlossen, um diesem Angriffstyp den Hahn abzudrehen oder den Angriff zumindest erheblich zu erschweren. Man befürchtet die Einmischung in die Wirtschaft und die unmittelbaren Kosten. Das kann sich allerdings bald ändern. Die Europäische Union etwa erwägt gegenwärtig, Unternehmen für schlechte IT-Sicherheit, die zu Cyberspionage führen kann, zu bestrafen. Bis zu 5 % des

Jahreseinkommens sollen eingefordert werden können. Ein hoher Betrag, der zu einer deutlichen Besserung der Situation beitragen soll. Im Detail sind hier allerdings noch viele Fragen zu klären. Denn im Moment weiß kaum jemand, was wirklich gute IT-Sicherheit ist, wie viel man also tun sollte. Vieles veraltet auch schnell, sodass eine gute IT-Sicherheit schnell wieder eine schlechte sein kann. Eine weitere gute Maßnahme, die Staaten ergreifen könnten, wäre die staatliche Herstellung von hocheffizienten IT-Sicherheitsprodukten und -beratungen, die dem Mittelstand gratis zur Verfügung gestellt werden. So kann das Problem umgangen werden, dass die schlechte Sicherheit vor allem aufgrund der hohen Kosten einer guten IT-Sicherheit gepflegt wird.

Ein regulatives Durchgreifen in diesem Bereich ist so oder so sehr wichtig. Der Großteil unserer Investitionen richtet sich auf die Genese neuen Wissens. Wenn wir zulassen, dass es so einfach ist, dieses Wissen anzuzapfen und ungehemmt abfließen zu lassen, sind in einem globalisierten und auf Konkurrenz basierenden Markt Konflikte vorprogrammiert. Gerade Deutschland kann hier schwer betroffen sein. Das Land lebt von seinen Vorsprüngen in der Technik, in Forschung und Entwicklung. Ein Verlust dieser oft ohnehin dünnen Vorsprünge kann langfristig gravierende Folgen haben.

Experten gehen bereits jetzt von einer epidemischen Ausbreitung der Cyber-Wirtschaftsspionage aus. Kleine und mittlere Unternehmen sind besonders betroffen, aber auch die großen. Die IT-Sicherheitsfirma McAfee äußerte in einem ihrer Berichte zu Cyberspionage einmal, dass sie die 2000 »Fortune Global«-Firmen, also die umsatzstärksten Unternehmen der Welt, in zwei Kategorien einteilen: in diejenigen, die wissen, dass sie ausspioniert wurden, und in diejenigen, die es nicht wissen. IT-Sicherheitsfirmen übertreiben gerne, weil mehr Angst für sie immer mehr Geld bedeutet, aber diese

Einschätzung wird leider nahe an der Wahrheit sein, einfach weil es so plausibel ist. Es spricht so viel für Cyberspionage: Sie ist günstig, risikoarm und bringt gleichzeitig viel Profit. Und Macht. Denn Geld ist Macht, und eine Kontrolle über Innovation ist ein wichtiges und nachhaltiges Mittel zu Geld. Daher werden in Zukunft auch immer mehr Staaten auf diesem Wege zugreifen. Viele militärische Hackereinheiten, die nicht in konkrete Militäroperationen involviert sind, können auf diesem Wege einer sinnvollen, zweiten Verwendung zugeführt werden. Dann ist Cyberspionage zumindest im weiteren Sinne wieder Teil konfliktuellen Verhaltens – dann läuft sie im Feld der Economic Operations.

Aber es gibt noch eine andere Variante von Economic Operations. Ein äußerst unangenehmer Fall von Cyberspionage führt uns auf seine Spur. Er fand im Jahr 2011 statt. Die IT-Sicherheitsfirma McAfee entdeckte die Operation »Night Dragon«. Über mehrere Monate hinweg waren verschiedenste Unternehmen aus dem Energiesektor – Öl, Gas, Strom – mit einer hochqualifizierten Cyberattacke angegriffen und ausgehorcht worden. Den Angreifern gelang dabei der Zugriff auf sensible interne Rechner und Server. Dies ermöglichte eine direkte Kommunikation zwischen den infizierten Maschinen und dem Angreifer über das Internet.

Den Ursprung des Angriffs identifizierte McAfee in China. Allerdings ist diese Zuschreibung unseriös, denn es wurden zwar einige der verwendeten Hackertools auf chinesischen Foren gefunden und die ausspionierten Daten wurden an chinesische Adressen geschickt, doch sind dies Merkmale, die sich – wie wir wissen – leicht fälschen lassen.

Dies war sicherlich nicht der erste und wird auch nicht der letzte Fall bleiben, bei dem in »Unternehmen aus dem Energiesektor« – also mitunter Kraftwerken – spioniert wurde.

Solche langen und genauen Spähaktionen in laufenden Betrieben wie bei »Night Dragon« haben nicht selten den Hintergrund, dass sich ein ähnliches Unternehmen oder ein anderes Land exakt die gleiche Anlage aufbauen will. Das Aufstellen einer solchen großtechnischen Anlage ist etwas, das sehr viele Einstellungen und genaue Anpassungen und insgesamt viel konzeptionelle Arbeit erforderte. Es gibt dabei kein Patentrezept, und alles muss immer neu erarbeitet werden. Tatsächlich ist die Feinabstimmung so eines riesigen Werkes einer der Hauptkostenfaktoren bei dessen Aufstellung. Sich diese Informationen also möglichst haargenau aus einem bereits laufenden Modell zu besorgen, bevor man ein solches Werk aufmachen will, macht Sinn.

In einigen Ländern gibt es bereits exakte Kopien von Kraftwerken oder Produktionsstraßen. Eine zwar illegale, aber durchaus sinnvolle Praxis.

So weit scheint Night Dragon also ein »normaler« Spionagefall zu sein. Allerdings kann der Vorfall auch etwas anderes sein. Denn eine so genaue Abbildung von Kraftwerken und Produktionsstraßen kann auch die Vorbereitung eines manipulativen Angriffs auf Anlagenprozesse sein. Dies wäre dann der folgenschwere Schritt von der Cyberspionage zur Cybersabotage. Spätestens seit Stuxnet weiß man, dass man als Hacker mit Industrieanlagen auch andere Dinge tun kann. Man kann sie auch zu Fehlfunktionen bringen. Fehlerhafte Produkte können erstellt werden, die Anlagen selber können gestört oder sogar zerstört werden. Was passieren könnte, wenn ein Angreifer die Fernsteuerung etwa über ein ganzes Stromnetz in die Hand bekommt, möchte man sich lieber nicht ausmalen. Wir werden es später dennoch tun (wobei sich glücklicherweise herausstellen wird, dass das nicht so einfach ist). Da man nun für solche gefährlichen hochwertigen Sabotageaktivitäten ein sehr genaues Bild der ins Visier genommenen Anlagen benötigt, muss eine genaue Erkundung einer Anlage durch Cyberspionage bei den Betreibern doppelte Wachsamkeit hervorrufen. Sicher: Es kann sich immer »nur« um einfache Industriespionage handeln. Aber: Es kann auch die Vorbereitung eines großen Sabotageangriffs sein. Denn im Cyberwar sind die Angreifer hochqualifizierte, taktisch denkende Militärs, die um die Effektivität sehr gut vorbereiteter und aufeinander aufbauender Angriffe wissen. Das muss zu einer neuen Bewertung von Cyberspionage führen. Zumindest müssten die Schutzmaßnahmen für so kritische Ziele wie Anlagen nach der Detektion eines solchen Zugangs massiv ausgebaut werden. Leider sind jedoch weder Staat noch Wirtschaft bisher zu dieser Einsicht gekommen. Die Zeit wird zeigen, ob sie kommen muss. Ernst nehmen sollte man diese Option allemal. Denn Cybersabotage kann eine weitere Option der Economic Operations im Cyberwar sein.

4.2 Sabotage
Kaputte Bremsen und brennende Fabriken

Wie so vieles in unserer Gesellschaft sind auch unsere Autos längst »digitalisiert«. So ist bei den »Drive-By-Wire«-Autos zwischen Gaspedal und Gasregulierung ein Chip gesetzt, der es dem Fahrer erlaubt, mit seinem Fußdruck einen Computer anzuweisen, eine bestimmte Beschleunigung digital an das Steuerungssystem anzuweisen. Der große Vorteil: So können ganz neue Fahroptionen zu sprit-sparendem Fahren angeboten werden. »Fly-By-Wire« ist im Flugzeugbau schon lange Alltag, und auch »Brake-By-Wire« (hier ist der Bremsvorgang digitalisiert) beginnt sich durchzusetzen. Eigentlich eine gute Sache.

Doch auch diese Technologien hatten »Kinderkrankheiten«. In den Jahren 2004 bis 2010 wiesen einige US-amerikanische »Drive-By-Wire«-Fahrzeuge von Toyota und Lexus immer wieder Probleme auf. Irgendetwas schien nicht zu stimmen, denn die Fahrzeuge beschleunigten oft so unbeabsichtigt wie schlagartig. Es gab über 500 Beschwerden und auch einige wenige Tote – darunter eine Frau, die gerade mit ihrem Mann telefonierte, während das Auto plötzlich beschleunigte und sie in den Tod fahren ließ. Der Mann hatte alles aufgezeichnet und der Presse übermittelt. Zwischen ihren entsetzten Schreien berichtete die Frau von ihrem nicht mehr reagierenden Gaspedal. Eine Katastrophe. Toyota hat lange Zeit den Standpunkt vertreten, dass sich das Gaspedal in der Fußmatte verfangen haben soll, woraufhin die Fahrzeuge schlagartig beschleunigten. Diese Position wurde allerdings von Experten oft bezweifelt. Im Jahr 2010 fand man dann tatsächlich auch einen Softwarefehler, der für die unbeabsichtigte Beschleunigung verantwortlich hätte sein können. Was es genau war, ist bis heute nicht geklärt.

Der Fall Toyota und Lexus war zwar kein Sabotageangriff, sondern »nur« ein rein technisches »Safety«-Problem des »Drive-By-Wire«-Systems gewesen – also kein Cybersecurity-Problem –, aber der Vorfall bietet eine gute Vorlage, um von hier aus weiterzudenken – in Richtung Cyberwar.

Nehmen wir an, es wären nicht Lexus und Toyota, sondern einer der führenden deutschen Autohersteller, mit hohen Absätzen auf der ganzen Welt – ein Global Player, der immer noch viel in Deutschland baut, da man auf das Label »Made in Germany« Wert legt. Natürlich auch auf die real gute Arbeit, und dank der Investitionen in neue Technologien verbesserten sich auch die Werte des Unternehmens kontinuierlich. Erst vor einigen Monaten hatte man dank neuer Varianten des Cloud Computing (verbunden mit erweiterten, globalen Netzwerken) wieder eine Menge Personal entlassen und das Unternehmen verschlanken können. Der Vorstand war zufrieden.

Doch seit einigen Tagen gab es ein notorisch wachsendes Problem mit den neuen Produktionsserien. Erst waren es nur einige wenige Fehlfunktionen, die man gemeldet bekam. Das »Drive-By-Wire«-System und die Bremsen schienen Ärger zu machen. Natürlich war die Security bei der Entwicklung großgeschrieben worden, und man hatte ganze vier Redundanzen und einen eigenen Kontrollmechanismus eingebaut. Würde der steuernde Chip ausfallen oder verrückt spielen, würden die anderen Sicherungssysteme einspringen – hatte es geheißen. Aber irgendetwas schien nicht zu klappen, denn die Fahrzeuge beschleunigten oft schlagartig, und es gab erste Unfälle. Sollte sich das zu einem echten Trend auswachsen, könnte es ein Riesenproblem werden. Man arbeitete also auf Hochtouren daran, die Probleme zu lösen. Aber die Ingenieure standen vor einem Rätsel. Der Effekt ließ sich im Labor einfach nicht reproduzieren. Welche Faktoren man auch zuschaltete oder isolierte, das Ereignis trat einfach nicht auf. Auch die Analysen der Bordschreiber der betroffenen Wagen erbrachten rein gar nichts. Sie zeigten stets »Null Fehler« an. Beim digitalen Bremssystem verhielt es sich ähnlich. Auch hier war ein Chip eingebaut worden, und auch hier kam es zu unerklärlichen Fehlfunktionen. Ab und zu schalteten sich plötzlich die Bremsen ein, und die Ingenieure fanden einfach keine Ursache für dieses Verhalten. Eine verfahrene Situation. Der Vorstand konnte nur hoffen, dass die Fehler bald gefunden und behoben sein würden, vor allem bevor die Presse Wind von der Sache bekam. Die ersten, kleineren Fälle hatte man gerade noch so hindrehen können, dass die Fahrer schuld waren.

Einige weitere Wochen später hatten sich diese Hoffnungen des Vorstands aber in Luft aufgelöst, denn die unschönen Vorfälle hatten sich gemehrt und verschlimmert. Es gab Vollbremsungen auf Autobahnen und Vollbeschleunigungen aus dem Stand bei roten Ampeln. Inzwischen waren Tote und Verletzte zu beklagen.

Doch die Ursache für dieses Fehlverhalten der Autos konnte einfach nicht gefunden werden. Schließlich musste man eine komplette Generation Fahrzeuge verschiedenster Serien vollständig und auf unbestimmte Zeit zurückrufen. Die Börsenkurse fielen in den Keller. Unglücklicherweise hätte es dafür keinen schlechteren Zeitpunkt geben können, denn eine feindliche Übernahme hatte sich bereits vor der ganzen Geschichte abgezeichnet, und jetzt nutzte der ausländische Investor den Kurssturz zum günstigen Kauf des Unternehmens.

Es war plötzlich nicht mehr in deutschen Händen, und der Vorstand sowie Teile der Belegschaft wurden ersetzt.

Anfangs hatten sich einige der entlassenen Ingenieure und Vorstandsmitglieder noch hämisch darüber gefreut, dass der Investor das Problem mit der neuen Generation vielleicht nicht in den Griff bekommen und selbst Verluste einfahren würde. Aber weit gefehlt. Kaum war die Übernahme in trockenen Tüchern, konnte die Ursache des Problems identifiziert werden: Ein kaum zu entdeckender Softwarefehler löste unter sehr spezifischen Bedingungen, die als solche im Labor nicht zu rekonstruieren waren, die Bremsungen und Beschleunigungen aus. Ein einfacher »Patch« (»Flicken/Pflaster«, ein kleines Programm zur Nachbesserung der Software) behob das Problem. Seither machte das Unternehmen wieder die wunderbarsten, schwarzen Zahlen – auch weil man sich aus PR-Gründen dazu entschied, neue Generationen wieder ohne »Drive-By-Wire« und »Brake-By-Wire« zu bauen. Der ausländische Investor hatte ein fantastisches Unternehmen zu einem Ramschpreis erstanden.

Zwei Jahre später sorgte ein Bericht, den die CIA gerade übermittelt hatte, in der Zentrale des Bundesnachrichtendienstes in Berlin für Aufregung. Die CIA hatte sich einige der deutschen Problemwagen besorgt und analysiert, da die USA einige Jahre zuvor einen ähnlichen, allerdings weniger bekannten Fall mit einem amerikanischen Hersteller gehabt hatten und durch die Ähnlichkeiten hellhörig geworden waren.

Dieser Abschlussbericht war für die deutschen Kollegen erschreckend: Die Autos hatten demnach zwar tatsächlich einen Softwarefehler gehabt, allerdings habe dieser Fehler allein nie die entsprechenden Nebenwirkungen verursachen können. Man habe einen »Exploit« (ein winziges Schadprogramm) gefunden, der diesen Fehler ausnutzte, um die scheinbar unkontrollierten Bremsungen und Beschleunigungen zu veranlassen. Der Exploit sei großartig geschrieben, so die Kollegen aus den USA, und fast nicht zu entdecken gewesen, da er verschiedene, maßgeschneiderte Schutzmaßnahmen nutzte, um allen Analysen aus dem Weg zu gehen, und er wurde nur dann aktiv, wenn eine Menge von Bedingungen auftrat, die unter Laborbedingungen nicht herzustellen war. Außerdem löschte er sich zu einem bestimmten Zeitpunkt selbst. Diesen Selbstzerstörungsmechanismus hatte die CIA bei ihren Untersuchungen glücklicherweise frühzeitig umgehen können, indem sie die internen Uhren in den Testwagen konstant hielt. Dabei hatten sie auch herausgefunden, dass die Fehlfunktionen sogar einer Timeline folgten – sie waren also ganz bewusst zu einem bestimmten Zeitpunkt besonders gehäuft aufgetreten: eben zu jener Zeit, in der der deutsche Autohersteller schließlich den Rückruf ausgeben musste. Ein aus technischer Sicht großartiger Angriff. Eingefangen hatte man ihn sich vermutlich über das Netzwerk, vielleicht durch die Cloud. Das ließ sich allerdings nicht mehr rekonstruieren. So der Bericht.

Natürlich dachten die deutschen Ermittler sofort an das ausländische Unternehmen als möglichen Verursacher. Es hatte den deutschen Autohersteller wegen dieser Sache zu einem Spottpreis aufkaufen können. Aber ihnen war – ebenso wie der CIA – klar, dass sie Beweise brauchten, wenn sie jemanden konkret beschuldigen wollten. Bloß diese Beweise ließen sich einfach nicht aufbringen. Wie auch? Der Code selbst konnte ja nichts darüber aussagen, wer ihn geschrieben hatte. Selbst wenn einschlägige Methoden genutzt worden wären, hätte das eine Fälschung bzw. bewusste Täuschung sein können. Und andere Spuren gab es nicht. Blieb nur der Verdacht.

Man überlegte eine Weile gemeinsam mit der Regierung, ob man den Fall als solchen wenigstens öffentlich machen sollte, aber die Politik entschied sich dagegen – auf Drängen der Wirtschaft hin, da die Kenntnis über die reine Existenz solcher Angriffe auf eingebettete Steuerungssysteme eine massive Erosion des Vertrauens der Konsumenten nach sich ziehen und eine handfeste und langanhaltende Krise in den entsprechenden Bereichen auslösen könnte, obwohl ja sonst gegenwärtig keine Systeme betroffen zu sein schienen. Außerdem hätte dann auch gefordert werden können, dass bereits betriebene computerunterstützte Steuerungen auch in anderen Bereichen durch entinformatisierte Varianten ersetzt werden müssten. So eine Schadsoftware könnte sich immerhin überall verstecken. Einen solchen uferlosen Umbau könne sich aber weder Staat noch Wirtschaft gegenwärtig leisten.

Wegen eines drohenden Staatsbankrotts aufgrund »hypothetischer« Gefahren gab man den Fall also nicht bekannt, sondern unter hoher Geheimhaltung an verschiedene Behörden weiter, die langsam und vorsichtig neue Sicherheitsmaßnahmen entwickeln sollten, damit sich solche Fälle in Zukunft vollständig vermeiden oder zumindest frühzeitig detektieren lassen würden. Das war zumindest die Hoffnung.

Der Angriff skizziert einen Fall von Wirtschaftssabotage. Und natürlich kann auch diese Sabotage überaus nutzbringend für Staaten sein. Wir könnten sie in Zukunft auch aus der organisierten Kriminalität sehen. Jeder, der genug Geld aufbringen kann, um sehr hochqualifizierte Angriffe zu basteln und gleichzeitig von den ruinierten Unternehmen zu profitieren wie durch einen Aufkauf, kann mit gezielten Sabotageaktionen wieder phänomenale Gewinne verbuchen. Und diese lassen sich wieder ganz konkret strategisch nutzen, einmal wieder zum gezielten Aufbau der eigenen Wirtschaft auf Kosten potentieller Gegner, einmal aber auch, um bestimmte Segmente von Industrie unter die eigene Kontrolle zu bringen, wie zum Beispiel die Produktion kritischer Komponenten für Rüstungsgüter oder Kommunikation. Wirtschaftssabotage ist also ein weiterer potentiell profitabler Zweig von Economic Operations.

Das Beispiel ist illustrativ für das mögliche Vorgehen und für einige Probleme. Im Gegensatz zum realen Fall bei Lexus und Toyota stellte sich hier ein auf den ersten Blick unglücklicher, wenn auch alltäglicher Entwicklungsfehler auf den zweiten Blick als gezielter Sabotageakt zur Vorbereitung einer kostengünstigen, feindlichen Übernahme heraus.

Aber wie aufwändig wäre so etwas? In der Realität? Der Aufwand wäre in der Tat überschaubar. Man benötigt lediglich ein zuverlässiges Team aus qualifizierten Hackern und Autoentwicklern, das den Angriff erforscht, schreibt, platziert und natürlich auch gleich das Gegengift für später mitliefert: den »Patch« des Sicherheitsproblems.

Doch warum ist das Platzieren des Angriffs so einfach? Das Hauptproblem ist natürlich, dass viele Produktionsstraßen in Unternehmen massiv mit stark vernetzter Informationstechnik ausgestattet sind. Die globalisierte Wirtschaft ist ein Motor dieser Vernetzung gewesen, denn wenn die Büros eines Unternehmens in Deutschland stehen, die Entwicklung aber in Indien und die Produktion in China stattfinden, bedarf es einer engen Synchronisierung aufeinander, die von vernetzter IT bestens durchgeführt werden kann. Diese Vorzüge der IT haben natürlich auch nicht-globalisierte Unternehmen früh für sich entdeckt, denn sie macht (auch ohne Kommunikation über Ländergrenzen hinweg) die Steuerung, Planung und Verwaltung von Produktionsabläufen effizienter.

Kommuniziert wird dabei oft über eine technische Standardsprache, die lingua franca der Netzwerke: TCP/IP (»Transmission Control Protocol / Internet Protocol«). Besonders bekannt ist TCP/IP als Sprache der Internetkommunikation. Aber sie ist auch in vielen kleinen und geschlossenen Netzwerken weit verbreitet. Der Grund dafür ist einfach: TCP/IP funktioniert universell und unabhängig für alle gängigen Betriebssysteme und nahezu jede denkbare Vernetzung. Durch die frühe Nutzung im Internet ist sie gut verstanden und sehr verbreitet. Hard- und Software sind reichlich und günstig erhältlich. Deshalb wird sie eben auch in vielen anderen Bereichen genutzt, in denen Menschen oder Maschinen miteinander sprechen.

Die intensive Vernetzung der Abläufe durch IT hat also den Vorteil, dass Planung, Entwicklung und Produktion gut miteinander in Kontakt treten und schnell interagieren konnten, doch kann es neben den offiziellen Teilnehmern dieser globalen Kommunikation auch unerwünschte Gesprächsteilnehmer geben. Jeder, der sich Zugang zum Netzwerk einer Firma verschaffen kann, kann sich prinzipiell in diese Kommunikation einklinken. Und dann lassen sich eben oft auch Befehle für Steuerungseinheiten einschleusen.

Für Industriesaboteure ist das eine ungemein attraktive Option. Sie könnten eine Produktion natürlich auch über Innentäter angreifen. Das passiert ebenfalls häufig, und wir werden später noch so einen Fall besprechen. Aber eine umfassende Vernetzung auf Standardsprachen ist auf jeden Fall bereits immer ein billiger und einfacher Weg für Angreifer. Dieser sucht sich dann den schwächsten Punkt des weitläufigen Firmennetzwerkes aus – ein leicht zu hackender Internetzugang, ein ungesicherter Arbeitsplatz oder ein unzufriedener Angestellter – und greift von dort aus an. Bei ausreichend großen und intensiv vernetzten Unternehmen ist das kein Problem. Dann schaut sich der Angreifer erst einmal im Netzwerk um und sammelt Informationen. Danach baut er seinen maßgeschneiderten Angriff und kann folgend seinen Zugangspunkt erneut nutzen, um ihn zu platzieren. Fertig.

Aufwand, Kosten, Risiken – all das ist überschaubar. Besonders, wenn man den enormen Nutzen auf der anderen Seite betrachtet. Schon rein monetär ist die Attraktivität sofort klar: Ein Angriff von fünf bis zehn Millionen Euro, der den Einkaufspreis eines Konkurrenzunternehmens um einige Milliarden Euro drückt, ist ungemein sexy.

Global vernetzte Unternehmen werden nun vielleicht behaupten, dass so ein Angriff gar nicht so einfach sei – immerhin hätte man IT-Sicherheitsabteilungen. Wenn man sich die Firmennetzwerke aber einmal genauer ansehen dürfte, wäre mit sehr hoher Wahrscheinlichkeit nur Standardsicherheit verbaut: Firewalls, Virenscanner und nur dann und wann auch noch einige Spezialsysteme wie Systeme zur Erkennung von Anomalien in Datenströmen oder hochwertige »Fuzzer«, die selbsttätig große Bandbreiten von Angriffen simulieren und so Schwachpunkte aufdecken können. Es ist leider immer noch gang und gäbe, dass bei der IT-Sicherheit einfach gegeizt wird. Der Grund ist einerseits die Unsichtbarkeit der Vorfälle (und Schäden), andererseits werden nie Kompromisse zulasten der Performance der Systeme gemacht. Eine hohe Leistung ist bei einer modernen Produktion ungemein wichtig. Benötigen die Sicherheitsprogramme also einige Momente, um jeden Prozess auf seine Legitimität zu prüfen, ist das meist schon nicht mehr tolerierbar, denn die Profite einer schnellen, hochsynchronisierten Arbeitsweise sind ungemein hoch. Industrievertreter betonen bei Sicherheitsfragen gerne, dass sie den Modus und die Geschwindigkeit ihrer Produktion unter keinen Umständen ändern werden. Das macht es den Angreifern natürlich umso einfacher. Und wo es Angreifern besonders einfach gemacht wird, wird auch häufiger angegriffen. Hochqualifizierte Angreifer könnten in so einer Zielumgebung ihre Ressourcen stärker auffächern und mehrere verschiedene Ziele angreifen, statt aufgrund der erschwerten Zugänge nur einige wenige anvisieren zu können.

Wie sieht also die Zukunft der informatisierten Produktion aus? Rosig? Wohl kaum, denn wenn der gegenwärtige Modus beibehalten werden soll, werden – aller kommerziellen Standard-IT-Sicherheit zum Trotz – Spionage und Sabotage schon bald häufigere Phänomene werden. Sobald die hochqualifizierten Akteure bemerken, was für Werkzeuge sie in den Händen halten, wird sich der eine oder andere diese Optionen schon zunutze machen. Der militärische Nutzen ist wie skizziert vielschichtig. Man selbst profitiert von den Geldern, den Unternehmen, dem Know-how, eventuellen Aktiengeschäften. Gegner werden geschwächt und in ihrer Bedeutung in bestimmten Märkten zurückgedrängt. Im schlimmsten Fall ließe sich ein (kleines) Land auf diese Weise sogar in den Ruin treiben. Auch für nicht-staatliche Akteure werden solche Aktivitäten interessant sein. Organisierte Kriminelle können Aktiengeschäfte durch Insiderwissen zu Produktproblemen, Konkurrenzunternehmen können Übernahmen wesentlich billiger machen.

Von Cyber-Industriesabotage wird jedoch sicher auch in Zukunft nur wenig an die breite Öffentlichkeit gelangen. Dennoch werden sich Firmen nach einigen Vorfällen (wie solchen Großsabotagen aus unserem Beispiel) überlegen müssen, ob die Kosten-Nutzen-Rechnungen in Bezug auf die globalisierte, IT-gestützte Produktion langfristig noch aufgehen und ob es nicht vielleicht doch billiger wird, zu einer stark verschlankten und »entnetzten« Version der Produktion zurückzugehen. Das wird aber sicher noch ein langer Weg werden. Und wie hoch die Schäden sein werden, die bis dahin getragen werden müssen – letztlich auch volkswirtschaftlich –, ist eine offene Frage.

4.3 Manipulation
Spiele an Banken und Börsen

Im Januar 2011 machte ein weiteres Ziel auf sich aufmerksam. Die Meldung alarmierte Cyberexperten weltweit. Hacker waren in das Handelssystem für Emissionszertifikate der Europäischen Union eingebrochen. Sie hatten Zertifikate im Wert von 30 Millionen Euro gestohlen und ungestört über einige Tage online wieder verkauft. Der Handel musste ausgesetzt werden. Wer es war, wurde nie herausgefunden. Ein bezeichnender Angriff, denn er demonstrierte, dass der Handel, der Finanzmarkt inzwischen ebenfalls im Visier von Cyberangreifern war. Eine Einsicht, die unter Insidern schon lange etabliert war, mit dem Einbruch in den Emissionshandel aber auch öffentlich präsent wurde. Denn was ist das Eldorado eines jeden Hackers? Natürlich: die Börse. Alles an ihr ist massiv vernetzt und mit Informationstechnik ausgestattet. Es ist eine Bedingung ihres Handelns, und vieles davon ist kaum als »sicher« zu bezeichnen. Die IT wird von externen Unternehmen entwickelt und gewartet, bei denen oft nicht klar ist, welche Hintergrundinteressen und innere Sicherheiten dort herrschen. Zudem wird in diesem Bereich Soft- und Hardware verbaut, bei der aufgrund der massenhaften Anfragen und der hohen Anforderungen an Leistung nicht davon auszugehen ist, dass sie nach besten Sicherheitskriterien und möglichst fehlerfrei entwickelt wurde. Es muss an der Börse vor allem schnell gehen.

So verwundert es auch nicht, dass Sicherheitsabteilungen

an Börsen und Banken ein stetiges Anwachsen hochqualifizierter, gezielter Angriffe verzeichnen. Und vielen Experten ist klar, dass sie dagegen nur wenig in der Hand haben. Aus Expertensicht haben die Börsen vielleicht das größte Problem mit dem Anwachsen hochqualifizierter Cyberangreifer, denn ohne IT – und zwar in hochkomplexer, unglaublich ausgedehnter, täglich ergänzter und massiv vernetzter Form – lässt sich eine moderne Börse nicht mehr betreiben. Die Finanzmärkte können nicht einfach auf eine schlanke IT mit geringer Vernetzung umstellen, selbst wenn sie wollten.

Für Angreifer – ob organisierte Kriminelle, Konzerne, Händler oder Staaten – übersetzt sich dies ganz einfach: Der globale Finanzmarkt wird ihnen noch lange Zeit vollkommen offen zur Verfügung stehen. Wenn sie eine ausreichend hohe Expertise haben, um unauffällig in Börsen einzusteigen und dort über einen längeren Zeitraum operieren zu können, sind fantastische Gewinne bei einen minimalem Aufwand und unter verschwindendem Risiko denkbar. Man kann direkte, kurz- bis mittelfristige Betrügereien vornehmen, indem man Daten variiert oder beschaffte Informationen sinnvoll einsetzt.

Das ist natürlich für ressourcenstarke und hochqualifizierte Kriminelle interessant. Es ist aber auch für Staaten ein attraktives Feld für Operationen, für eine weitere Variante der Economic Operations: die Finanzmarktmanipulationen. Ihre Eingriffe in die Börsen werden dabei vor allem langfristigere Aktivitäten oder eine absichernde Stützung der eigenen ohnehin stattfindenden Wirtschaftsaktivitäten sein. Schadend, profitierend oder stützend kann manipuliert werden. Ein weiterer Fall in dieser Richtung war der Einbruch in den NASDAQ im Februar 2011. Es handelte sich um einen sehr qualifizierten Angriff, bei dem allerdings nur offengelegt wurde, dass Daten zugeführt wurden. Über das Ausmaß der Schäden, die Täter und ihre Interessen wurde nichts weiter bekannt gegeben, denn ähnlich wie bei Cyberspionage und -sabotage haben auch bei der Eco-Ops-Cybermanipulation weder Täter noch Opfer ein gesteigertes Interesse an öffentlicher Aufmerksamkeit. Das im Folgenden entworfene Szenario ist nicht unwahrscheinlich. Vielleicht hat es sich bereits genau so abgespielt.

Die Börse. Tausende und abertausende Rechner, die dicksten Datenleitungen des Landes, unzählige Programme, Protokolle, Verbindungen. Eine große Symphonie der Datenverarbeitung. Der Realtime-Zufluss von Daten und Informationen, fluider und massenhafter Austausch, das überaus lebendige weltweite Hin und Her des Handels – ohne IT absolut undenkbar. Wirtschaftsinformatiker, die für die Börse tätig waren, hatten einen stetigen Zufluss an Anfragen und konnten einen stetigen Zuwachs ihres Geschäftes verzeichnen. Die Börse war für sie eine sichere Sache. Wenn man einmal drin war, hatte man schnell ausgesorgt.

Allerdings teilten nicht alle IT-Firmen an der Börse diese unendliche Zuversicht. Vor allem die Firmen, die sich mit der IT-Sicherheit beschäftigten, hatten viel Ärger und wenig Hoffnung. Sie mussten täglich eine Vielzahl von Angreifern abwehren. Man schlug einige Zigtausend Angriffe pro Tag erfolgreich zurück. Allerdings wussten die Insider: Das waren nur die uninteressanten, automatisierten Angriffe aus dem Internet, die sowieso alles und jeden trafen. Daneben gab es an der Börse aber noch einige gezielte Aktivitäten, die weniger offengelegt wurden. Und genau die machten den Sicherheitsunternehmen die größten Sorgen. Denn wann immer man neue Sensoren für Angriffe und Hintertüren entwickelte, entdeckte man neue Schlupflöcher und sogar Schadprogramme, die oft schon lange in den Systemen installiert zu sein schienen. Wenn man ehrlich war, musste man davon ausgehen, dass die Börse durchgreifend kompromittiert war. Das war mehr als nur ein wenig lästig, denn die IT-Sicherheitsunternehmen wussten, dass sie nie sicher sagen konnten, wer gerade für einen Kurswechsel verantwortlich war: eine legitime, automatisierte Zusammenfassung auf Basis realer Daten (und nicht manipulierter Börsianer) oder ein Angreifer.

Zu Beginn dieser Unterwanderung, die erst seit einigen Jahren so richtig in Fahrt gekommen war, hatten die Analysten noch befürchtet, dass ein Computervirus oder ein Wurm die Börse lahmlegen und damit den gesamten Handel paralysieren könnte. Allerdings erkannten die Experten schnell, dass es Schlimmeres gab. Sie entdeckten viele kleine hochqualifizierte, gezielte Angriffe, die teilweise über Jahre hinweg kleinste, unauffällige Manipulationen direkt an Kursen oder an Hintergrundinformationen vorgenommen hatten, um Börse und Banker zu beeinflussen. Das ging alles mit großer Raffinesse vor sich, nicht nur technisch, sondern auch psychologisch und marktwirtschaftlich. Diese kleinen und sehr feinen Manipulationen waren ein sehr viel größeres Problem als jeder komplette Systemausfall, denn sie manipulierten und verfälschten den gesamten Handel. Und das dauerhaft und unumkehrbar. Wie sollte man auch den Handel von mehreren Monaten wieder zurückdrehen, nachdem man eine Manipulation festgestellt hatte? Das ging in der Regel schon nach einigen Stunden nicht mehr.

Daher waren die zuständigen Sicherheitsvorsitzenden der Börsen auch gespannt auf einen neuen Bericht, den sie in Auftrag gegeben hatten. Der Bericht sollte die Ereignisse zusammenführen, mit allen Erkenntnissen, die damit verbunden waren, um ein Lagebild der vergangenen Jahre zu erstellen. Das Consulting-Unternehmen, das für die Erstellung des Berichts gewählt wurde, war zu strenger Geheimhaltung verpflichtet. Nichts davon sollte jemals an die Öffentlichkeit gelangen. Was würden Politik und Bürger schon sagen, wenn – zusätzlich zu allen anderen Problemen – auch noch wiederholte Fälle von Manipulationen an den Börsen herauskamen? Die Berater hatten schließlich auch Zugriff auf Daten vieler verschiedener Börsen erhalten, um ein möglichst genaues Bild der Angreifer und ihrer Aktivitäten zeichnen zu können. Dann kam der Tag der Präsentation. Viele der Sicherheitsleute hatten schon ein mulmiges Gefühl im Bauch. Sie hatten eine Ahnung, dass es schlimm um die Börse stehen könnte. Die Lage war aber weitaus ernster, als alle angenommen hatten. Im Laufe ihrer Präsentation wies die Consulting-Firma ein Desaster nach dem anderen auf, denn erst das große Gesamtbild mit Analysen der erfolgten Handelsabläufe machte das reale Ausmaß der Probleme sichtbar. Tatsächlich schien es eine Vielzahl solcher gezielter und teilweise sehr genau aufeinander abgestimmter Angriffe zu geben – viele verschiedene Systeme waren betroffen, viele verschiedene Programme und Verfahren. Bei ihren Analysen sind die Berater sogar ganzen Softwarefirmen auf die Schliche gekommen, die spezialisierte Produkte wie High-Frequency-Trading-Software eigens zur Manipulation zu erstellen schienen. Wann immer etwas mit diesen Produkten gehandelt wurde, wurde kurz angehalten, um Anteile suspekter Aktionäre zusätzlich hin- und herzuschieben. Informatischer, millisekundenschneller Insiderhandel war das. Aufgrund der nur kleinen Summen vollkommen unbemerkt, aber in beinahe jedem Handel. Auch die großen, regulären Technologien wie Server oder Programme großer Softwarehersteller mit ihren vollmundigen Sicherheitsversprechen waren betroffen. Es sah ganz so aus, als gäbe es überhaupt keine sichere IT mehr. Beinahe jedes Hintertürchen wurde genutzt. Sogar die IT-Sicherheitsprogramme wurden angegriffen und missbraucht.

Über die Angreifer konnte man nur Vermutungen anstellen. Teilweise schienen es Konzerne oder Händler zu sein, die die Manipulation verursachten. Gut synchronisierte Handelsaktivitäten legten diesen Verdacht nahe, auch wenn man natürlich keine Beweise dafür hatte. Man konnte lediglich einige der Manipulationen mit systematischen Käufen in Verbindung bringen. Viele andere Manipulationen schienen auf das Konto von Staaten gegangen zu sein. Insbesondere einige Schwellenländer mit schwächelnden Wirtschaften schienen sich selbst reichlich unter die Arme gegriffen zu haben, mit systematischen Investitionen an der Börse, mit Stützungen der Kurse ihrer eigenen Unternehmen, mit gefälschten Wirtschaftsdaten. Die Verlierer waren die großen und etablierten Konzerne und Staaten. Sie schienen die Tricksereien und Manipulation in diesem Umfang nicht als notwendig oder attraktiv zu erachten. Aber auch ohne ihr Mitwirken war das Ergebnis ernüchternd. Die Berater schätzten, dass etwa 20 % aller Börsenwerte erschwindelt waren und dass ein Großteil der diesen Werten folgenden Geschäfte auf der Basis von Cybermanipulationen stand.

Ein unschönes Ergebnis, das schließlich auch die Börsenräte weltweit in Aufruhr versetzte. Man arrangierte geheime Treffen, bei denen lange darüber beraten wurde, was man angesichts des Ausmaßes der Manipulationen tun könnte. Natürlich wurde die Forderung laut, eine bessere IT-Sicherheit zu verbauen. Dem hielten die Ingenieure entgegen, dass die Börsen bereits das Beste verbaut hatten, was in Forschung und Markt erhältlich war. Es gab keinen besseren Schutz. Alles, was man tun könne, sei eine massive Abkehr vom Internet und eine massive Abkehr von der Informationstechnik – kurz: Entnetzung und Entinformatisierung. Darüber wurde einige Zeit beraten. Am Ende kam man zu dem Ergebnis, dass dies kein praktikabler Weg sein könne. Der internationale Finanzmarkt in seiner gegenwärtigen Form würde kollabieren. Welthandel und Globalisierung kämen in eine Verzögerung, die markttechnisch nicht praktikabel wäre – unter keinen Umständen. Man müsste wieder handeln wie in den Sechzigern, was angesichts der aktuellen Gestalt der Wirtschaft nicht mehr möglich sei. Andererseits war klar, dass man es sich nicht leisten konnte, dass etwas über die Manipulationen und insbesondere über ihr Ausmaß bekannt würde. Das Vertrauen von Anlegern wäre dauerhaft erschüttert. Das gesamte Konzept der Börsen würde ins Schwanken geraten. Also verpflichtete man sich auf höchste Geheimhaltung und dazu, größere PR-Abteilungen einzurichten, die sich einzig und allein damit beschäftigen sollten, Manipulationen auf Cyberbasis zu vertuschen. Allen war klar, dass dies keine besonders glückliche Lösung war, aber es war die einzige. Man würde viel Geld in IT-Sicherheitsforschung investieren und auf bessere Zeiten hoffen. Der Glaube an die Informationstechnik, die Vernetzung, die Globalisierung und den globalen Finanzmarkt war unerschütterlich. Oder musste es zumindest sein. Nur die IT-Sicherheitsunternehmen und die Experten hatten noch immer ein mulmiges Gefühl.

Ob die massenhafte Cybermanipulation nun tatsächlich das Ende der Börse bedeutet, soll dahingestellt bleiben. Wir werden es sehen. Sicher ist hingegen, dass Börsenmanipulationen möglich und unheimlich profitabel sind. Dabei muss man nicht nur an einfache monetäre Gewinne denken, denn wenn man gute Zugriffe auf einige Börsen hat, kann man auch größere Ziele verfolgen. Man kann ganzen Ökonomien helfen oder ihren Untergang herbeiführen.

Setzt man an einigen wenigen sensiblen Punkten an und gibt man zum richtigen Zeitpunkt die richtigen Signale, können zumindest bereits angeschlagene Staaten und Wirtschaftssysteme leicht zu Fall gebracht werden. Die Wirtschaftsentwicklungen der letzten Zeit haben das gut nachgewiesen. Werden Ökonomien an kritischen Punkten erwischt, können sie in langfristige Schwierigkeiten gedrängt werden. Besonders, wenn man über einige Jahre viele verschiedene Punkte kontinuierlich angreift. Und was sollte man auch dagegen tun können? Den Handel eines halben Jahres für ungültig erklären, sobald man einen Cyberangriff mit unklaren Folgen gefunden hat? Das wird wirtschaftlich und technisch nicht funktionieren und von vielen auch nicht akzeptiert werden. Wenn eine marode Wirtschaft behauptet, sie wäre durch Cybermanipulation in den Ruin geritten worden, werden die anderen Staaten (insbesondere die Profiteure) solchen Beteuerungen keinen Glauben schenken.

Bleibt festzustellen: Für die modernen Gesellschaften ist die Börsenmanipulation vielleicht das größte Problem der neuen Cybersecurity-Situation. Die Börsen dürfen nicht mehr als zuverlässig angesehen werden. Sie müssen als chronisch kompromittiert und unterwandert betrachtet werden. Das lässt die Frage aufkommen, ob sie in dieser Form noch ein geeignetes Instrument des internationalen Handels sein können, denn die Integrität der Börsen ist eine notwendige Bedingung des Funktionierens der Weltwirtschaft. Wenn sie in keiner Weise mehr gewährleistet werden kann, kann auch das Funktionieren der Weltwirtschaft nicht gewährleistet werden.

4.4 Eco Ops
Eine Gefahr für alle

Economic Operations sind nicht von der Hand zu weisen. Insbesondere in Zeiten des ruhigen Cyberkrieges, also ohne einen konkreten Konflikt, werden sich viele Staaten überlegen, ihre Cybertruppen auf die Wirtschaften anzusetzen. Die dabei möglichen Operationen rangieren von einfacher Industriespionage über Industriesabotage bis hin zu Börsenmanipulationen. Das ist ein besorgniserregender Zustand.

Die Wirtschaft ist Ziel von Cyberattacken, wird sich aber nicht so schnell zu einem Rückbau von Informationstechnik und Vernetzung bringen lassen. Weder Verwaltung noch Produktion noch Börsen können oder wollen einfach so auf einen Sicherheitsstand umschwenken, der qualifizierte Angreifer wie Staaten oder sehr ressourcenstarke organisierte Kriminelle oder Konzerne abwehren kann. Die reale Absicherung wird sich vermutlich nur sehr langsam und in kleinen Schritten an konkreten Erfahrungen orientieren. Diese Erfahrungen allerdings werden diffus und hinter den realen Ereignissen zurückbleiben. Denn der Cyberkrieg ist an dieser Stelle ganz klar ein Krieg im Geheimen. Manipulationen, Sabotagen und Spionage sollen möglichst unbemerkt bleiben, und bei der komplexen und schlecht gesicherten IT sollte das auch kein Problem sein. Man wird nicht bemerken, dass einem bestimmte Informationen abhandenkommen. Minimale und über längere Zeiträume andauernde Manipulationen sind ebenfalls kaum zu entdecken, weder technisch, noch wirtschaftlich. Unfälle und fehlerhafte Produkte wird man auf Fehlfunktionen zurückführen, nicht auf Angreifer aus dem Netz. Vielfach wird das einfach auch völlig unentscheidbar sein. Außerdem ist da dann noch die Haltung der Wirtschaft selbst, solche Vorfälle nicht zu melden und nach Möglichkeit zu vertuschen. Dies tut sein Übriges dazu, dass gesellschaftlich insgesamt ein völlig verzerrter Eindruck von diesen Problemen herrschen dürfte.

Das alles stellt die Wirtschaft der Zukunft auf ein sehr unsicheres Fundament. Sie hat sich mit der Informationsrevolution ein großes Kuckucksei ins Nest gelegt. IT sieht gut aus und hat ihren Nutzen, aber man kann nie sagen, wer letztlich alles drinsteckt. Langfristig wird ein Umbau mit einem großflächigen Rückbau unumgänglich sein. Das wird nicht gerne gehört oder eingesehen, aber es bleibt kein anderer Weg. Es ist zu attraktiv und die IT als solche ist zu verwundbar. Vermutlich werden auch höhere Sicherheitsmaßnahmen wenig helfen, denn egal wie sicher sie scheinen – solange Supersysteme die tragenden Pfeiler der Wirtschaften sind, werden diese Systeme Ziele für qualifizierte Cyberangreifer bleiben.

Das wünschenswerte Ausscheren der Wirtschaft aus der Informationsrevolution würde natürlich Folgen für die IT-Revolution als Ganzes haben. Die Informationsgesellschaft zeichnet sich nicht nur durch den politisch-gesellschaftlichen Nutzen der Informationstechnik aus, sondern vor allem durch den wirtschaftlichen Nutzen. Fällt die Wirtschaft als ein zentraler Förderer aus, werden sich viele Ideen nicht mehr umsetzen lassen und der ganze Ausbau von Netzwerken und IT wird insgesamt um einiges zurückgehen. Was das allerdings für uns bedeuten wird, ist unklar.

Wichtig ist heute, dass die Wirtschaft das drängende Problem der Unsicherheit wahrnimmt und dass die Gesellschaft anerkennt, dass dieses (nicht ohne weiteres lösbare) Problem für ihre Wirtschaften existiert. Wir steuern in ein höchst unsicheres Fahrwasser, und dass einige Schiffe dabei kentern, ist so gut wie sicher.

Schließlich ist auch noch zu beachten, dass Cyberangriffe gegen andere Wirtschaften auch in heiße Konflikte eskalieren können. In den USA mehren sich im Moment bereits die Stimmen, die eine härtere Gangart gegen China einfordern, aufgrund der vielen aus China stammenden Spionagevorfälle. Der Regierung ist (glücklicherweise) klar, dass keine ausreichenden Beweise für ein drastischeres Vorgehen vorliegen. Zwar lassen sich technisch viele Angriffe nach China zurückverfolgen, aber es ist eben unklar, ob das Land auch wirklich der Ursprung der Angriffe ist. Abgesehen davon hätten die USA ernsthafte Probleme damit, China militärisch zu konfrontieren. Zum einen wäre dies ein sehr ernstzunehmender Konflikt zwischen zwei Atommächten, zum anderen wäre unklar, ob die USA gewinnen würden. An dieser Unklarheit ist nicht zuletzt auch der Umstand beteiligt, dass China in seiner militärisch-strategischen Ausrichtung großes Gewicht auf den Cyberwar legt.

Dennoch kann und wird es hier bald zu neuen Eskalationsstufen unterhalb konkreter Konflikte kommen. Die USA – selbst die Behörden – sind seit kurzem bereits dazu übergegangen, China öffentlich als »wahrscheinlichen« Missetäter zu benennen. Das ist eine neue und härtere Gangart, die vielleicht in einen neuen Kalten Krieg führen kann. Sie befeuert außerdem den Gedanken des Wettrüstens. Aufgrund der vielen Vorfälle mit China und anderen Staaten sollen dringend die eigenen Cyberfähigkeiten ausgebaut werden. Auch offensiv.

5 Information Operations
Angriffe auf das Bewusstsein der Öffentlichkeit

Neben diesen auf die Wirtschaft ausgerichteten Schlacht-feldern des Cyberwar gibt es ein weiteres wichtiges Schlacht-feld: das Bewusstsein der Öffentlichkeit. Bei den »Informati-on Operations« nutzen Militärs und Nachrichtendienste Me-dien, um die politische Wahrnehmung und das politische Agieren eines Staates zu beeinflussen. Es wird also keinerlei wirtschaftliche oder Waffengewalt angewandt, weshalb diese Art militärischer Aktivität auch zu der »Soft Power« gerechnet wird, im Gegensatz zur konventionellen »Hard Power«. Die Vorteile von Information Operations liegen auf der Hand: Sie sind meist kostengünstig und kaum riskant für das Leben der eigenen Soldaten. In den Bereich der Soft Power gehören auch humanitäre Aktionen oder Aktivitäten, die eine Überle-genheit des Angreifers demonstrieren. Heutige Militärs bin-den Soft Power an verschiedenen Stellen in ihre Kampagnen ein und nutzen sie oft abgestimmt mit verschiedenen an-deren Maßnahmen der Hard Power. Eine solche strategische Kombination von Soft Power und Hard Power heißt dann »Smart Power«. Die Erfahrungen der Nutzung von Smart Power sind gemischt. In einigen Kampagnen funktioniert sie, in anderen wieder nicht. Afghanistan ist ein Beispiel, bei dem die Ergebnisse durchwachsen sind. So werden etwa die den Waffeneinsatz begleitenden Aufbaumaßnahmen ange-nommen, führen aber nicht dazu, dass die Besatzungstrup-pen stärker toleriert werden.

Trotz des neuartig klingenden Namens handelt es sich bei Information Operations um eine Idee, die bereits lange vor dem Cyberwar Erfolg hatte, denn Informationen waren schon immer ein Schlüsselelement des Krieges und der ihn begleitenden Politik. Schon Sun Tsu, ein legendärer antiker chinesischer Feldherr (der heute vor allem von übermotivierten Managern gelesen wird), hat mit Nachdruck betont, dass man einen Feind immer in Unklarheit über den eigenen Zustand lassen sollte. Ein Feind soll denken, man sei stark, wenn man in Wirklichkeit schwach ist, und er soll denken, man sei schwach, wenn man in Wirklichkeit stark ist. Die daraus resultierenden Fehleinschätzungen würden dann jeden Feind zu falschen Reaktionen provozieren, was man bei geschickter Einbindung in die eigenen Kampagnen effizient ausnutzen konnte. Große Meister der Information Operations waren bereits die Mongolen unter Dschingis Khan. Dessen Reiterhorden waren nämlich in keiner Weise militärisch so stark, wie sie heutzutage gerne dargestellt werden. Neuere Untersuchungen haben ergeben, dass die Truppen des Khan in Wirklichkeit recht klein waren und nicht den Hauch einer Chance gehabt hätten, die breiten Landstriche Europas zu erobern, in denen sie sich letztlich breitgemacht haben. Der militärische Erfolg beruhte auf geschickt geführten Täuschungsmanövern. So hatte der Khan sich zu Beginn seiner militärischen Kampagne drei Städte ausgesucht, bei denen er sicher sein konnte, dass er sie im Kampf besiegen und unterwerfen können würde. Zu diesen drei Städten schickte er je einen Abgesandten, bevor er mit seinem Heer dort ankam. Der Abgesandte trat vor die Stadt und verkündete, dass die Bewohner vor der Wahl stünden, sich vollständig zu unterwerfen oder vollständig ausgelöscht zu werden. Keine der drei Städte unterwarf sich. Man hatte Vertrauen in die eigene Verteidigung und war daher wenig gewillt, seine Souveränität an einen (zu dem Zeitpunkt noch) unbekannten Angreifer abzugeben. Da sich der Khan seine militärischen Vorteile aber genau ausgerechnet hatte, wurden alle drei Städte rigoros erobert. Anschließend machte der Khan sein grausames Versprechen wahr: Er metzelte die Bewohner vollständig nieder. Männer, Frauen, Kinder. Allerdings achtete er auch darauf, dass ein ausreichend großer Strom an Flüchtlingen in jede Himmelsrichtung entkommen konnte, denn der Khan hatte kein Interesse an der grausamen Schlachtung, sondern daran, dass entsetzte Menschen in alle anderen Städte strömten und von der grausamen Entschlossenheit der Mongolen erzählten, von ihrem Blutdurst. Sie sollten den anderen Städten empfehlen, schleunigst die Tore zu öffnen und sich zu ergeben, wenn der Abgesandte der Mongolen auftaucht – was in der Folge meist auch geschehen ist. Wann immer der Khan einen Abgesandten vor eine Stadt schickte, waren die Bewohner bereits so in Angst vor den Horden, dass sie sich ergaben. Hinzu kamen einige weitere geschickte Manöver der Mongolen, die sie entwickelten, um ihre Truppen größer aussehen zu lassen. So hatten zum Beispiel bei einem Aufmarsch vor einer Stadt die Reiter der Mongolen alle großes Geäst an die Pferde zu binden und damit gerade knapp außer Sichtweite der Städte in der Steppe herumzureiten. Das Ergebnis dieser Reiterei war eine gigantische Staubwolke, wie sie sonst nur von großen Heeren verursacht wurde. Außerdem kampierten die mongolischen Heere in der gleichen Distanz vor den zu erobernden Städten in der Nacht vor der Übersendung des Abgesandten. Bei diesen Übernachtungen wurde jeder Soldat angewiesen, je fünf Lagerfeuer zu entfachen. Das Ergebnis war, dass der gesamte Horizont mit Feldfeuern erleuchtet wurde. Da die Stadtbewohner annahmen, dass sich pro Feuer mindestens fünf bis sechs Soldaten sammelten, wurden sie in eine weitere solide Fehleinschätzung über die Größe des feindlichen Heeres getrickst. So konnte also der Khan mit anfänglicher Grausamkeit und einer Menge von Zweigen und Ästen einen halben Kontinent erobern. Die größte Waffe der Mongolen war also weder Pferd noch Bogen, sondern die Intelligenz, mit der sie ihre Information Operations entwickelten und durchführten.

Heutige Informationsoperationen beinhalten viel mehr als nur die taktische Täuschung des Feindes. Es geht zwar immer noch um das Management von Gefühlen der Öffentlichkeit oder der Kommandanten, aber man will nicht mehr nur Angst oder trügerische Selbstsicherheit produzieren, sondern immer stärker auch Sympathie und Mitgefühl. Denn gerade in den modernen Demokratien sind dies wichtige Werkzeuge des Krieges. Militärische Akteure aller Art sind darauf angewiesen, das Wohlwollen der Bevölkerungen in Kriegsgebieten zu erarbeiten und zu behalten. Fremde Kampftruppen müssen um Unterstützung für ihre Aktivitäten werben, um eine Basis ihrer Operationen halten zu können. Und Rebellentruppen wüssten nicht, wo sie sonst ihren stetig dringend benötigten Nachwuchs rekrutieren sollten. Information Operations können also genutzt werden, um gute oder schlechte Nachrichten an die gesamte Öffentlichkeit zu übermitteln und damit unterschiedlichste Reaktionen zu provozieren.

Ein Beispiel aus der neueren Zeit ist die Bewegung der Zapatisten. Ihr berühmter Anführer, der Sub-Commandante Marcos (ein promovierter Philosoph), begann im Jahre 1994 eine Serie von Revolten im Staate Chiapas im südlichen Mexiko, die die Unterdrückung der einheimischen Indios durch die mexikanische Regierung beenden sollten. Die mexikanische Armee reagierte sofort, und der Beginn des Jahres 1995 war durch brutale Kämpfe in der Region gekennzeichnet. Dann allerdings hörten die Kämpfe plötzlich auf – obwohl das mexikanische Militär deutlich stärker und überlegen war. Der Grund für die Einstellung der Kämpfe war eine von Sub-Commandante Marcos parallel gestartete Informationskampagne. Marcos hatte über verschiedene Non-Governmental Organizations (NGOs) und über die Presse auf die schlimme Lage der Bewohner von Chiapas hingewiesen und so die Aufmerksamkeit einer breiten Weltöffentlichkeit auf die Kämpfe ziehen können, die aufgrund der wirklich schlechten Lage der Indios deutlich zugunsten der Zapatisten ausfielen. Die Weltöffentlichkeit machte Druck auf die mexikanische Regierung und Präsident Zedillo, sodass dieser die Kämpfe einstellen und eine für die Zapatisten erfolgreiche Serie von Verhandlungen beginnen musste. Nicht ein starker Waffenarm, sondern geschickte Informationsoperationen errangen den Sieg.

Eine Lektion, die sich Militärs weltweit hinter die Ohren geschrieben haben. Inzwischen haben alle Militärs ihre eigenen Einheiten für diesen Bereich. Sie sind unterschiedlich groß und unterschiedlich fähig, beschäftigen sich aber alle in großer Breite mit den Möglichkeiten der Information Operations, also der gezielten Steuerung von Informationen in der Öffentlichkeit, um zu bestimmten Zeiten bestimmte öffentliche Reaktionen zu provozieren. Kurz: Den Information-Operations-Einheiten geht es um die Manipulation von Menschen.

Wichtig ist dabei immer auch der Weg, auf dem die Information transportiert wird. Da spielen vor allem die Medien eine Rolle, denn wenn es darum geht, die Öffentlichkeit mit Informationen und Ereignissen in eine bestimmte politische Richtung zu drängen, ist die Verbreitung – entweder die gezielte oder einfach die massenhafte – ein essentielles Element. Nicht nur was, sondern auch wie übermittelt wird, ist wichtig für Informationsoperationen. Das »Was« und das »Wie«

interagieren miteinander. Jedes Medium bietet andere Möglichkeiten für die Gestaltung der zu verbreitenden Informationen. Für die Zapatisten etwa war der visuelle Eindruck durch medial übermittelte Bilder entscheidend. Hätten sie nur geschrieben, was mit ihnen passierte, wären sie kaum in der notwendigen Breite in die Medien gekommen und hätten keine so große Öffentlichkeit erreichen können.

Hier kommt dann auch das Internet zum Tragen. Das Internet ist ein neues Medium mit ganz eigenen Eigenschaften für die Übermittlung von Informationen. Es bietet also auch eine ganze Reihe neuer Optionen für die Informationskrieger. Leider sind Information Operations immer hochgradig geheim, außerdem in der Internet-Variante auch noch recht neu, sodass wir uns anstelle eines echten Beispiels ein erfundenes ansehen müssen.

5.1 Propaganda
Die infiltrierte Informationsgesellschaft

Die radikal-nationalistische Partei RNP des Landes Tibutistan
stand vor einem Desaster. Sie hatte in den Wahlen so schlecht
abgeschnitten wie noch nie zuvor. Dabei war sie sich noch
vor zwei Jahren ihrer Sache vollkommen sicher. Zu jener Zeit
gab es dauernd Grenzstreitigkeiten mit Tengisistan, und die
Minderheiten im eigenen Land waren alles andere als zufrieden und friedlich. Laufend gab es Aufstände und Probleme.
Und zu jener Zeit war man überaus erfolgreich darin, neben den laufenden Streitigkeiten auch andere Probleme des
Landes wie die steigende Arbeitslosigkeit den Einwanderern
in die Schuhe zu schieben. Es lief wie am Schnürchen. Eine
ganze Weile konnte sich die Partei über einen wirklich großen Zuspruch in der Bevölkerung freuen. Der Westen und die
Weltöffentlichkeit waren zwar eher entsetzt über die tumben
rassistischen Umtriebe. Aber das konnte der RNP ja egal sein.
Das Land war sonst recht unabhängig vom Ausland, und die
Partei war auf der Gewinnerstraße. Damals. Aber dann kam
ein seltsames Umdenken in der Bevölkerung. Die Bewegung
schien von der jungen Generation auszugehen. Immer mehr
Jugendliche – unter ihnen auch mit der Zeit immer wich-
tigere Meinungsführer – sprachen sich plötzlich für die Minderheiten aus. Sie argumentierten geschickt und perfide für
die objektive Basis der Streitigkeiten, betonten die Vorteile
der vielen Ethnien im Land und waren sogar in der Lage,
die anderen Probleme des Landes, die von der RNP zuvor so

erfolgreich auf die Einwanderer abgewälzt wurden, wieder an den wahren Gründen festzumachen. Diese gesamte Opposition, die sich in diesem Jahr aufgebaut hatte, schien einfach überaus gut organisiert, gut informiert und produzierte ein wahres Konzert an öffentlichen Aktionen in einer Mischung aus verschiedensten Medien, internationalem Druck und Demonstration. Die Werte der RNP rutschten immer weiter, bis sie schließlich im Keller ankamen. Ein vollkommen unerklärliches Phänomen. An ihrer Stelle freute sich nun die minderheitenfreundliche Opposition über einen großen Wahlsieg. Das hätte keiner für möglich gehalten.

Zwei Monate nach der Wahl. Der Führungskreis der RNP wurde zu einer geheimen Sitzung zusammengerufen. Ihr Kontakt aus dem Geheimdienst hatte die Sitzung anberaumt und klang ungewöhnlich aufgeregt. Und tatsächlich: Was der Geheimdienstmitarbeiter folgend der Partei offenlegte, war in der Tat außergewöhnlich. Der Dienst hatte nämlich einen tengisistanischen Agenten festsetzen können. Man konnte ihn erfolgreich unfreundlich bearbeiten, und der Agent packte aus. Allerdings erzählte er nicht gerade das Übliche, beziehungsweise das, was man von ihm erwartete. Er berichtete dem Geheimdienst vielmehr von einer neuen geheimen Information-Operations-Einheit in seinem Land. Diese Einheit hatte sich nach Beratungen mit westlichen Streitkräften auf ein vollkommen neues Medium konzentriert: das Internet. Tengisistan hatte nämlich erkannt, dass Tibutistan inzwischen reichlich internetsüchtig geworden war. Das Phänomen zog sich durch alle Altersklassen und Gesellschaftsschichten. Die westlichen Konzerne hatten unter Sonderkonditionen überall Glasfaserkabel verlegt, sodass es der gesamten Wirtschaft, aber auch der gesamten Zivilbevölkerung möglich war, sich permanent im Internet zu tummeln und dort alles Mögliche zu tun. Die RNP selbst war auch einer der großen Befürworter dieses technischen Wandels gewesen. Schließlich war die heimische Wirtschaft der Partei ja auch ein starkes Anliegen. Man hatte allerdings unterschätzt, wie sehr das Internet doch auch die heimischen Medien verdrängen würde, insbesondere was die Bildung von politischem Wissen und politischer Meinung betraf. Das hatte sich Tengisistan zunutze gemacht. Deren aus nur einigen hundert Soldaten mit entsprechenden Sprachkenntnissen bestehende Truppe aus Infokriegern infiltrierte langsam, aber stetig alle relevanten Kanäle im tibutistanischen Web. Sie glänzte an allen Fronten des Web 2.0 und in den unterschiedlichsten öffentlichen Foren. Sie gründete eigene Webmagazine, posierte mit erfundenen westlichen Instituten und fälschte sogar ausländische Nachrichtensendungen oder Zeitungskommentare. Auf täglicher Basis sollen diverse Berichte, Meinungen und Fakten in das Netz des Landes eingespeist worden sein, um so die Öffentlichkeit gegenüber Tengisistan und den Minderheiten gewogener zu machen. Eine phänomenale Aktion, die anscheinend mit großem Erfolg gelaufen ist. Ab einem gewissen Punkt setzte ein Schneeballeffekt ein, und der Dienst konnte sich zurückziehen, da die Bevölkerung von selbst weitermachte. Leider aber war der Geheimdienst abgesehen von diesem einen gefangenen Agenten nicht in der Lage, solide Beweise für die Aktivitäten aufzufinden. Man hatte zwar verschiedene Aktivitäten im Internet verfolgen können, sei aber nicht an entscheidenden Ausgangspunkten angekommen, die tatsächlich eine feindliche Einmischung im großen Maßstab hätten beweisen können. Die Partei musste daher nicht lange überlegen, ob sie mit einer Anklage aufwarten wollte. Es war nicht viel zu machen. Hätte sie jetzt mit mehr oder weniger unbeweisbaren Aussagen Vorwürfe vorgebracht, würde ihr nur noch das Timbre des schlechten Verlierers anhängen. Es war vorbei. Sie hatte verloren.

Der Fall skizziert, wie Informationskrieger das Internet zur Infiltration des politischen Denkens nutzen können. In Militärkreisen wird so etwas »Perception Management« genannt. Hier die Definition der US-Armee: »Aktivitäten, um einem ausgewählten Zielpublikum ausgesuchte Informationen zuzuspielen oder zu verweigern, um Emotionen, Motive und objektive Argumente zu beeinflussen, auch um offizielle Einschätzungen von Nachrichtendiensten und Anführern zu beeinflussen, sodass fremdes Verhalten und offizielle Handlungen zum eigenen Nutzen ausfallen« (eigene Übersetzung).

Je intensiver ein Land sich für seine täglichen Informationen zum Weltgeschehen an das Internet wendet, desto lukrativer wird es sein, auch diese Kanäle zu infiltrieren. Die manipulativen Informationen können dann entweder besonders gut entwickelte, emotionalisierende Meinungen sein, es können aber auch Wahrheiten sein, die die eigene Regierung der Bevölkerung vorenthält, oder schlicht geschickte und schwer zu durchschauende Lügen (wie die über die realen Ausmaße der Armee von Dschingis Khan). Im Vergleich zu traditionellen Medien bietet das Internet dabei eine Reihe besonderer Vorzüge.

Zum einen ist es sehr empfänglich für Manipulationen. Beim Web 2.0, das seiner Gründungsidee entsprechend für jeden offensteht, kann absolut jede/r mitschreiben, sei es in Blogs, bei Wikipedia, in sozialen Netzwerken wie Facebook oder Google+. Die Mitsprachemöglichkeiten sind grenzenlos. Von den Ideologen des Web 2.0 wird das als eine der großen Stärken des Internets empfunden. Sie vertreten die Position, dass mit einer vollkommenen Offenheit in der Teilnahme eine bessere Demokratisierung einhergeht, denn durch das Web 2.0 kann jeder sein eigener Zeitungsredakteur werden, und die Gesellschaft ist nicht mehr nur auf eine »Meinung von oben« aus den etablierten Medienbetrieben angewiesen. Doch eine ungeprüfte Offenheit in der Teilnahme bei der öffentlichen Meinungsbildung ist alles andere als demokratisierend. Wenn nicht überprüft wird, ob tatsächlich nur legitime Teilnehmer der spezifischen Demokratie sich äußern und ob auch jeder Teilnehmer mit seiner eigenen und nur einer Stimme spricht, öffnen sich für diverse Manipulationen Tür und Tor. Dann ist das Web 2.0 plötzlich kein Werkzeug mehr, mit dem sich die Öffentlichkeit demokratisch, gleichberechtigt und abseits der Eliten informiert und austauscht, das Web 2.0 wird zu einer Maschine der Meinungsproduktion, bei der derjenige am meisten Zustimmung bekommt, der am meisten Geld einwirft. Insbesondere für Cyberkrieger mit ein wenig Ausbildung und vielleicht einigen Spezialprogrammen ist das ein Leichtes. Jeder Cyberkrieger kann einige Hundert digitale Identitäten verwalten, die in der Folge Meinungen und Meldungen ins Netz setzen können. Tatsächlich existiert auch schon Software dafür. Die US-Firma HBGary hat im Auftrag der 6th Contracting Squadron der Air Force ein Programm erstellt, dass jedem Nutzer die Erstellung und Nutzung von 10 digitalen Identitäten erlaubt, mit Hintergrund, Geschichte, unterstützenden Details, automatisierten Aktivitäten aus einem beliebigen Adressraum, die technisch, kulturell und geographisch konsistent sind und selbst bei forensischen Analysen nicht als Fake erkennbar sind. Diese fiktiven Menschen sind also schon geplant und werden digital authentisch aussehen. Entweder der Soldat legt sie authentisch an, indem er umfangreich Biographien für sie entwirft – inklusive Fotos und einigen Geschichten aus der Vergangenheit –, oder er benutzt ein Werkzeug, das automatisiert Profile aus dem Internet stiehlt, sie zerlegt und neu zusammensetzt. Sind solche Werkzeuge gut, werden die falschen Identitäten selbst auf den zweiten Blick nicht zu durchschauen sein. Auch die Abgabe von Kommentaren in verschiedenen Zielmedien kann automatisiert werden – Automaten der Meinungsmultiplikation. So kann man sich in thematischen Foren tummeln oder Kommentarfunktionen von Zeitungen infiltrieren. Allerdings können solche in die Masse gehenden Ansätze auch leicht zu einer gewissen Unschärfe tendieren. Die Kommentare passen dann nicht gut in die Dialoge, die Profile sind zumindest auf den dritten Blick suspekt. Besser ist es da, wenn das Ganze nicht automatisiert wird. Auch dann ist die Multiplikation aber nicht zu verachten, denn ein Soldat, der den gesamten Tag nur mit der Abgabe von Meldungen beschäftigt ist, wird immer noch eine Menge mehr davon absetzen können als ein Durchschnittsuser. Vor allem kann er besser koordiniert vorgehen und zum Beispiel immer die ersten Kommentare bei Nachrichten einspeisen, die folgend am häufigsten gelesen werden. Nachrichtendienste arbeiten oft auf diese Weise im Netz. Bei ihnen wird überwiegend nicht automatisiert, sondern mit viel Sorgfalt und Liebe zum Detail von Hand gestaltet. Über Jahre hinweg bauen die Dienste authentische Identitäten in bestimmten Zielgruppierungen auf, um dann mit hohem Vertrauen und guten Reputationen Meinungsströme zu ihren Gunsten lenken zu können oder andere Ziele zu verfolgen. So sind die Dienste schon länger in politisch extremistischen Foren unterwegs, um dort Bedrohungen zu ermitteln oder um die Extremisten in weniger extreme Richtungen zu drängen. In einigen Fällen wird dieser Weg der »Klasse statt Masse« profitabler sein, vor allem, wenn man »Opinion Leader« angreift, die dann als natürliche Multiplikatoren weiterfunktionieren können. Außerdem bietet er zusätzliche Optionen wie den Aufbau eigener Meinungsführer in bestimmten Debatten. Das – auch wenn diese nur digital sind – ist authentischer und wirkt dann exakt wie ein realer, biologischer Multiplikator. Viele Extremisten sind allerdings zusehends kritisch gegenüber dem Internet, da sie um dessen Manipulierbarkeit wissen.

Aber nicht nur der Aufbau multipler Identitäten für das Web 2.0 ist denkbar. Ein geschickter Angreifer kann auch eigene Webseiten entwerfen, die er aussehen lassen kann, als kämen sie aus unterschiedlichen Ländern mit vollkommen unterschiedlichen Gruppierungen und Interessen dahinter. Darunter kann er Webmagazine streuen, einige einfache Seiten zu Freizeitthemen, aber auch Imitationen von Nachrichtensendern oder sogar von wissenschaftlichen Instituten. Das Netz lässt dies alles vollkommen ungeprüft zu. Mit der großen Fülle der Webseiten, die weltweit existieren, ist es unwahrscheinlich, dass geschickt gemachte Plagiate sofort auffallen. Dieses Problem ist auch aus dem Bereich des Phishing leidlich bekannt. Kaum sieht eine Webseite aus wie eine echte Bankseite, mit Männern in Anzügen, die sich die Hände schütteln, gibt man seine Passwörter ein. Ein trügerischer und gefährlicher Mechanismus des menschlichen Vertrauens. Tatsächlich gab es auch schon den einen oder anderen elaborierteren Zwischenfall in der Vergangenheit. Lobbygruppen etwa haben bereits wissenschaftliche Institute oder Vorfälle erfunden, die dann gefälschte Studien oder Nachrichten verbreiteten. Ein besonders prominentes Beispiel ist die sogenannte »Brutkastenlüge«. Sie wurde von einer kuwaitischen Lobbygruppe organisiert. Passiert war Folgendes: Im Vorfeld des ersten Irakkrieges war der US-Kongress zögerlich, dem Einsatz zuzustimmen. Plötzlich aber trat ein junges Mädchen auf, Nijirah al-Sabah, das behauptete, Krankenschwester in einem kuwaitischen Krankenhaus gewesen zu sein, das von den Irakis überrannt wurde. Unter Tränen und sichtlich erschüttert berichtete sie Kongress und Medien dann eine grausame Geschichte: irakische Soldaten sollen in ihr Krankenhaus gekommen sein und massenhaft Brutkästen ausgekippt haben, die sie für ihre eigenen Kinder haben wollten. Die Babys ließen sie einfach auf dem Boden sterben. Die Wirkung dieser »Zeugenaussagen« war bahnbrechend. Amerika war entsetzt, der Kongress stimmte für den Einsatz. Kurze Zeit später allerdings wurde bekannt, dass Nijirah al-Sabah gar keine Krankenschwester war. Sie war die Tochter des kuwaitischen Botschafters in den USA. Und sie war schon lange nicht mehr in Kuwait. Die Brutkastengeschichte stellte sich daraufhin als eine bei der PR-Agentur Hill & Knowlton bestellte Lüge heraus. 10 Millionen Dollar hat sie gekostet, bezahlt von eben jener Lobbygruppe, die kurz nach der Lüge wieder verschwunden war.

Information Operations über das Internet sind möglich und darüber hinaus billig – sogar noch billiger als der ohnehin schon günstige Angriff mit echten Hackern, die irgendwo einbrechen. Denn es müssen keine besonderen Geräte angeschafft werden, und die Cyberkrieger benötigen keine besondere Ausbildung. Sie müssen lediglich die Sprachen der Zielländer beherrschen. Davon abgesehen sind keine besonderen Kenntnisse nötig. Websites aufstellen, sie pflegen, Blogs und Foren besuchen und überall seine Meinung hinterlassen – das ist heute so einfach wie kochen. Eine Truppe aus einigen Hundert Infokriegern kann man also allemal anschaffen. Unter guter Leitung wird sie im Netz den Eindruck einer breiten Öffentlichkeit von mehreren Zigtausend Personen hinterlassen können, die durch Nachrichten, Ausland und Wissenschaftler gestützt wird. Ein »Ruck« ginge scheinbar durch die Gesellschaft, »Strömungen« sind scheinbar im Gange. Das ist eine attraktive Waffe, denn oftmals genügt ein solcher Anstoß, um eine echte gesellschaftliche Bewegung ins Rollen zu bringen. Die naturrechtliche Verfassung des Internets – also der Umstand, dass der Stärkste am meisten Präsenz zeigen kann – gemeinsam mit der hohen Intransparenz über die Wahrheit hinter digitalen Personen oder Institutionen wird in Zukunft immer mehr Manipulatoren anziehen.

Auf defensiver Seite sind die Folgen unangenehm. Die konstante Manipulierbarkeit des Internets wird für die politischen Öffentlichkeiten ein zunehmend schwieriges Problem werden. Es gibt theoretisch nur zwei Auswege. Den ersten empfiehlt die politische Philosophie. Sie sagt, dass politische Freiheiten nur gewährleistet werden können, wenn es eine größere Macht gibt, die den Rahmen ihrer Ausübung sicherstellt. Das kann man sich gut vorstellen. Freiheiten wie die Freiheit der Wahl oder die Freiheit der Presse lassen sich nur dann genießen, wenn es eine Polizei gibt, die bewaffnete Banden davon abhält, in die Wahlbüros oder in die Zeitungshäuser zu stürmen und dort mit roher Gewalt ihre Meinung aufzuzwingen – ein Phänomen, das ja in instabilen Staaten keine Seltenheit ist. Oder wenn es Gerichte gibt, die Wahlbetrug aufdecken und anzeigen können. Auch das passiert in nicht funktionierenden Rechtsstaaten oft genug.

Das bedeutet aber, dass das Internet wesentlich stärker kontrolliert werden müsste und dass jeder Teilnehmer, jede Institution sich zuverlässig authentifizieren lassen muss. Nur dann könnten multiple Identitäten und manipulative Diskurse verhindert werden. Aber das ist schwierig. Zum einen ist das technisch außerordentlich schwer umzusetzen, um nicht zu sagen: unmöglich gegen militärische Angreifer. Außerdem ist genau das im Internet auch nicht erwünscht. Es widerspricht der Idee des Web 2.0 und den Erwartungen, die viele Menschen an das Netz haben. Die wilde Freiheit ist einer der attraktiven Faktoren des Internets. Was ist also die andere Alternative? Alternativ könnte man vor Bildung über das Internet warnen. Politisches Wissen und Meinen darf auf diesem Wege nicht mehr eingeholt werden, abgesehen vielleicht von konventionell und analog bereits klar etablierten Adressen wie tagesschau.de, heise.de oder SPON (spiegelonline). Auch diese Variante allerdings entspricht nicht den Gedanken des freien Internets. Denn es sollte ja ein Werkzeug für die Demokratie, die freie politische Bildung sein, nicht nur für Triviales oder eben – erneut – die Meinung von oben, von etablierten Informationsverbreitern.

Wir sehen also eine unangenehme Folgerung, ein erstes Kollateralopfer des Cyberwar: Das Konzept eines freien Internets als Medium für politische Öffentlichkeit lässt sich nicht retten. Im Gegenteil. Wer an dieser Illusion festhält, läuft Gefahr, ein Sprachrohr für die Interessen der reichsten und mächtigsten Stakeholder zu werden. Vielleicht wird mit der Zeit noch ein anderer Weg gefunden, der die Integrität von Informationen ohne Identifikation garantieren kann. Aber kritisch betrachtet wird das schwer werden, denn das ist natürlich erst einmal ein Widerspruch.

Informationsgesellschaften haben noch den Vorteil, dass sie viele etablierte Medien haben, denen man halbwegs trauen kann, solange sie nicht die Besitzer wechseln. Schwellen- und Entwicklungsländer, die gerade erst auf dem Weg in die Informationsgesellschaft sind, haben hier ein großes Problem. Bei ihnen sind noch keine Meinungsmedien etabliert, während die Information-Operation-Einheiten verschiedenster Staaten längst sensibilisiert sind. Das gilt besonders nach dem Arabischen Frühling und der »Facebook-Revolution«, bei der sich die Revolutionäre über das Web 2.0 koordiniert haben. Staaten wissen jetzt, dass eine Kontrolle dieser Kanäle nötig und lukrativ sein kann – sowohl der eigenen als auch der anderer Staaten. Sie werden also von Anfang an mitspielen und sich selbst ausreichend viele Machthebel einbauen wollen.

5.2 Aufstände
Die digitalen Provokateure

Neben der breiten, schleichenden und über längere Zeiträume verteilten Manipulation bieten die Information Operations im Internet aber auch noch andere Optionen. Eine davon ist die Provokation. Sie ist vor allem in politisch instabilen Ländern eine Gefahr, und es gibt erste Indikatoren, dass solche Länder sensibel dafür werden. Vor kurzem hat etwa der Iran mit einer interessanten Meldung auf sich aufmerksam gemacht. Er erwägt gegenwärtig eine Aussperrung aller ausländischen Internetdienste, indem ein eigenes, sogenanntes »Halal«-Internet gegründet werden soll, das rigoros kontrolliert werden kann. So soll fremde Manipulation ausgeschlossen werden. Um ins Detail zu gehen, brauchen wir aber wieder ein fiktives Beispiel. Das ist schnell gefunden. Stellen wir uns einfach vor, was in einer Banlieue mit all ihren dauernd schwelenden sozialen Konflikten eine Twitter-Meldung gefolgt von verwackelten Videos in Gang setzen könnte.

Frühling in Frankreich. Ein schöner Frühling. Alles blüht, und die Menschen erfreuen sich nach einem langen Winter wieder daran, auf den Boulevards in den Bistros sitzen zu können. Allerdings gilt die gute Laune nicht für die Vororte von Paris. In den Banlieues ist die Stimmung nach wie vor schlecht. Nach den Unruhen der letzten Jahre aufgrund der schlechten Behandlung der Einwanderer und der hohen Arbeitslosigkeit wurde zwar viel unternommen. Aber nach der Wirtschaftskrise ist letztlich nur wenig mehr als gute Absicht angekommen. Tatsächlich ging es den Menschen nach wie vor schlecht. Die schlechte Stimmung war auch gerade wieder dabei, sich Luft in einer Demonstration zu machen. Alles war recht zivil: ordentlich angemeldet, mit Presse und Polizei zur Absicherung dabei. Die Sache sollte nicht ausufern.

Am Abend der Demo passierte dann aber das Unglück, das Frankreich über Jahre innerlich destabilisieren sollte. Kurz nach Einbruch der Dunkelheit machte plötzlich eine Meldung über Twitter die Runde. Dank Smartphones verbreitete sie sich wie ein Lauffeuer. Die Meldung kam aus einer der Seitengassen der Demonstration. Dort schienen Polizisten einige Jugendliche, die in den letzten Unruhen aufgefallen waren, aus dem Demonstrationszug herausgeholt und entsetzlich geprügelt zu haben. Kurz nach der ersten Meldung folgte auch schon ein verwackeltes Video der Prügeleien auf YouTube. Es wurde von einem der Freunde der Jugendlichen aufgenommen, der sich in der Gasse versteckt hatte. Es zeigte unscharf, aber trotzdem klar erkennbar, wie die Polizisten mit ihren Gummiknüppeln und großer Gewalt auf die Jugendlichen einschlugen und – was die ganze Sache noch viel schlimmer machte – sie dabei rassistisch beschimpften und als machtlos verhöhnten. Eine große Masse entsetzter Demonstranten sah Gummiknüppel auf Schädel niederkrachen, wieder und wieder. Schließlich war ein ekelhaft knackendes Geräusch zu hören, einer der Jugendlichen fing stark an zu zucken, und der Jugendliche mit der Videoaufnahme fing erst leise an zu weinen, floh dann und schaltete ab. Die genaue Position der Seitengasse hat der Freund in der Aufregung nicht mitgeteilt. Das Video ließ die Stimmung in der bis dahin friedlich vonstattengehenden Demonstration in Sekunden kippen. Sofort fingen überall wütende Schlägereien mit der Polizei an, die ihrerseits nicht minder erschrocken zurückschlug. Autos brannten, und schließlich wurde sogar ein Bürogebäude in

Brand gesetzt. Eine Nacht voller Unruhen, die auch das zentrale Paris erfassten, war die Folge.

Und es blieb weder bei jener Nacht, noch bei Paris. Die Unruhen verstetigten sich und breiteten sich schnell aus. Immer häufiger wurde über Schwerverletzte und Tote berichtet. Es tauchten sogar noch zwei weitere Videos von Polizisten auf, die mit Brutalität und Beschimpfungen auf Jugendliche einprügelten. Eine Spirale der Eskalation setzte sich in Gang, die schließlich ganz Frankreich erfasste und in wochenlangen, massenhaften Aufständen und Massenschlägereien mit vielen Opfern kulminierte. Die Polizei behauptete zwar konsequent, keine dieser Schlägereien jemals begangen zu haben, auch die sofort mit großem Druck begonnenen internen Ermittlungen gegen die Prügelpolizisten erbrachten keinerlei Ergebnisse, aber niemand glaubte der Gendarmerie. Die schlechten Erfahrungen der vergangenen Jahre saßen den Bewohnern der Vororte noch buchstäblich in den Knochen, genauso wie vorangegangene Episoden von lügenden Politikern – wie zum Beispiel über die nie angekommenen Hilfeversprechen. Dass die internen Ermittlungen keine Ergebnisse erzielt hatten, verschlimmerte die Lage sogar nur. Schnell wurden Stimmen laut, die eine Verschwörung des Staatsapparats gegen die Schwachen behaupteten und die Integrität der Sicherheitsinstitutionen vollständig infrage stellten. Eine Vermutung, die sich nie wieder ausrotten ließ. Das Ereignis sollte noch Jahre später als ein Wendepunkt in der französischen Gesellschaft bewertet werden. Dieser verhängnisvolle Tag dieses besonderen französischen Frühlings bescherte dem Land eine jahrelange, innere Instabilität mit hohen Kosten, die die Macht und das Ansehen des Landes nicht nur innerhalb Europas nachhaltig dämpfte.

Ein Blick hinter unsere fiktiven Kulissen, der einem in der Realität in der Regel verwehrt bleibt, zeigt, dass für unseren französischen Frühling ein Cyberangriff einer feindlichen Macht verantwortlich ist. Eine Einheit Infokrieger eines Landes, dem Frankreich außenpolitisch zu mächtig wurde, erhielt den Auftrag, Frankreich in eine innere Krise zu stürzen. So sollten Ressourcen und Aufmerksamkeiten an anderer Stelle gebündelt und die eigene Handlungsfreiheit wieder gesteigert werden. Die Infokrieger hatten schnell eine gute Idee. Die unscharfen verwackelten Videos von prügelnden französischen Polizisten und sterbenden Teenagern – in Wirklichkeit natürlich nachgestellte Szenen – waren von ihnen aufgenommen worden, und nun wartete man geduldig auf die nächste Demonstration mit hohen Basisaggressionen, die schon aufgrund der Wirtschaftskrise unweigerlich kommen musste. Lange vorher legte man noch einige digitale Identitäten in den Foren der Aktivisten der Vororte an, redete über einige Monate mit, um ein wenig Reputation zu erwirtschaften und so einen glaubwürdigen Kanal für die Übermittlung der Falschmeldungen zu bekommen. Danach musste nur noch alles gut getimed werden. Zum richtigen Zeitpunkt am Abend, nachdem die Stimmung auf beiden Seiten bereits etwas angeheizt war (unterstützt natürlich durch einige vorher platzierte reale Agenten, die in der Demonstration mitliefen), wurden die Falschmeldungen mit den Videos ausgegeben. In den darauf folgenden Aufständen haben die Agenten des feindlichen Landes noch zusätzlich die Stimmung angeheizt. Das brennende Bürohaus könnte auf ihr Konto gehen. Und so nahm das Unglück seinen Lauf. Der Rest lief in Eigendynamik.

So eine Entwicklung ist in Zukunft durchaus denkbar. Einige Militärs machen sich auch bereits berechtigte Sorgen darüber und überlegen sich defensive Gegenmaßnahmen. Das ist allerdings (mal wieder) nicht leicht. Untersuchungen des US-Verteidigungsministeriums haben ergeben, dass sich Falschmeldungen über soziale Medien wie Twitter so rasend schnell verbreiten, dass sie nicht von Dementis widerlegt werden können. Eine Messung hat nämlich gezeigt, dass man ein Dementi innerhalb von zwei Minuten in exakt den gleichen Medien nachschieben müsste, damit es überhaupt noch angemessen zu Wort kommt und nicht einfach im Rauschen untergeht. Denn Menschen tendieren dazu, nur die Nachricht weiterzuverbreiten, die sie besonders interessiert. Zwei Minuten sind nun jedoch keine Zeit, in der ein Militär mit Dementis reagieren kann. Einige Stunden oder Tage sind da schon realistischer. Damit liegt für die Offensive also auf der Hand, dass Falschmeldungen in bereits angeheizten politischen Situationen zukünftig ein wichtiges Instrument der Außenpolitik sein können. Zudem gilt auch hier wieder, dass solche Aktivitäten einfach, billig und risikoarm sind. Die Wahrscheinlichkeit, dass man erwischt wird, ist von Anfang an gering und kann mit der Zeit weiter verringert werden. Hinzu kommt, dass bei Szenarien wie einem Aufstand des Volkes gegen den Staat staatliche Dementis ohnehin keine große Glaubwürdigkeit genießen. Selbst wenn also staatliche Ermittler herausfinden sollten, dass fingierte Falschmeldungen die Ursache waren, werden viele Menschen in einer bis dahin deutlich angeheizten Atmosphäre dazu tendieren, hinter diesen Ermittlungen nur eine weitere Regierungsverschwörung zur Beruhigung der Massen zu vermuten. Eine aufmerksame Truppe Infokrieger würde entsprechende Verschwörungstheorien zudem intensiv befeuern und »Gegenbeweise« liefern, indem sie vielleicht wirklich mal in Verkleidung französischer Polizisten vor den Augen einer kleineren Öffentlichkeit Jugendliche verprügeln. Wenn einem dafür eine lästige Macht einige Jahre vom Hals bleibt, kann es das allemal wert sein.

In diesem Fall ist die militärische Aktion eine Provokation. Auch für diese Variante von Informationsoperation bietet das Internet – als neuartiger »agent provocateur« – besondere Vorzüge. Die hohe Geschwindigkeit, mit der ungeprüfte Informationen weiterverbreitet werden, macht diese Aktivitäten in einer bereits angeheizten Atmosphäre besonders effizient. Und auch hier ist es schwierig, Gegenmaßnahmen jenseits normaler Dementis zu entwickeln. Eine schnelle Abschaltung der entsprechenden Medien wäre eine Option. Allerdings ist das nicht ganz so einfach, wie man denkt. Man müsste schon Kontrolle über die Firmen wie Twitter und YouTube haben, die diese Dienste anbieten oder über die Service Provider und ihre physische Bereitstellung des Internets. Die Firmen sitzen allerdings oft im Ausland, und gezielte Abschaltungen des Internets sind kompliziert, während vollständige Abschaltungen der physischen Strukturen erhebliche Kollateralschäden nach sich ziehen können – etwa in der Wirtschaft oder an den eigenen Möglichkeiten zur Kommunikation. Wenn man also noch nicht genau weiß, wie sich eine Situation entwickelt, wird man möglicherweise zögern.

Die angreifende, feindliche Kraft kann zudem auch Vorbereitungen getroffen haben, um eine Abschaltung der sozialen Medien zu verhindern. Zumindest wäre das sehr vorausschauend und vernünftig. Das Zögern und die Einmischung der fremden Macht in eine Abschaltung könnten dann ausreichend viel Zeit liefern, um der Katastrophe zur Entfaltung zu verhelfen. Denn besonders brisante Meldungen verbreiten sich im Netz binnen Sekunden weltweit. Entsprechend schnell verliert man also die Kontrollmöglichkeiten darüber. Eine Information, die nicht sofort gestoppt wird, lässt sich nicht mehr einholen. Sobald also das Internet wieder eingeschaltet wird, wird die Falschmeldung auch wieder zur Verfügung stehen.

Außerdem wird natürlich auch die Weltöffentlichkeit sofort davon in Kenntnis gesetzt und kann als solche wieder reagieren. Auch das kann von einer Truppe Infokrieger eingeplant werden. Eine echte Gegenmaßnahme gegen diese Art der Provokation kann im Moment nicht identifiziert werden. Viele Staaten werden daher vielleicht dazu übergehen, Web-2.0-Kommunikationsdienste rundheraus zu verbieten oder ihren Gebrauch in Krisenzeiten grundsätzlich einzuschränken. Ein Verbot scheint aber auf lange Sicht wahrscheinlicher, zumindest in politisch instabilen Regionen, die sich keine Einmischung von außen leisten wollen – wie der Iran.

5.3 Falsche Fährten
Angriff unter falscher Flagge

Neben der massenhaften Manipulation und der stichartigen Provokation gibt es einen weiteren Typ von Information Operation, der im Cyberspace besonders gefährlich ist: die »False Flag Operations«. Auch diese Varianten von Operationen gibt es schon sehr lange. Man reitet unter falscher Flagge und tut so, als wäre man ein anderer Staat, der einen feindlichen Staat angreift. Ein bekanntes Beispiel ist der Angriff auf die Radiostation Gleiwitz. Er wurde von der SS am 31. August 1939 ausgeführt, wobei deutsche Soldaten in polnischen Uniformen besagte Radiostation stürmten und eine anti-deutsche Sendung auf Polnisch ausstrahlten. Der Vorfall spielte eine wesentliche Rolle bei der Mobilisierung Deutschlands für den folgenden Angriff auf Polen. Eine andere False Flag Operation war der Coup d'Etat im Iran im August 1953. Bei dieser Operation organisierte die amerikanische CIA mehrere »Aufstände« der Iraner gegen die demokratische Regierung, indem sie iranische Kriminelle dafür bezahlte und mehrere Exil-Iraner heimlich in das Land brachte. Die gefälschten Aufstände wurden dann von ebenfalls bestochenen Polizisten und Militärs als Vorwand genutzt, den demokratischen Präsidenten zu verhaften und den Schah als neuen Herrscher zu installieren, der daraufhin 26 Jahre totalitär, aber US-freundlich regierte. False Flag Operationen lassen sich also gut nutzen, um Konflikte zu initiieren oder zu legitimieren, entweder zwischen den eigenen Truppen und einer fremden Macht oder auch nur zwischen zwei fremden Mächten, um diese zu binden.

Im Cyberbereich sind False Flag Operationen besonders billig und einfach. Der Grund ist erneut das Problem der Attribution, das natürlich auch genutzt werden kann, um falsche Identitäten zu generieren.

Von diesem Phänomen könnten übrigens die USA als Erste betroffen sein. Sie sind im Moment wohl die Nation, die am meisten unter den aufkommenden Truppen militärischer Hacker zu leiden hat. Permanent wird dort in die Systeme eingebrochen, wird spioniert, werden Hintertüren für mögliche weitere Spionage- oder sogar Sabotageakte hinterlassen. Die USA sind unheimlich verwundbar, da sie über Jahrzehnte massenweise billige und unsichere IT für kritische Bereiche angeschafft haben. Das ganze Land ist vernetzt und angreifbar. Man hat natürlich Millionen und Milliarden in die IT-Defensive investiert, aber da man die inhärent unsicheren Strukturen wegen der damit verbundenen immensen Kosten nicht mehr abschaffen kann, ist man weiterhin auf Ad-Hoc-Lösungen angewiesen. Teure Produkte aus der IT-Sicherheit wurden irgendwie auf die löchrigen und unsicheren Systeme aufgeklebt. Das funktioniert natürlich nicht. Man kann so zwar die weniger talentierten Angreifer mit steigendem Erfolg aus den Systemen halten, aber gerade die talentierten, in ihrem Know-how und in ihrer Ausbildung immer besser werdenden militärischen Cybertruppen sind von dem monumentalen Gewächs aus nur notdürftig verarztender Sicherheitstechnik nicht beeindruckt. Bei den Überlegungen in Politik und Verteidigungsministerium, wie denn die Situation zumindest etwas zu verbessern sei, wird immer wieder die gute alte amerikanische Tradition der aktiven Verteidigung auf den Tisch gelegt. Man weiß zwar vom Attributionsproblem und hatte sich auch darauf geeinigt, nicht auf das alte Muster des Rückschlags bei Angriff zurückzugreifen. Man trifft ja möglicherweise den Falschen. Das können sich auch die USA inzwischen nicht mehr leisten. Da aber die Probleme so immens sind und eine solide passive Verteidigung der Systeme nach wie vor unmöglich teuer scheint, setzen sich langsam einige Hardliner in den Debatten durch. Die ersten Senatoren deuten bereits eine neue »Defensive Posture« an. Wer auch immer einen Cyberangriff gegen die USA führen sollte, würde mit einer »Rakete im Schornstein« (so der republikanische Abgeordnete) zu rechnen haben. Kinetische Antworten auf digitale Aggressionen.

Das ist allerdings gerade keine gute Idee. Denn so eine Ankündigung ist auch ein Signal an andere Angreifer. Ein taktisch klug vorgehender Trupp von Cyberkriegern kann dann mehrere Cyberangriffe vortäuschen, um die Wut der Bevölkerung auf einen Staat zu lenken, der mit den Angriffen überhaupt nichts zu tun hat. So kann man ohne weiteres eine steigende Zahl von Spionageaktivitäten aus dem Iran vortäuschen, mit IP-Adressen aus iranischen Militärkasernen, iranischer Sprache und iranischem Programmiercode, der sogar geheim sein könnte (unser Geheimdienst müsste den vorher besorgen). Spielt man solche Angriffe noch den Medien zu, lässt sich damit bereits die Stimmung anheizen. Installiert man dann noch einen großen Sabotageakt wie einen Chemieunfall aus eben diesem Land, indem man vielleicht die Schleusen großer Chemiecontainer in der Nähe eines großen Flusses öffnet (das wäre ein guter Einzelangriff mit großer politischer Wirkung), und steigen dabei sogar giftige Dämpfe auf, sodass mehrere Menschen verletzt werden und Langzeitfolgen eintreten, so kann man mit einiger Sicherheit eine neue Eskalationsstufe erreichen. Um den Analysten zu helfen, kann man eine ganze Bandbreite geschickt verborgener Hinweise auf den Iran in dem Angriff verstecken, inklusive einem Hinweis auf die Regierung. Wenn das dann alles herauskommt, brandet die Wut der Öffentlichkeit an die Tore des Senats. Man wird Reaktionen sehen wollen. Hat man dann die Ankündigung einer aktiven Verteidigung gemacht, ist man in Zugzwang. Das ist der Punkt eines »credible threat«, einer glaubhaften Drohung. Wer eine Drohung nicht wahrmacht, wird insgesamt unglaubwürdig. Das werden sich viele Länder für ihre Verteidigungshaltung nicht leisten wollen, sodass auch trotz unsicherer Attribution reagiert werden muss, wenn man es einmal angekündigt hat. Das ist eine Position, die wir inzwischen – ganz real – in vielen Ländern vorfinden. Auch in der Bundesrepublik wird teilweise so argumentiert (nicht von den Militärs, aber von Politikwissenschaftlern und Diplomaten). Reagiert man jetzt nicht, wird einem niemand jemals glauben, dass man es je damit ernst gemeint hat. Das können die Politiker nicht zulassen. Also muss kinetisch reagiert werden. Das kann dann der Auftakt für ein längeres militärisches Szenario sein, das beide Länder viele Ressourcen und Menschenleben kostet. Für ein drittes Land kann das attraktiv sein, vielleicht, um die USA (oder den Iran) von sich selbst abzulenken oder einfach nur, um ihrer Mächtigkeit in der Welt zu schaden. Und das für kleines Geld. So eine Angriffsserie mit glaubwürdigen Beweisen kann man schon für etwa 15 Millionen Euro haben, vor allem, wenn man über einen Nachrichtendienst verfügt. Eine solch mächtige Agitation ist also auch für sehr viele Mächte zu haben. Für einige dürfte das interessant werden, auch in ganz anderen politischen Kontexten auf der Welt. Seine Feinde gegeneinander aufzuhetzen und sie dazu zu bringen, ihre Ressourcen aneinander abzuarbeiten, ist immer eine gute Idee. Schon die kolumbianische Drogenmafia könnte hier mitspielen. Wir sehen also: Die Ankündigung einer aktiven Verteidigung bei einer so günstigen Möglichkeit von False Flag Operationen ist alles andere als eine gute Idee.

Trotzdem denken viele Länder darüber nach, irgendwie reagieren zu wollen. Wenn man dauernd angegriffen wird und immerhin ein paar Beweise findet, dann will man zumindest schon mal mit erhobenem Finger in diese Richtung drohen und das entsprechende Land zumindest auffordern – wenn es angeblich selbst nicht der Täter ist –, diese Aktivitäten von seinem Territorium aus zu unterbinden. Das ist allerdings schwierig. Denn dies setzt wieder voraus, dass das entsprechende Land auch in der Lage ist, hochqualifizierte Angreifer abzuwehren. Das ist keine geringe Voraussetzung. Die meisten Länder weltweit sind dazu nicht in der Lage. Auch nicht die USA oder die Bundesrepublik. Man wird also solche Aktivitäten aus seinem Land nicht unterbinden können. Werden die Aktivitäten dann weiterhin durchgeführt, trotz Mahnung, denken bereits einige Diplomaten und Wissenschaftler ein Modell an, bei dem man bei einer 70- bis 80-prozentigen Attribution zuschlagen könnte. Das aber wäre genau der falsche Schritt. Denn ein fähiger Angreifer kann so etwas ohne Probleme zusammenbauen, mit allen technischen Merkmalen, einigen wenigen manipulierten Personen und sogar eingebettet in einen passenden Kontext.

Bedenkt man dieses Element der Offensive nicht, öffnet man mit Ankündigungen von aktiven Verteidigungshaltungen zukünftigen Agitatoren ein interessantes Fenster für Erfolg versprechende Aktivitäten. Das darf nicht geschehen. Anstelle von aktiven Verteidigungshaltungen gegenüber Cyberangriffen sollte daher eher eine Regel des »No Haste« implementiert und anerkannt werden. Diese Regel würde besagen, dass man auf Cyberangriffe auf keinen Fall konventionell reagieren darf. Erst, wenn man mehrere solide konventionelle und analoge Beweise über seine Nachrichtendienste gesammelt hat, dass tatsächlich konkrete militärische Institutionen und Personen die Urheber dieser Angriffe sind, erst dann sollte man zurückschlagen dürfen. Die überaus leicht zu fingierenden digitalen Beweise dagegen dürften in keiner Weise berücksichtigt werden.

Aus den Schwierigkeiten der Attribution kann man sogar noch eine weitere mögliche Maßnahme für das internationale Völkerrecht ableiten. Wenn es nun eben nicht mehr möglich ist, das Verhalten potentieller Angreifer zu regulieren, muss das Verhalten der Verteidiger umso stärker reguliert werden. Mit anderen Worten: Auch aus der Perspektive der internationalen Beziehungen und der Bemühungen um Frieden heraus könnte man strenge Regeln für eine reale Implementierung sehr harter IT-Sicherheit ableiten. Auf diese sehr harte (und sehr teure) IT-Sicherheit wollen wir aber erst später zu sprechen kommen.

6 Der heiße Cyberkrieg

Nach dem nachrichtendienstlichen Nutzen, den Eco und den Info Ops bleibt der klassische Krieg – oder wie man es heute lieber nennt: der »bewaffnete Konflikt«. Was können Cybertruppen beitragen, wenn Staaten tatsächlich einmal aufeinander losgehen? Sie können erhebliche Schäden anrichten, die Raketenangriffen in nichts nachstehen. Darüber hinaus besitzen sie die Fähigkeit – zumindest bei den meisten regulären Militärs –, auch die militärische Technik selbst anzugreifen, denn die ist mit IT geradezu verseucht, und nein: In den meisten Fällen hat bisher niemand daran gedacht, diese IT sicherer zu machen als andere. Wozu auch? Auf dem Schlachtfeld gab es bisher auch keine Kreditkartendiebe oder Script Kiddies. Genau diese Nachlässigkeit hat den Angriff auf die IT von Militärs aber unheimlich interessant gemacht, und so verwundert es nicht, dass diese Angriffsmöglichkeit auch schon sehr viel länger recht attraktiv ist. Das führt dazu, dass gut vorbereitete Cyberwarrior konventionelle, mit IT hochgezüchtete Truppen theoretisch mit einem Klick entwaffnen und diese »erbeuteten« Waffen sogar gegen die Feinde selbst richten können. Das sehen wir uns aber noch in Ruhe an.

Zuerst zur militärischen Konzeption der Nutzung von Hackern auf dem Schlachtfeld. Die ersten militärischen Überlegungen zu so einem »echten« Cyberwar gehen zurück in die Siebziger. Damals hat ein Major Ogarchov der Sowjetarmee das erste Mal den »Cyberwar« prognostiziert. Ein Visionär. Ogarchov hat vorhergesehen, dass die Computer billiger und leistungsstärker würden und dass sie eine große Rolle in Militär und Zivilgesellschaft spielen würden. Er hat auch vorhergesehen, dass sie dadurch angreifbar sein würden. Entsprechend hat sich die Sowjetarmee (und heute auch die russische Armee) bereits früh und sehr effizient auf Cyberoperationen eingerichtet. Sie unterhalten militärische Hacker und – so zumindest sagt es die Gerüchteküche – sogar ganz analoge, lowtech, rein mechanische Kampftruppen, die eben nicht über Hacker angreifbar sind. Diese Truppen hatte man ohnehin noch aus der Zeit, als die Gefahr elektromagnetischer Impulse durch Atombomben drohte, die alle feinere Elektronik dauerhaft zerstört hätten. Nach dem Kalten Krieg hat man sie einfach behalten, für den Fall, dass das eigene Militär gehackt wird.

Von China wird Ähnliches behauptet. Dort gab es 1983 ein eigenes Zukunftsforschungsprogramm, das die gleichen Schlüsse wie der russische Major zog. China fürchtete sich stets vor den hochtechnisierten Langstreckenwaffen der Amerikaner – ein militärisches Element, das ihnen besonders gefährlich werden könnte. Auf dem Landweg hatten sie aufgrund ihrer Größe und ihrer starken Truppen nichts zu befürchten. Man war also sehr daran interessiert, eine Wunderwaffe zu bekommen, die die Amerikaner bei Bedarf auf den nicht zu begehenden Landweg zwingen würde. »Cyberwar« war diese Wunderwaffe. Sie ermöglichte die Störung und Manipulation vieler für den Langstreckenkrieg wichtiger Technologien, denn die waren und sind natürlich alle IT-basiert. Ein Beispiel, das später noch genauer besprochen werden soll, ist das allseits aus dem Auto-Navi bekannte GPS-System. Also stellte sich China bereits früh und umfänglich auf diese Variante der Kriegsführung ein. Cyberwar ist seither ein zentrales Paradigma der chinesischen Kriegsführung, und es ist gut möglich, dass das Land der Mitte vielen westlichen Staaten bei der Aufrüstung Jahrzehnte voraus ist.

Sehen wir uns einmal an, wie die vielen Varianten des Cyberwar in der Welt der »Hard Power«, des bewaffneten Kampfes, aussehen bzw. aussehen könnten. Dabei wird schnell klar werden, dass man mit »Cyberwaffen«, also Hacks, kritische Schäden und entscheidende Machtvorteile gewinnen kann – für geringes Risiko und kleines Geld. Ein attraktives neues Feld für Militärs. Und auch wenn noch sehr vorsichtig mit dem neuen Wirkmittel umgegangen wird – man will es erst besser verstehen –, ist vielen bereits klar, dass hier eine regelrechte Wunderwaffe versteckt liegt.

Zuerst einmal zu einem fiktiven Szenario. Ein Kohlekraftwerk irgendwo in Norddeutschland. Das Kraftwerk war erst vor kurzem gegen sogenannte »Cyberangriffe« gehärtet worden, auch wenn sich das für die meisten Mitarbeiter anfangs eher nach Science Fiction anhörte. Klar gab es immer eine Menge Spam und Viren, aber bis jetzt hatte sich davon noch nichts bis in das Steuerungssystem des Kraftwerks durchgefressen. Der Staat hatte dennoch neue Sicherheitsmaßnahmen vorgeschrieben, und die wurden dann auch brav alle umgesetzt. Man wähnte sich danach auf der sicheren Seite. Die Umstellung war kostenintensiv und umständlich, und die IT des Kraftwerks war inzwischen vollständig von externen Netzen getrennt. Nur noch die Büros hatten eine Leitung ins Internet.

Wie jeden Morgen ließen sich die Angestellten die Arbeitsdaten des Kraftwerks schicken. Beim Sekretär der Leiterin der Abteilung für Öffentlichkeitsarbeit ging ein Bericht ein, der an alle Sicherheitsprüfer weitergeleitet werden sollte. Obwohl er nicht an die Öffentlichkeit gelangen sollte, sollte er vor dem Versand »positiv formuliert« werden – und der Sekretär der Abteilung hatte inzwischen Übung in Berichtsprosa. Das ging schnell. Er wollte auch früh nach Hause, weil es nach dem Auswärtsspiel seiner Lieblingsmannschaft gestern feuchtfröhlich und spät geworden war.

Der Tag verlief danach wie immer. Der müde Sekretär recherchierte, schrieb unzählige E-Mails, beantwortete externe Anfragen an seine Abteilungsleiterin. Darunter auch eine Anfrage der Projektgruppe »Vernetzte Sicherheit« vom Innenministerium. Man wollte tentativ nachfragen, ob die Abteilungsleiterin im September an einer Tagung teilnehmen konnte. Mit der Gruppe hatte die Abteilung schon öfter zu tun gehabt, und den anfragenden Projektmitarbeiter kannte der Sekretär seit Längerem. Der Glückliche war auf einer längeren Schulung in Singapur. Der Sekretär druckte das angehängte PDF mit der Anfrage aus und legte es seiner Vorgesetzten auf den Schreibtisch.

Eine Woche später im Kontrollraum des Kraftwerks. Ein Operateur ging seiner Arbeit nach. Alles funktionierte vorschriftsmäßig – oder zumindest wie immer. Pumpe 3 der Wasserzufuhr machte Probleme, aber das System war öfters mal zickig. Das Kraftwerk lief ja auch schon zwanzig Jahre über der eigentlich geplanten Laufzeit, und bisher wollte keiner in eine Grunderneuerung investieren. Auch das Ventil der Abluft 31 in Schacht B schien zu klemmen. Das konnte aber auch wieder nur die Anzeige sein. Die war immer wieder mal kaputt.

Doch dann leuchteten plötzlich die Alarmlampen auf. Der Druck in Tank 4 war zu hoch. Eine Übung war für heute nicht vorgesehen. Der Operateur sprintete in den Kontrollraum, in dem schon hektische Betriebsamkeit herrschte. Panisch aussehende Ingenieure standen gebeugt über Displays und diskutierten heftig darüber, was das Problem sein konnte. Dem Operateur fiel sofort die Pumpe 3 ein – und das Ventil. Die erste Analyse ergab allerdings, dass beide Unregelmäßigkeiten weder verursachend noch im möglichen Verlauf kritisch sein konnten.

Nach einer Weile wurde den Operateuren klar, was das Problem ist. Es klemmte tatsächlich ein Ventil. Dafür gab es glücklicherweise eine Standardlösung, die im Krisenhandbuch klar vorgeschrieben war. Die Ingenieure veranlassten die entsprechenden Schritte, um zu sehen, ob das Problem dadurch wirklich behoben wurde. So ein Kraftwerk war immerhin verdammt komplex. Aber tatsächlich. Der Druck senkte sich wieder. Die Displays zeigten eindeutig die gewünschte Reaktion. Große Erleichterung im Kontrollraum. Man fuhr mit dem Verfahren wie empfohlen fort.

Einige Minuten später klingelte das Telefon. Der Kraftwerksraum. Der Operateur nahm ab und hatte einen panischen Techniker am Telefon. Er schrie ins Telefon, was zur Hölle eigentlich mit »ihnen« los sei. Der Operateur war verwirrt. Sollte nicht alles wieder bestens laufen? Doch der Techniker schrie weiter. Tank 4 sei völlig übergelaufen. Erste Risse seien zu sehen. Plötzlich ein Schrei, und der Kontakt brach ab. Ein lauter Knall und ein starkes Beben erschütterten das gesamte Kraftwerk, die Displays im Kontrollraum fielen aus. Das Kraftwerk war tot. Die Notbeleuchtung ging an, Feueralarm wurde gegeben. Den Mitarbeitern blieb nur noch, das Kraftwerk umgehend zu verlassen. Als sie draußen waren, bot sich ihnen ein Anblick, den sie nicht für möglich gehalten hätten: Ein ganzer Flügel der Turbinenhalle war zusammengefallen, der Rest der Anlage brannte lichterloh. Was war bloß passiert?

Die Welt saß vor den Fernsehern. Innerhalb von drei Tagen waren über zehn Kraftwerke in Deutschland explodiert. Ein Atomkraftwerk konnte gerade noch vor einem GAU bewahrt werden. An Zufall glaubte längst niemand mehr. Ein breiter Streifen im Westen war nur noch minimal mit Strom versorgt. Nichts funktionierte mehr. Die Wasserwerke konnten ihre Pumpen nicht betreiben. Geldautomaten gaben kein Geld mehr. Nachts gab es kein Licht. Die Krankenhäuser konnten nur noch die Intensivstationen mit Strom betreiben, und auch da wurde es langsam eng. Keine Alarmanlage funktionierte mehr, kein Telefon, kein Handy. Zapfsäulen gaben keinen Sprit mehr, wodurch dann auch viele Notfallgeneratoren ausgefallen waren. In knapp einer Woche sollten die Lebensmittel knapp werden. Das Land versank im Chaos. Die Leute gerieten in Panik. Plünderungen setzten ein. Die öffentliche Ordnung kollabierte. Die Bundesregierung reagierte und sandte die Bundeswehr in die betroffenen Gebiete zur Organisation der Notfallmaßnahmen. Eine abenteuerliche Aufgabe für die Truppen, denn es gab keinen einzigen Notfallplan für einen Stromausfall von dieser Größe und Dauer. Es konnte noch Wochen dauern, bis man auch nur einen Bruchteil der Stromversorgung wieder hochfahren konnte.

Diese Krise war nicht alles, worüber sich die Kanzlerin Sorgen machen musste. Sie stand längst vor einem noch größeren Problem. Sie wusste inzwischen, dass eine unbekannte gegnerische Macht für die Explosionen verantwortlich war. Es gab einen Anruf und eine unmissverständliche Nachricht: Es war ein Computerangriff, der die Katastrophe ausgelöst hatte. Was noch schlimmer war: Der Angriff war nur eine Demonstration gewesen. Der Anrufer behauptete, er habe im gesamten Stromnetz des Landes scharfe »Timebombs« installiert. Eine Art Computerwurm, der in der Lage ist, zu einem vorbestimmten Zeitpunkt automatisch katastrophale Unfälle auszulösen, wenn er nicht vorher entschärft wird. Und es gab Forderungen. Deutschland sollte sich sofort aus der NATO und den geplanten Militäroperationen in Nordafrika zurückziehen, sonst würde der Rest der Kraftwerke auch explodieren. Der Zeitrahmen war technisch festgesetzt und konnte nicht verlängert werden. Außerdem müssten die Kraftwerke am Internet bleiben, da nur so das Kommando für die Entschärfung übermittelt werden konnte.

Nach den letzten Tagen wusste die Kanzlerin genau, dass Deutschland sich den landesweiten und dauerhaften Stromausfall nicht leisten konnte. Die Krisensysteme kollabierten jetzt bereits. Natürlich arbeiteten längst die besten Experten für Kraftwerke und IT-Sicherheit mit Hochdruck an Analysen. Sie versuchten herauszufinden, ob die Drohung des anonymen Angreifers Gehalt hatte. Gab es diese Timebombs? Nach zwei Tagen eröffneten die Analysten der Kanzlerin, dass sie in drei weiteren Kraftwerken mögliche Einbrüche entdeckt hatten, sonst aber nichts finden konnten. Doch unglücklicherweise waren die Experten noch nicht fertig. Die Angriffe seien sehr hochentwickelt und sehr verschiedenartig gewesen. Dass man keine weiteren Einbrüche fand, hieß zudem noch lange nicht, dass sie nicht da waren. Es hieß nur, dass man sie nicht fand. Die Analysten bräuchten mindestens einen weiteren Monat, und selbst dann würden sie nicht mit Sicherheit sagen können, ob nicht doch noch die eine oder andere digitale Bombe im System war.

Damit lagen die Fakten auf dem Tisch. Die Entscheidung war klar. Das Risiko war zu hoch. Alle Truppen wurden aus den vom Angreifer genannten Krisengebieten innerhalb von einer Woche abgezogen. Deutschland distanzierte sich von der NATO. Es wurde kurz erwogen, ob ein Rückschlag erfolgen sollte, aber der Angreifer ließ sich nicht eindeutig identifizieren. Irgendein Land in Nordafrika vermutlich. Aber das war eine reine Kontextvermutung. Und nicht genug, um anzugreifen.

Nach dem Rückzug verschlechterte sich die Lage in Nordafrika schnell. Die alliierten Truppen wurden ohne Deutschland mit seinen entscheidenden Fähigkeiten schnell besiegt und herausgedrängt. Ein klarer Sieg für den Cyberangreifer.

Als einige Zeit später weitere Details der Angriffe aus Untersuchungen der angegriffenen Kraftwerke bekannt wurden, waren die Militärs beeindruckt. Der Fall des zuerst angegriffenen Kraftwerks zum Beispiel. Die Angreifer hatten sich für ihren Angriff in diesem Fall eine Abteilung ausgesucht, die sowohl ans Internet angeschlossen war als auch über einen Zugriff auf das physisch getrennte, interne Netzwerk des Kraftwerks verfügte. Die Ingenieure hatten den einen Draht, der die statistischen Daten des Kraftwerks an die Abteilung für Öffentlichkeitsarbeit gab, schlicht nicht als Risiko erachtet. Aber es war ein wunder Punkt, der von den Angreifern ausgenutzt worden war. Diese hatten, nachdem sie ihr Einfallstor ausgemacht hatten, genaue Profile der Angestellten in dieser Abteilung erstellt. Sie hatten schnell herausgefunden, dass die Abteilungsleiterin viele Vorträge hielt und dass sie regelmäßig mit bestimmten Projektgruppen zusammenarbeitete. Außerdem konnte der Angestellte identifiziert werden, der ihre Termine koordinierte. Wie alle Menschen hatte dieser Angestellte so seine Schwächen und Probleme, wunde Punkte. Ein Blick in sein Personalprofil und vergangene Bewerbungen ergab, dass er eigentlich höher hinauswollte – kurz: Er würde wahrscheinlich frustriert, gelangweilt und somit wenig aufmerksam sein. Eine weitere Schwäche war Fußball. Anhand seiner elektronischen Buchung der Tickets für das Auswärtsspiel konnten die Angreifer einen Sonntag identifizieren, der lang und feucht werden würde. Die Angreifer hatten nun das ideale Angriffsfenster: dieser unaufmerksame Angestellte am Montag nach diesem Spiel. Daraufhin hatten sie sich nach einer in Planung befindlichen Konferenz erkundigt und sich Zugang zum E-Mail-Account des Projekt-mitarbeiters verschafft, der üblicherweise die Anfragen raus-schickte. Man hatte sich den Ton und den Bekanntheitsgrad vergangener E-Mails angesehen und eine neue Nachricht in exakt diesem Stil geschrieben, direkt (und unbemerkt) vom mobilen E-Mail-Account des iPhones des Projektmitarbeiters. An das Opfer und mit einem präparierten PDF-File. Ein Kon-trollanruf des ahnungslosen Kraftwerkmitarbeiters an den Projektmanager wurde zusätzlich unwahrscheinlich gemacht, da der vermeintliche Sender sich als im Ausland befindlich ausgewiesen hatte. Gewohnheit hatte den Rest erledigt. Klas-sisches Spearphishing. Der PDF-File enthielt Schadcode, der sich über die eine statistische Leitung im Kraftwerk eingenis-tet und einen dauerhaften Zugriff etabliert hatte. Der Angriff funktionierte einwandfrei.

Die zweite Phase des Angriffs war ebenso raffiniert geplant und ausgeführt, wie die US-Analysten zugeben mussten. Of-fensichtlich hatten die Angreifer bereits vorher Zugriff auf Baupläne und Sicherheitsberichte des Kraftwerks ausspio-niert. Sie kannten die Komponenten, mögliche katastropha-le Szenarien und die typischen, regelmäßig auftretenden Pro-bleme, bei denen die Operateure zunächst weniger aufmerk-sam sein würden. Diesen Informationen folgend wurde eine komplexe Interaktion mit katastrophalem Ausgang konstru-iert. Diese Konstruktion war ein Meisterstück. Die Angreifer kontrollierten nicht das ganze Kraftwerk, hatten aber Zugriff auf einige Teile und vor allem auf die Displays des Kontroll-raums. Also hatten sie sich auch die Unfallhandbücher des Kraftwerkes angesehen und sich ein Unfallszenario ausge-dacht, das sie den Operateuren auf die Displays spielen wür-den. Die Operateure hatten dann nach Handbuch darauf re-agiert, und ihre kontinuierlichen falschen Reaktionen hatten gemeinsam mit den kontrollierten Teilen des Kraftwerks die katastrophale Interaktion ausgelöst. Als der reale Unfallverlauf bemerkt wurde, war es zu spät. Ein perfekter Angriff. Unbemerkt bis zum Point Of No Return.

Die Aktion musste von einer großen Truppe mit hohen Ressourcen und vielen Experten geplant und durchgeführt worden sein, unter sehr hohen Kosten und großem Aufwand für die Nachrichtendienste. Verschiedene Söldnertruppen wurden verdächtigt. Viele Länder unterhielten aber bereits auch länger eigene Hackerdienste. Auch geheime Bündnisse des Feindes mit anderen kleineren und großen Staaten wurden diskutiert. Wahrscheinlich war, dass nur ein Staat, der über voll ausgebildete Cybertruppen verfügte, zu einem solchen Angriff in der Lage gewesen sein konnte. Der Aufwand muss immens gewesen sein. Allerdings war er nicht unbedingt teuer. Da außer den Kosten für die Experten nichts investiert werden musste, hatte der Angriff insgesamt weniger als 60 Millionen Euro gekostet. Weniger als ein einzelner Kampfjet. Für einen militärischen Sieg ein guter Preis.

Eine Schlacht war verloren, bevor man den Krieg überhaupt bemerkt hatte. Durch Computer und Stromausfälle.

Der erfundene Fall zeichnet eine Machtprobe mit Konsequenzen für das Machtgefüge nach. Diese Art von Aktivität ist nicht unüblich in den internationalen Beziehungen – oder war es zumindest nicht in der Vergangenheit.

Das obige Beispiel klingt auf den ersten Blick vielleicht ein wenig unrealistisch. Wir sind den Frieden gewohnt, und militärische Muskelspielchen in dieser Form klingen heute einfach sehr unwahrscheinlich. Tatsächlich sind wir historisch gesehen aber noch gar nicht so weit entfernt von einigen der größten Kriege der Menschheit. Außerdem fühlten sich Menschen in Zeiten tiefen Friedens schon immer ausnehmend sicher und zivilisiert. Das letzte Mal – bezeichnenderweise –

nach dem Ersten Weltkrieg. Auch heute sind wir – zumindest grundlegend und in den westlichen Industrienationen – von Not und Übel befreit, leben ohne Angst in einer »Post Scarcity«-Gesellschaft, wie Murray Bookchin es so treffend bezeichnet. Ein Versprechen, das die Industrialisierung gehalten hat. Nicht dauernd um das eigene Überleben kämpfen zu müssen, ist ein immenser Fortschritt für den Frieden. Denn Not und Hunger sind sichere Kandidaten für Konflikte, vor allem wenn im Nachbarland Milch und Honig fließen. Ein Ende von internationalen Konflikten ist aber sicher noch nicht erreicht. Menschen können leicht gewalttätig werden, und das Spektrum möglicher kriegsträchtiger Ärgernisse ist unglücklich breit. In Südamerika gab es sogar schon einmal einen Krieg um das Ergebnis eines Fußballspiels, den »Fußballkrieg« mit immerhin über 1000 Toten. Außerdem ermessen wir Not auch häufig eher komparativ als absolut. Soll heißen: Auch wenn ein Mensch Fernseher, Auto, Wohnung und Nahrung hat, kann er sich noch als ungerecht arm empfinden, wenn der Mensch neben ihm schönere Fernseher, Autos, Wohnungen und Nahrungsmittel hat. Auch das kann für Konflikte sorgen.

Neben den Früchten der Industrialisierung haben wir ein weiteres Zivilisationsgut, das friedenssichernd wirkt: die Atombombe. Die Atombombe wirkt sich direkt auf die Rationalität ante bellum aus – also auf jene Überlegungen, aufgrund derer ein zwischenstaatlicher Krieg begonnen wird. In der Regel will man hinterher mehr als vorher. Ob das nun Handlungsfreiheit, Geld oder Macht ist: Man würde keinen Krieg anfangen, wenn von Anfang an klar wäre, dass man hinterher schlechter dasteht als vorher. Hier kommt nun die Atombombe ins Spiel. Sie garantiert die nahezu absolute Vernichtung. Einen Staat mit einer Atombombe anzugreifen, endet mit Sicherheit immer in einem dicken, roten Minus. Denn selbst wenn man gewinnt, kann man nicht alle Atomraketen auf das eigene Land abwehren, und die Verseuchungen und Verluste wären so hoch, dass man mit dem Verbliebenen kaum etwas anfangen kann. So ein Krieg ist weder für eine Bevölkerung (ohne deren Unterstützung sich letzten Endes keine Kriege führen lassen), noch für eine Führerschaft erstrebenswert. Auf diese Weise wirken Atombomben also friedenssichernd. Die Sache hat natürlich ihre Haken. Zumindest einmal muss man die Bedrohung durch Atombomben plastisch machen – allen vor Augen führen. Das war einer der Gründe, warum die Bomben in Japan abgeworfen wurden. Man muss die Folgen zumindest ein Mal zeigen. Das generiert natürlich eine riesige Abscheu weltweit. Aber genau darum geht es. Genau diese Abscheu produziert die benötigte Angst vor der Waffe, um jeden Krieg unwahrscheinlich zu machen. Aber es gibt noch andere Haken. Fanatiker etwa können immun sein gegen die Angstwirkung der Waffe. Wenn sie ihr wahres Leben im Jenseits ansiedeln und ihr hiesiges Leben nichts als eine unwesentliche Zwischenphase ist, dann geht man mit der totalen Vernichtung kein Risiko mehr ein. Außerdem können Atomwaffen auch zu einem Patt führen. Man könnte sich darauf einigen, einfach ohne die grausamen Massenvernichtungsmittel Krieg zu führen. Ob der atomare Frieden also dauerhaft sein wird, können wir noch nicht mit Sicherheit sagen. Und schließlich gibt es auch noch eine ganze Reihe neuer Konfliktformen, vorrangig Guerillakriege wie im Irak oder in Afghanistan. Es gibt also einige gute, aber keine absoluten Argumente, warum der Krieg für immer besiegt sein sollte.

Doch zurück zum Cyberwar. Wir müssen ihn uns leider immer noch als möglich vorstellen. Ein Szenario wie das obige wäre theoretisch möglich. Es wirkt auf den zweiten Blick allerdings immer noch gestelzt. Das liegt jetzt daran, dass diese Art von Angriff nicht sehr plausibel klingt. In der Tat müssen wir bei einer sachlichen Betrachtung sagen, dass Infrastrukturangriffe im Cyberwar kein besonders wahrscheinliches Phänomen sein werden. Denn auch wenn diese Angriffe in der Presse prominent sind, sind sie sehr kompliziert durchzuführen. Anlagen wie Kraftwerke sind oft über Jahrzehnte natürlich gewachsen, mit vielen verschiedenen Technologien. Man muss also für jeden Fall einen recht individualisierten Angriff bauen, inklusive vorbereitender Aufklärung, Entwicklung, Testen und Anbringen an der Zielstruktur. Man muss die Teile alle kennen, eventuell mit ihren Herstellern zusammenarbeiten oder dort einbrechen, um die technischen Details herauszufinden. Man braucht sehr viele unterschiedliche technische Expertisen und viele Spione. Die Angriffe müssen in vielen Fällen über Innentäter an den Zielort gebracht werden, da Zugänge über das Internet selten sind – auch »schleichende« Zugänge über indirekte Verbindungen sind schwer und unzuverlässig. Außerdem muss man für einen sektoralen Stromausfall von einigen Wochen schon eine ganze Menge Kraftwerke dauerhaft stören können. Mit einem Satz: Aufwand und Kosten für solche Angriffe wären nüchtern betrachtet immens hoch. Für einen militärischen Apparat steht damit immer die Frage im Raum, warum er nicht einfach eine Bombe werfen soll. Das spart Kosten. Dagegen kann angeführt werden, dass Hackerangriffe eine Reihe taktischer Optionen bieten, die eine Bombe nicht bietet. Man kann es aussehen lassen wie ein technisches Problem, einen Unfall oder wie einen Angriff einer dritten Macht, man kann den Zusammenbruch sehr genau steuern, man kann die Anlage danach wieder benutzen, Cyberangriffe können absolut unblutig sein und so für weniger Eskalation sorgen, und man ist vor allem nicht so leicht identifizierbar.

Das sind Vorteile, die vielleicht in dem einen oder anderen Fall ausreichend attraktiv sein können. Aber sie machen diese Art Angriffe nicht sehr viel wahrscheinlicher. Anders sieht das bei kritischen Infrastrukturen aus, die als Einzeltechnologien bereits kritisch sein können. Beispiele wären hier ein Chemiewerk, das eine ganze Region dauerhaft vergiften könnte, der Hoover-Damm in den USA, der ganze Städte überfluten könnte, oder der Drei-Schluchten-Damm in China, der Strom für eine riesige Region bereitstellt. An diesen Stellen können Angriffe mit geringeren Kosten und großen Wirkungen aufgestellt werden. Das kann für die eine oder andere Machtdemonstration schon wieder attraktiv sein. Wie sicher diese Anlagen sind und wie kritisch ihr Versagen tatsächlich wäre, ist allerdings unklar. Wie erwähnt sind die Anlagen hochgradig individuell, und das gilt auch für ihre Sicherheitsmechanismen. Das muss also erst erfasst und ermessen werden, und diese Evaluationen werden noch eine Weile auf sich warten lassen, da der politische Wille noch nicht da ist und da die Frage nach passenden Messwerkzeugen und guten Standards für diesen Fall von Angriffen auch gerade erst aufgekommen ist.

Infrastrukturangriffe auf besonders kritische Systeme wie Atomkraftwerke sind ebenfalls im Einzelfall kritisch und natürlich auch für andere Akteure wie Cyberterroristen attraktiv – also Terroristen, die sich das Hacken beigebracht haben oder so etwas veranlassen können. Terroristen haben jedoch einige kritische Nachteile, wenn es um Cyberangriffe geht, die diesen Angreifertyp eher unwahrscheinlich machen. Sie sind vor allem taktisch gezwungen, in kleinen Zellen zu arbeiten. Sie können keine großen Teams hochqualifizierter technischer Experten über einen längeren Zeitraum zusammenziehen. So etwas würden sie aber benötigen, um wirklich kritischen Schaden anzurichten und nicht nur kurz mal ein wenig zu nerven. Ein fähiger Terrorhacker könnte vielleicht in die Schaltzentrale eines Kraftwerks eindringen. Aber was dann? Wenn er nicht weiß, was die einzelnen Geräte tun und ob und wie sich damit überhaupt Katastrophen auslösen lassen, wird er wahnsinniges Glück haben müssen, um gefährlich werden zu können. Außerdem braucht er aller Voraussicht nach Innentäter, Intelligence und ein sehr hohes und sehr spezielles Know-how. Für einen erfolgreichen Angriff müssten Terroristen also untypische Dinge tun und sehr hohe Risiken eingehen. Für weit weniger Aufwand und Risiken erhält man allerdings schon gute Bombenbausätze, die zudem auch viel sichtbarer sind als diffuse und möglicherweise nicht klar nachzuweisende Terrorangriffe, sodass es für Terroristen noch eine ganze Weile weit effizienter sein wird, weiter Bomben zu bauen. Flächendeckende und dauerhafte Ausfälle von großen Netzen von Infrastrukturen werden Terroristen überhaupt nicht auslösen können. Das können nur Militärs.

Trotz der sehr geringen Wahrscheinlichkeit ist das Risiko solcher flächendeckenden und dauerhaften Ausfälle durch Angriffe regulärer Militärs dennoch als hoch anzusetzen. Wir sind einfach zu abhängig von unseren von IT durchsetzten Infrastrukturen. Ein dreiwöchiger Stromausfall in einem größeren Gebiet Europas hätte bereits katastrophale Folgen. Die Notversorgungen halten nur einige Tage, und die entsprechenden Pläne weisen Lücken auf, da sie natürlich nie real getestet werden können. Um ein reales Beispiel für solche Lücken zu geben: Bei einem Hackerübungsangriff, bei dem alle Computer lahmgelegt werden sollten, sollte eine Telefonlawine das Krisenmanagement in Gang setzen. Alles war sauber geplant und vorbereitet. Die Übung war aber nach zwei Minuten zu Ende. Der Grund: Niemand hatte daran gedacht, die auf den Computern gespeicherten Listen mit Telefonnummern auszudrucken. Derartige Fallstricke sind zahlreich. Ein Cyberangriff kann schnell katastrophale Folgen haben. Da Risiko ein Produkt aus Wahrscheinlichkeit und Schadenshöhe ist, muss es also auch bei niedrigen Wahrscheinlichkeiten hoch angesetzt werden. Aufgrund der immensen Schäden.

Die vorgeführte Variante eines Infrastrukturangriffs war ein Erpressungsversuch. Neben dieser Form sind noch andere möglich. Cyberwar-Mittel können militärisch auf ganz unterschiedliche Weise sinnvoll genutzt werden. Auch im Rahmen von Shock&Awe-Kampagnen, die das Ziel haben, eine Bevölkerung und ein Militär möglichst schnell zu demoralisieren und in die Knie zu zwingen, bevor das eigentliche Gefecht begonnen hat, sind Cybermaßnahmen als begleitendes Element absolut denkbar und plausibel. In einigen der letzten Konflikte konnte man auch bereits erste Versuche von Cyberangriffen beobachten. Im Irakkrieg etwa gab es einen Vorstoß, das Bankensystem einzufrieren, um so die Bezahlung der republikanischen Armee zu behindern. Die Idee wurde allerdings nicht realisiert, da die Schweiz die gleiche Bankensoftware benutzte und man befürchten musste, über eine versehentliche Migration des Computervirus dort ebenfalls die Konten einzufrieren. Das hätte erheblichen Kollateralschaden bedeutet.

Aber auch zur regulären Schwächung des Gegners kann ein militärischer Hack auf Infrastrukturen genutzt werden. Wenn es in dem Moment, in dem sich zwei Länder erste Feuergefechte an den Grenzen liefern, auf der einen Seite der Grenze landesweit zu einem Stromausfall kommt, ist so ein Cyberangriff auf diese Infrastruktur der Gegenseite ein erheblicher Faktor. Denn Notaggregate sind nur für wenige Tage mit

Benzin ausgestattet, Tanksäulen funktionieren ohne Strom nicht, und die (inzwischen) wenigen Handpumpen liefern nicht einmal annähernd genug Benzin für die notwendigen Kriegsvorbereitungen. Auch die Lieferketten für Nahrung fallen aus, und das Wasser kann nicht mehr mit ausreichendem Druck in die Leitungen und in das Abwasser gepumpt werden. Es gibt kein Licht, kein Fernsehen, kein Radio, kein Internet, kein Telefon, kein Handy. Binnen Tagen ist ein Land am Ende, die Bevölkerung demoralisiert. Wenige Tage nach einem flächendeckenden Stromausfall muss sich ein Land kampflos ergeben.

Ein bedeutendes Beispiel für einen Infrastrukturangriff ist der Wurm »Stuxnet« aus dem Jahr 2010. Dieser besondere Angriff kann ohnehin als ein Paradebeispiel demnächst zu erwartender Angriffe gelten. Stuxnet war ein Sabotageakt an einer infrastrukturgebundenen Waffenproduktion im Iran – zumindest, wenn man den gängigen Analysen glaubt. Der Computerwurm befiel Uran-Zentrifugen im Iran über eine Standard-Steuerungssoftware von Siemens im Industriebereich aus der Klasse der ICS (Industrial Control Systems). Die Zentrifugen wären geeignet gewesen, waffenfähiges nukleares Material herzustellen. Der Wurm machte dem Iran hier aber einen Strich durch die Rechnung. Die Zentrifugen drehten durch den Angriff unregelmäßig und sowohl sie als auch die Anlagen als Ganzes wurden dadurch erheblich und auf Jahre beschädigt.

Stuxnet war damit ein erster Fall für eine militärische Cyberwar-Aktivität. Der Angriff war unglaublich hoch entwickelt, mit Kosten im einstelligen Millionenbereich. Er war über viele Monate, möglicherweise sogar volle zwei Jahre nicht zu entdecken. Er ist entweder über Innentäter eingebaut worden oder über einen sogenannten »Sneaker Net«-Angriff, bei dem man indirekte Verbindungen zum Internet über Zwischenstationen nutzt, wie etwa Wartungslaptops von Ingenieuren, die einerseits in eine geschlossene Anlage ohne Internet getragen werden, dann aber auch mit dem heimischen Büronetzwerk verbunden sind, das seinerseits am Internet hängt. Ein perfekter Überträger für einen Computervirus. Stuxnet war chirurgisch präzise auf seine Zielstruktur angepasst, dabei taktisch sehr flexibel und sehr leise, und er war vollautomatisiert (eine »Fire and Forget«-Waffe mit einem weitestgehend ungenutzten Feedback-Mechanismus für Updates in einigen Versionen, aber kein Botnetz, wie oft fehlerhaft behauptet wird).

Neben dem Angriff auf den Iran hatte Stuxnet aber noch einige weitere interessante Features, die noch andere Nutzungsmodelle plausibel machten. Eines dieser Merkmale war der Umstand, dass der Wurm außerordentlich weit verbreitet war. Da er eigentlich recht gezielt eingebracht wurde und einen begrenzten Verbreitungsmechanismus hatte, war eine solche Verbreitung in dem relativ kleinen Zeitraum nur aus einer Anlage heraus nicht besonders wahrscheinlich. Entweder handelt es sich also um eine Panne oder um eine Folge einer besonderen Vorgehensweise, bei der die Zielstruktur nicht infiltriert werden konnte und die Umgebung umfänglich infiziert werden musste. Ist man etwa nicht direkt in das Büro mit den Wartungslaptops herangekommen, hätte man das Sneaker Net noch weiter ausdehnen müssen, um noch mehr indirekte Verbindungen angehen zu können. Oder es war eben auch Absicht. Der Angreifer könnte auch einfach gewollt haben, dass der Wurm in die Wildnis gerät und dort über kurz oder lang breit bemerkt wird. Warum? Vielleicht um abzuschrecken. Der Angreifer könnte gewollt haben, dass der Wurm zusätzlich zu seinen Funktionen im Iran in die Öffentlichkeit gerät, um zu zeigen, zu welchen mächtigen Entwicklungen man inzwischen in der Lage war. Auf kurzen,

»diplomatischen« Wegen würde man den wichtigen Leuten schon mitteilen, wer das war, während man sich öffentlich zurückhielt. Es wäre natürlich nicht als Abschreckung gegen andere Cyberangriffe geeignet, weil die Attribution ja nicht klappt. Aber eine gute Cybertruppe kann auch so erheblich zur Menge der konventionellen Abschreckungsapparate beitragen und dort auch klar als elegantes und – bei richtiger Dosierung – nicht-letales Verteidigungsmittel gesehen werden. Auch bei Stuxnet wäre das eine attraktive zusätzliche Funktion des Wurms gewesen. Außerdem hätte man mit einer absichtlichen weiten Verbreitung einige für den weiteren Aufbau einer Cybertruppe überaus relevante Informationen gewonnen. Man könnte genau sehen, wie lange verschiedene technische und Sicherheitskulturen benötigen, um den Wurm überhaupt zu bemerken, wie sie reagieren würden, wie sie sich einrichten würden. All das sind wertvolle Informationen, die den Entwicklern von Stuxnet jetzt zugänglich sind und die dabei helfen können, die nächsten Einsätze viel besser zu planen und die Truppen gezielter auszubilden und auszustatten. Solche Feldtests von Cyberwaffen sind sehr nützlich.

Daher sind sie in Zukunft auch häufiger zu erwarten. Viele der gegenwärtig im Aufbau befindlichen Cybertruppen werden wissen wollen, was sie können, werden es vielleicht auch zeigen wollen, um abzuschrecken, und sie werden auch an den Reaktionen möglicher Gegenspieler interessiert sein. Wir müssen hoffen, dass die meisten dieser Feldtests passiv bleiben, ohne »scharfe Warheads«, dass sie also keine automatisierten, großen Schäden anrichten werden. Aber aufgrund der Attributionsproblematik und aufgrund des Umstands, dass jedes Land der Welt über kurz oder lang eine Offensivtruppe anschaffen kann, muss man zumindest theoretisch damit rechnen, dass der eine oder andere »scharfe« Feldtest gestartet wird, bei dem man mal sieht, wie tief man mit seinem Angriff wirklich kommt.

Solche Tests können in Zukunft durchaus auch zu Eskalationen führen. Ein Test könnte als Vorbereitung eines Angriffs bewertet werden und einen konventionellen, kinetischen Rückschlag nach sich ziehen. Solange das angegriffene Land willens ist, über das Attributionsproblem und das Risiko einer Agitation hinwegzusehen. Diese Art von Spirale könnte man auch bereits bei einer Detektion von Sabotage vorbereitenden Aufklärungsaktivitäten oder präventiven Installationen von Hintertüren einsetzen. Tatsächlich sehen wir jetzt bereits eine dezente Eskalation zwischen China und den USA aufgrund der anhaltenden Spionageaktivitäten, die von China auszugehen scheinen, auch wenn das natürlich nicht beweisbar ist. Solche Eskalationen sind sehr gefährlich, denn hier kann der digitale Eingriff in realem Kanonenfeuer münden. Forscher und Diplomaten bemühen sich bereits um Mechanismen der De-Eskalation. Ein Bemühen, das angesichts der sich bereits andeutenden ersten Eskalationen unbedingt unterstützt werden muss.

Phänomene wie Stuxnet werden wir in Zukunft noch öfter beobachten können. Wir befinden uns erst in der vorbereitenden Selbstfindungsphase des Cyberwar. Die Militärs haben dieses Mittel gerade erst entdeckt und müssen sich noch mit Fähigkeiten und Taktiken eindecken. Sobald diese aber einmal etabliert sind, sind Cybermaßnahmen gegen kritische Strukturen als ergänzendes Konfliktmittel unbedingt zu empfehlen und hochwahrscheinlich.

Das gilt natürlich auch für taktische Geräte auf dem Schlachtfeld. Vor allem in Zeiten der vernetzten Operationsführung –

dem modernen, hippen militärischen Paradigma, bei dem alles mit allem vernetzt und verbunden ist, via Computer. Aus offensiver Perspektive eine attraktive Idee: Man weiß immer, wer wo ist, wie die Lage ist, und man kann optimal koordinieren und entscheiden. Es gab zwar auch ohne Hacker einige Nachteile. Die Systeme waren anfangs nicht gerade »userfreundlich« entwickelt worden. Viele Soldaten hatten in unpassenden Situationen Probleme mit der Bedienung. Außerdem fand man heraus, dass es auch ein »Zuviel« an Informationen gab. Viele Kommandeure wurden von der schieren Zahl der einzelnen Daten erschlagen. Aber diese Probleme ließen oder lassen sich mit der Zeit beheben. Inzwischen sind viele Systeme gut eingespielt, Soldaten und Kommandeure besser trainiert. Die Armee kann sich auf ihre Vernetzung und ihre Hightech-Kriegsgeräte verlassen, und die fertige massive interoperable Vernetzung hat ihre Vorteile. Unterschiedliche Systeme können miteinander »sprechen«. Die verschiedensten taktischen Waffensysteme, die verschiedenen Einsatzführungskommandos der unterschiedlichen Nationen in internationalen Einsätzen, die Schlachtschiffe, die Drohnen, die Kampfjets und natürlich die Truppen am Boden. Diese Abstimmung hat einige Vorteile. Gerade, wenn es gegen hochmobile und sehr gut getarnte Truppen geht. Man muss unglaublich schnell sein. Die vernetzte Operationsführung erlaubt das. Sobald ein Verdächtiger identifiziert ist, dauert es nur Sekunden, bis klar ist, welche Einheit mit welcher Schlagkraft in der Nähe ist und auf welchem Wege am besten dorthin gelangen kann. Das sind nicht unerhebliche Vorteile. Die Alliierten brauchen diese Vorteile, denn ohne ihre Hightech sehen sie immer wieder recht alt aus. Kein Wunder. Die einheimischen Truppen kennen das Gelände, sie kennen die Bevölkerung, sie sind als Guerillas hochmobil, gut getarnt und taktisch äußerst flexibel. Und sie regieren mit Angst und Schrecken – was die Arbeit mit Informanten erheblich erschwert. Die Truppen der Alliierten dagegen kennen sich nicht in der Region aus, haben nicht selten mit dem Klima zu kämpfen, kaum Verbündete im Land und bestehen in der Regel aus bunt zusammengewürfelten Truppenbeständen von Soldaten aus verschiedenen Ländern in tiefem Frieden, also ohne jede Kampferfahrung. Wann immer es also Schlag auf Schlag ohne Hightech geht, sind die alliierten Truppen deutlich und schnell im Nachteil. Aber zum Glück beschränkt sich das auf einige wenige Situationen, in denen kleine Teilsysteme durch Hitze oder Wüstensand ausfallen. Bis jetzt zumindest. Denn was passiert, wenn die vernetzte Operationsführung durch Cyberangriffe angegriffen wird, kann äußerst fatal sein. Ein paar Aktivitäten in dieser Richtung gab es bereits, auch wenn das alles hochgeheim ist. Dabei wurden Hacker vor allem genutzt, um feindliche Systeme der Aufklärung, der Kommunikation oder des Command & Control (C&C) zu stören. Ein letztes und publik gewordenes Ereignis dieser Art war der Hack der syrischen Luftabwehr im Kontext eines israelischen Luftschlages auf ein Atomkraftwerk im Jahre 2007 (genannt »Operation Orchard«). Im Grunde war dieser »Hack of War« noch ein wenig simpel. Er produzierte einen einfachen Systemausfall statt eine elegante Lüge einzuspeisen. Aber der Ausfall war immerhin hervorragend getimed und gab den Piloten exakt den Zeitraum, den sie benötigten, um das Kraftwerk zu bombardieren. Das gute Timing war ein Merkmal, das den Verdacht auf einen Cybervorfall lenkte. Dann stellte sich aber auch noch heraus, dass die Luftabwehr nicht nur an jenem besonderen Punkt ausgefallen war, sondern im gesamten Land. Das sprach deutlich gegen eine einfache elektronische Störaktion, denn diese sind immer regional begrenzt. Außerdem schaltete sich die Abwehr direkt nach dem Luftschlag wieder völlig normal ein.

All das waren ungewöhnliche Merkmale, und inzwischen ist klar: Es war ein Computerwurm. Leider sind aber keine weiteren Details bekannt geworden. Damit wir uns also ein genaueres Bild von einem guten Cyberangriff auf taktisches Gerät machen können, wollen wir uns das Ganze noch einmal in einem weiteren fiktiven Szenario ansehen.

Es fing harmlos an. Einige kleinere Softwarefehler schienen sich in den Kommunikationssystemen herumzutreiben. Drei verschiedene Systeme unterschiedlicher Nationen des internationalen Militärbündnisses vor Ort fielen immer wieder aus und ließen sich nicht so richtig wieder in Gang bringen. Es war aber kein Grund zur Besorgnis. Mit gelegentlichen Softwarefehlern hatte man immer wieder mal zu kämpfen. Was nicht hieß, dass das ungefährlich war. Glücklicherweise war heute aber ein ruhiger Tag in der Operationsbasis. Die Fernaufklärung meldete keinerlei feindliche Truppen, nah oder fern. Plötzlich schlugen die technischen Analysten aber doch Alarm. Der General hasste dieses ganze IT-Zeug. Die vielen Informatiker, die ihm immer wieder neue Vorschriften machen wollten, wie er seinen Job in Verbindung mit der Technik zu tun habe. Aber so war der Krieg heutzutage. Was würde es diesmal sein? Der General war auf langatmige, unverständliche Berichte aus leicht überheblichen Gesichtern eingestellt. Aber es kam anders. Was die Analysten berichteten, versetzte den General in ungewohnte Unruhe. Die verschiedenen Systeme waren nicht aufgrund eines gemeinsamen Fehlers ausgefallen. Alle drei versagten aufgrund eigener und scheinbar miteinander synchronisierter Fehler. Zudem ließen sich die Ursachen nicht ohne weiteres identifizieren.

Man hatte alle Standardprobleme ausgeräumt, und alles, was die Feldinformatiker an Analysen zustande brachten, war ausprobiert worden. Man hatte auch einige Daten nach Hause an die Basis zur Auswertung durch die dortigen, besseren Informatiker geschickt. Allerdings hatte man noch keine Antwort erhalten. Irgendwie schien es Probleme mit der Verbindung zu geben. Der General war glücklicherweise aufmerksam. Obwohl er keine Ahnung von IT hatte, kam ihm der Vorfall seltsam vor. Er wies seine Feldinformatiker an, weiter alles zu versuchen und vor allem den Kontakt zur Basis wiederherzustellen, und rauschte aus seinem Büro. Sofort wies er seine Untergebenen an, alles in Alarmbereitschaft zu versetzen. Und das war weitsichtig.

Nur eine Stunde, nachdem die Operationsbasis kampfbereit gemacht worden war, griffen plötzlich mehrere Truppenbestände der einheimischen Guerillas an. Das Ausmaß des Angriffs war erschreckend. So viele Truppen hatte man seit der großen Schlacht vor drei Jahren nicht gesehen. Wenn man überhaupt schon mal so viele Truppen in diesem Land gesehen hatte. Und das Schlimmste war, dass man sie überhaupt erst von der Operationsbasis aus das erste Mal sah. Eigentlich sollten die diversen Drohnen, Satelliten und Fernaufklärungsgeräte so eine Zusammenrottung schon Stunden vorher bemerkt haben. Was war los? Die Kommandanten waren in Aufregung. Und während an den Schutzwällen die ersten Gefechte losgingen, untersuchte man alle Geräte auf Probleme. Tatsächlich zeigten die Monitore auch jetzt, wo der Feind definitiv direkt vor der Tür stand, immer noch eine freie und harmlose Umgebung an. Sie waren aber auch nicht eingefroren. Man konnte sogar jetzt noch Videomaterial von den Drohnen bekommen, auf denen die Operationsbasis völlig friedlich und ohne jeden Angriff abgebildet wurde. Soldaten spazierten gemächlich durch die Sonne. Elektronische Kampfführung war also am Werk. Jemand war in die Systeme eingebrochen und gaukelte ein Theaterstück vor. Nachdem das klar war, machten sich die Techniker daran, die Situation zu beheben. Der Kampf draußen wendete sich leider zum Schlechten für die alliierten Truppen. Denn nicht nur, dass man von der Aufklärung falsche Signale bekam. Man konnte auch keinen Kontakt mehr mit irgendetwas aufnehmen – Mensch oder Maschine. Alles war unterbrochen. Man hoffte, dass die Situation der Basis den Verbündeten bald klar werden würde. Andererseits hatte man aber am Morgen von den Softwareschwierigkeiten in den Kommunikationssystemen gefunkt. Vermutlich würde so schnell niemand einen Angriff vermuten. Vor allem dann nicht, wenn die Signale der anderen ebenfalls fingiert wurden und das gleiche, harmlose Bild anzeigten. Eine verfahrene Situation. So blieb den alliierten Soldaten nur der klassische, konventionelle Kampf. Allerdings kamen von immer mehr Seiten immer mehr Truppen herein, gut geplant, taktisch gut eingesetzt, die jetzt auch Mörser und Raketenwerfer mitbrachten. Es sah nicht gut aus.

Wir wollen mal offen lassen, wie dieser Kampf ausgegangen wäre. Die Situation ist allerdings nicht unrealistisch. Es fängt wie schon erwähnt damit an, dass die modernen Militärs den kampferprobten Guerillatruppen in Ländern, in denen aktuell Außeneinsätze durchgeführt werden, ohne ihre Hightech-Maschinerie deutlich unterlegen sind. Das macht die Hightech auf diesem Schlachtfeld natürlich zu einem erklärten und wichtigen Ziel für die Guerillagruppen. Kann sie ausgeschaltet werden, wird das die Vorteile der Hightech-Militärs entscheidend schwächen. Die Maßnahmen, mit denen man hier versucht einzuschreiten, sind klassischerweise in dem Feld der elektronischen Kampfführung zusammengeführt. Damit werden in der Regel spezialisierte Truppen beschrieben, die zusätzlich zu den anderen Kampfmaßnahmen mit technischen Geräten und Tricks einschreiten, um die Tech-

nik des Gegners zu stören. Typische elektronische Kampfmaßnahmen sind Jammer, die Funkfrequenzen blockieren
oder Radarsignale verzerren. Cyberwar-Angriffe auf taktische
Geräte im Krieg sind klar ein Teilbereich der elektronischen
Kampfführung (und nicht zwingend eine eigene Domäne des
Krieges, auch wenn viele Militärs das gesondert so einord-
nen, weil sie dem Cyberwar große Bedeutung und viel Geld
zumessen). Konventionell wurde in diesem Bereich eher mit
Strahlungen und resultierenden spezifischen Störungen gearbeitet. Eine Truppe Hacker aber wäre zu ganz anderen Dingen
in der Lage. Anstatt die technischen Systeme von außen zu
stören und einfache Systemausfälle oder Fehlsignale auf bestimmte Distanzen zu produzieren wie eben beim klassischen
Jamming, könnten sie hochpräzise und hervorragend abge-
stimmte Manipulationen und Täuschungen in den Zielsyste-
men vorspielen. Sie könnten Kommunikationswege chirurgisch genau voneinander trennen und die Kommunikation
zu beiden Seiten übernehmen, sie könnten hochentwickelte
und schwer als Angriffe zu bemerkende Szenarien ablaufen
lassen, und sie könnten ihre Aktivitäten taktisch im Bereich
von Millisekunden ausführen und synchronisieren. Das alles sind äußerst attraktive Vorteile, da sie feiner und vielsei-
tiger sind als die konventionellen Maßnahmen der elektronischen Kampfführung. Bei der klassischen elektronischen
Kampfführung können nur einige bestimmte Systeme überhaupt angegriffen werden, und die Störungen werden schnell
bemerkt. Der Angegriffene kann sich darauf einstellen. Beim
Cyberangriff dagegen merkt man die Störung erst, wenn es
zu spät ist.

Tatsächlich ist die elektronische Kampfführung durch Hacker auch bereits recht lange etabliert. Man munkelt zumindest, dass jedes Militär immer schon mindestens eine Hand-
voll Hacker zu seiner Verfügung hatte. Aber es gab natür-

lich noch nie so große Truppen wie aktuell in Planung. Die USA alleine haben erst vor kurzem ihren Willen bekundet, eine 30.000 Hacker starke Cybertruppe aufzustellen (sehr weit sind sie damit allerdings noch nicht gekommen). Andere Länder haben ähnlich engagierte Vorstellungen – Indien, Brasilien, Frankreich, Großbritannien zum Beispiel. China und Russland dürften schon länger größere Truppen haben, hüllen sich darüber aber in Schweigen. Auch Nordkorea und der Iran haben beide mehrstellige Tausende Truppen angemeldet. Diese Meldungen konnten allerdings nicht verifiziert werden und dürften wohl eher ein Propagandastunt sein. Aber der Trend ist eindeutig und – hinter den Kulissen – weltweit sichtbar. Wenn nun in Zukunft diese Truppen in die Hunderte und Tausende gehen, wird dies natürlich auch eine erhebliche Entwicklung des militärischen Hackings mit sich bringen – und eine solide weltweite Verschlechterung der IT-Sicherheit. Bei Hacks auf Militärsysteme muss dann auch der bereits erwähnte Aspekt der präventiven Installation von Angriffen berücksichtigt werden. Denn viele dieser auf taktische Systeme ausgerichteten Hackertruppen werden versuchen, möglichst frühzeitig Informationen über taktische Waffensysteme zu erhalten, um ihre Hacks mit langem Vorlauf entwickeln zu können. Einige werden sicherlich versuchen, ihre fertigen Hacks bereits in die taktischen Waffensysteme oder Plattformen einzubringen, vermutlich über Innentäter. Denkbar wären bereits Manipulationen in der Konzeptionsphase. Denn je früher man seinen Hack einbaut, desto fähiger und desto schwerer zu entdecken wird er später sein. Besonders beliebt sind aber auch Manipulationen in der Supply Chain, also bei den Zulieferern, wobei dort fingierte Hard- und Software eingeschleust wird, die dann von den nichtsahnenden großen Herstellern verbaut wird. Das ist schon öfter vorgekommen. Ein besonders prägnantes

Beispiel war der Fall »Cisco Raider«. Bei dieser vom FBI so genannten Operation wurden einige Zigtausend gefälschter Cisco-Netzwerkkarten gesichert. Das war so weit noch nichts Besonderes. Gefälschte Hardware tritt immer wieder auf. Die wird in der Regel von kriminellen Fälschern hergestellt und verkauft, um einfach nur Geld zu machen. Diese Lieferung allerdings war auf dem Weg in verschiedene kritische Regierungsnetzwerke und hat an dem Punkt, an dem sie vermutlich ausgetauscht wurde, nicht gerade einen maximalen Profit versprochen. Untypisch für Fälscher. Außerdem konnte in diesem Fall auch die Fälschungsschmiede nicht eindeutig bestimmt werden. Auch das war untypisch. Die Fälscher (die erfolgreich verhaftet werden konnten) konnten auch nicht genau angeben, woher sie ihr Rohmaterial erhalten haben. Also kam ein Verdacht auf, der sich bis heute nicht mehr ausräumen ließ und in den USA zu einem Umdenken führte. Ein Nachrichtendienst könnte eine komplette Hardwareproduktion nachgebaut haben, um fingierte Komponenten in kritische Bereiche einzuschmuggeln. Eine äußerst heikle und besorgniserregende Angelegenheit, denn die Supply Chain, auf der IT-Produkte entwickelt, hergestellt und geliefert werden ist schon seit Jahren alles andere als sicher.

Diese Frühinstallation von Hacks betrifft insbesondere die Rüstungsindustrie, denn diese Produkte sind für diese Hacker am interessantesten und später oft nur noch schwer und nicht in der erforderlichen Breite zugänglich. Dieses Vorgehen wird also in Zukunft mit großer Sicherheit deutlich stärker von feindlichen Nachrichtendiensten und Hackern gewählt werden, als das bisher der Fall war. Auch wenn die Kosten vergleichsweise hoch sind. Dass dieses Szenario für einige Militärs durchaus schon real besorgniserregend ist, hat die kanadische Luftwaffe gerade bewiesen. Die Kanadier haben die komplette Software eines Kampfjets eigenständig und unabhängig von allen Herstellern aufgeschlüsselt, gelesen und geprüft (»Reverse Engineering« heißt das, ein wichtiger Prozess auch in der Vorbereitung von Hackerangriffen). Der Hintergrund ist Misstrauen gegenüber der Rüstungsindustrie. Die Kanadier wollten nicht von dem Hersteller erzählt bekommen, was in den Jet einprogrammiert wurde. Sie wollten selbst nachsehen. Das klingt nun wie eine relativ triviale Geschichte, die eigentlich jeder machen sollte. Aber so ein Reverse Engineering ist nicht gerade einfach und billig. Der Fall des Kampfjets hat Kanada satte 400 Personenjahre hochbezahlter Experten gekostet. Der Preis war der eines kompletten neuen Jets – einige Millionen. Und dafür wissen die Kanadier streng genommen auch nur, was in diesem einen Jet drin ist, nicht, was in jedem drin ist. Eine konsequente Kontrolle aller Jets würde also gerade die Anschaffungskosten verdoppeln.

Das Hacking taktischer Geräte liegt für Militärs auf der Hand. Neben all den bisher aufgeführten Varianten ist es sogar eine klare Kernfunktion dieser auszubildenden Truppen. Denn auch hier gilt wie in allen anderen Bereichen zuvor, dass die entsprechenden Hacks absolut lohnenswert sind. Das kann man sich an dem Beispiel des Kampfjets deutlich machen. Ein moderner Kampfjet ist heutzutage äußerst schwierig vom Himmel zu holen. Er ist gegen alle Varianten von Luftluft- und Bodenluft-Maßnahmen geschützt, sehr gut getarnt und unglaublich schnell und manövrierfähig. Allerdings sind all diese Features inzwischen softwarebasiert. Die Kampfflugzeuge sind so gut, weil sie bis zu einhundert Computer an Bord haben, die den Piloten bei allen möglichen Aktivitäten massiv unterstützen. Einige Piloten sagen sogar, dass sie nur noch ein hübsches Accessoire im Cockpit sind – quasi für die Fans –, während das Flugzeug alleine fliegt. Genau da haben wir aber eine zentrale Verwundbarkeit. Denn bei so vielen Rechnern und einem riesigen Berg von Software, der aufgrund der Geheimhaltung garantiert in kleinen Teams entwickelt wurde, ist davon auszugehen, dass sich eine ganze Reihe von Sicherheitslücken finden lässt. Natürlich ist es in diesem Fall nicht so trivial, auch daran zu kommen. Man muss sich die entsprechende Software erst einmal besorgen, um den Angriff in Ruhe zu entwickeln. Den Angriff später zu platzieren wird auch nicht gerade leicht sein. Hier werden erneut Innentäter eine wichtige Rolle spielen. Aber wenn man die Software hat, sollte man recht einfach Exploits dafür entwickeln können. Und schon hat man eine Fähigkeit, die den supermodernen (und superteuren) Kampfjet dann doch vom Himmel holt. Man muss nicht mal vom Sofa aufstehen. Wie man seine Angriffe im entscheidenden Moment zum Auslösen bringt, ist möglicherweise noch eine Schwierigkeit, wenn man während des Fluges keinen guten Zugriff auf die verschlüsselten Datenverbindungen bekommt. Aber die findigen Ingenieure der Offensivseite werden sich schon etwas einfallen lassen – automatische Auslöser wären eine Lösung. Somit sollte sich so ein Pilot in einem Hightech-Kampfjet nicht allzu sicher fühlen. Softwarefehler sind hier als kritische Größe bereits bekannt. Hacks dürften schon bald noch kritischer werden.

Das Gleiche gilt für alle anderen Hightech-Waffensysteme und Plattformen. Auch Schiffe sind inzwischen massiv durch IT unterstützt und können so auf verschiedenen Wegen und an verschiedenen Stellen angegriffen werden. Vergangene Episoden mit den »Smart Ships« haben gezeigt, dass ein solider Softwareabsturz schon eine recht vollständige Betriebsunfähigkeit nach sich ziehen kann. Die USS Yorktown ist hier ein frühes Beispiel. Dieses erste Smart Ship erlitt auf seiner Jungfernfahrt einen Systemabsturz, da einer der Operateure eine Null in einer Datenbank eingegeben hatte, in der er das nicht durfte. Prompt war das gesamte Schiff über Stunden manövrierunfähig. Eine unschöne Geschichte und ein Beispiel für die neue und unerkannte Verwundbarkeit »Computer«.

Die Entwickler dieser Systeme werden übrigens nicht müde, darauf zu beharren, dass ihre Systeme selbstredend vollkommen integer und hackersicher sind. Das müssen wir allerdings als Marketing bewerten. Richtig gute Tests auf militärische Hackersicherheit sind alles andere als gang und gäbe in den verschiedenen Staaten und Militärs. Dazu existiert im Moment weder das Personal noch die Methode. Woher also die Hersteller ohne diese Tests wissen wollen, dass sie trotzdem sicher sind, wissen wohl nur sie selbst.

Neben den taktischen Waffensystemen, Kampfjets und Schiffen sind auch noch andere Bereiche militärischer Infrastrukturen interessant. In unserem Beispielfall war es nämlich nicht ein Schiff oder ein Artilleriegeschütz, das angegriffen wurde, sondern die Fernaufklärung und die Kommunikation. Das können in modernen Konflikten kritische Elemente sein, denn beinahe das gesamte Command & Control hängt von diesen Systemen ab. Moderne Kommandanten gucken bei ihren Schlachten schon lange nicht mehr auf das reale Schlachtfeld. Sie starren auf Monitore, überwachen dort Kamerabilder der Luftaufklärung und grafische Darstellungen des Kampfverlaufs. Zumindest, solange es nicht gerade ein normales, kleines Feuergefecht ist. Befindet sich der Angreifer aber per Hack in diesen Systemen und ist er in der Lage, Signale abzufangen und zu manipulieren, so kann er über die Übernahme dieser Strukturen ganze Szenarien von ganz andersartigen Situationen einspielen, die über verschiedenste

Kanäle entweder widersprüchliche Signale abgeben und das Kommando damit erschweren oder sogar eine konsistente gefälschte Geschichte erzählen. Dieser letzte Punkt ist natürlich eine der ältesten Künste des Krieges: die Täuschung. Mit der modernen hohen Abhängigkeit von digitalen Augen und Ohren gibt es für dieses traditionelle Feld eine nahezu unüberschaubar große Vielzahl neuer Möglichkeiten.

Das Hacking militärischer Infrastrukturen ist also aus vielerlei Hinsicht interessant und profitabel. Ein Angreifer, dem es gelingt, sich gut in diesen Systemen einzunisten, kann eine ganze Menge Schaden und Verwirrung stiften und konventionelle Kampffähigkeiten entscheidend schwächen. Dabei ist die Verwundbarkeit der Verteidiger umso höher, je intensiver die Militärs von den IT-Systemen abhängig sind und je intensiver diese Systeme standardisiert und vernetzt sind.

Hier trifft man dann auf einen direkten Widerspruch zwischen dem aktuellen Trend der vernetzten Operationsführung (Network-Centric Warfare) mit einer Verbindung und Standardisierung aller Hightech-Systeme aller potentiellen Alliierten. Zwar ist diese Neigung zur vernetzten Interoperabilität aufgrund der Einsatzbedingungen für stark heterogene Verbände in internationalen Guerillakämpfen überaus plausibel. Andererseits muss man aber sehen, dass hier etwas vollkommen Unmilitärisches, wenn nicht Antimilitärisches stattgefunden hat. Denn diese vollvernetzten Militärs haben tatsächlich nahezu alle ihre Fähigkeiten an ein einziges System gehängt – an ein Supersystem, mit dem alle anderen Systeme verbunden sind. Und dieses »System of Systems« ist verwundbar. Sogar sehr verwundbar.

Hätte man dies noch vor einhundert Jahren einem General verkaufen wollen, wäre man kläglich gescheitert. Wir können uns an das Verkaufsgespräch aus der Einleitung erinnern.

Wozu – man könnte hinzufügen: zum Teufel – sollte sich ein Militär ein System anschaffen, das wie ein einziger, riesiger Off-Schalter von Feinden benutzt werden kann? Genau das ist aber passiert. Militärs sind technikaffin, denn Technik bringt oft die entscheidenden Vorteile. Wenn sich diese Haltung aber versteigt in einen blinden Fortschritt um des Fortschritts willen und dazu noch von einer Consumer-Electronics-Mentalität gestützt wird, die viele bunte Features auf sexy Displays und Geräten haben will, landet man schnell bei Systemen, die in einer Reihe von Situationen mehr Nachteile als Vorteile bieten. Denn Hacker auf der anderen Seite zu haben, ist unangenehm. Da kann es gut sein, dass nur noch ein sehr schmales Spektrum der insgesamt zur Verfügung stehenden Mittel überhaupt noch für Operationen infrage kommt.

Wir sollten den Begriff der »Interoperabilität« besser in »Intervulnerabilität« umbenennen. Ein interoperables System ist aus offensiver Hackerperspektive nichts anderes als ein mehrere Systeme übergreifender »Single Point of Failure« – ein einziger Punkt, an dem alles scheitern kann. Das GPS (»Global Positioning System«), das globale Navigationssatellitensystem zur Positionsbestimmung und Zeitmessung, ist ein gutes Beispiel für so ein kritisches Supersystem. Inzwischen kennt man diese Technologie durch die zahlreichen Navigationssysteme in Autos und Handys. Ursprünglich kommt sie aber aus dem Militär, und dort ist sie heute das zentrale Werkzeug für jede Navigation. Das System funktioniert durch eine einfache Triangulation. Mehrere Satelliten senden stetige Signale auf die Erde. Diese werden dann von den Einzelgeräten empfangen, die anhand der verschiedenen Laufzeiten der Signale dann genau ausrechnen können, an welchem Punkt zwischen den Satelliten sie sich befinden. Das ist ein Vorteil, denn durch den rein passiven Empfang kann ein Feind keine Signale abfangen und gegnerische Positionen ermitteln. Vollkommen hackersicher ist das System allerdings nicht. Es gibt bereits diverse Gerüchte über seine Kompromittierung durch ausländische Hackereinheiten wie etwa das chinesische Militär. Hacker behaupten, sie könnten sich in die Satelliten einhacken und die Signale stören oder modifizieren. Das ist nicht unplausibel. Satellitenhacking ist schon seit langem ein beliebtes Hobby. Der schlimmste Fall ist das FLT-SATCOM-System der US-Navy über Südamerika. Brasilianische Holzfäller haben irgendwann herausgefunden, dass die Navy vergessen hat, dieses Satellitensystem zu verschlüsseln. Seitdem telefoniert der gesamte Subkontinent über dieses System. Die Holzfäller, normale Menschen mit Handys, die südamerikanischen Drogenbarone wickeln ihre Drogengeschäfte darüber ab, und wenn Fußball kommt, sind alle Frequenzen blockiert. Eine nachträgliche Sicherung scheint nicht möglich – stattdessen schickt die Navy jetzt eine neue Generation Satelliten hoch. Auch die GPS-Satelliten können also prinzipiell hackbar sein. Das scheint auch real und sogar große Ausmaße angenommen zu haben, denn einige US-Militärs haben dem System bereits das Vertrauen entzogen. General Norton Schwartz, ein dekorierter Air Force-General, hat sich bereits öffentlich hingestellt und aufgrund der diversen Schwierigkeiten mit dem GPS-System eine Alternative gefordert, die nicht digital ist. Ihm ist die Abhängigkeit von diesem verwundbaren System zu hoch. Moderne Soldaten können nämlich meist nicht mehr mit Sternen und Geländemerkmalen navigieren. Aus militärhistorischer Sicht eine Schande. Dieses Problem geht zurück auf die Ausbildung von Soldaten. Denn die Bedienung der gesamten Hightech erfordert bereits eine ganze Menge Zeit und Aufmerksamkeit. Ein Ausbilder steht also häufig vor der Wahl, ob er seinen Soldaten eine komplizierte Navigation mit Nadel, Faden und Kompass oder die Bedienung der GPS-Systeme beibringen will, und da überall GPS-Systeme verbaut sind, entscheidet er sich normalerweise für die Ausbildung an der Hightech-Variante. In Kompassnavigation gibt es heute höchstens noch einen Crashkurs. Damit gehen den Militärs im Zuge ihrer vermeintlich revolutionären Hochtechnisierung viele soldatische Fähigkeiten verloren, die zuvor über Jahrhunderte und Jahrtausende präsent waren. Ein Verlust, der sich noch rächen könnte, wenn die Hightech spontan nicht mehr zur Verfügung steht. Und der auch nicht mehr so schnell wieder einzuholen ist. Sind die Ausbilder mit dem entsprechenden Praxiswissen erst mal verschwunden, muss der reale Umgang mit nicht-digitaler Navigation erst wieder erlernt werden. Im Vergleich zu einem Ausbilder geben Textbücher da nur eine grobe Handreichung ab.

Militärs müssten hier also dringend umdenken. Viele teilen diese Einschätzung allerdings nicht, denn die modernen Kriege werden nicht mehr zwischen Staaten geführt, sondern nur noch gegen asymmetrische Gegner – gegen kleine Gruppierungen staatlich nicht legitimierter Guerillas. Afghanistan und Irak sind gute Beispiele. Das ist das Vermächtnis der Atombombe, das bereits angesprochen wurde. Die großen nationalstaatlichen Kriege sind einfach nicht mehr rational zu führen, denn die Verluste wären zu gigantisch. Krieg rechnet sich mit Atombomben nicht mehr – das bekannte Kalkül der Abschreckung.

Dagegen wird es aber immer noch die Guerillakriege geben. In diesen allerdings hat man es in der Regel mit Lowtech-Gegnern zu tun, und diese, so das Argument der Militärs, werden keine Hackertruppen in der erforderlichen Stärke aufbringen können. Dieses Argument ist allerdings nur vordergründig zutreffend. Zum einen ist wie erwähnt leider in keiner Weise sicher, ob die Atombombe wirklich ein Garant eines ewigen Endes der nationalstaatlichen Kriege ist, und man sollte das (so exotisch dieses Gegenargument auch sein mag) zumindest theoretisch nicht vollständig ausschließen (denn das wäre grob fahrlässig). Zum anderen gibt es drei andere Varianten, in denen diese vermeintliche Sicherheit vor taktischen Feldhackern trügerisch wäre. Zuerst muss man es nicht nur mit Lowtech-Gegnern zu tun haben, denn es spricht nichts dagegen, dass auch Hightech-Länder plötzlich Guerillakriege beginnen. Ein etwas wahrscheinlicheres, anderes Gegenargument sind Stellvertreterkriege wie der Vietnamkrieg. Zwar ist auch dies vordergründig ein Guerillakrieg (oder eine Polizeiaktion, je nachdem, für welches Wording man sich entscheidet, um es nicht so nach Krieg aussehen zu lassen), hintergründig allerdings agierten hier zwei Hightech-Kräfte, die in einem ähnlichen Fall in Zukunft natürlich auch Feldhacker einbringen könnten. Das letzte leider in Kürze überaus realistische Gegenargument sind Cybersöldner. Söldnerfirmen weltweit sind längst auf den Cybertrip gekommen. Viele von ihnen überlegen gegenwärtig, wie sie diese Fähigkeiten ausbilden und einsetzen können. Einige von ihnen werden auf die Idee kommen, taktische Feldhacker auszubilden, die in der Lage sind, die Hightech-Systeme fortschrittlicher Militärs zu durchbrechen. Ein klares Geschäftsmodell, denn alle Parteien, die zwar konventionell überlegen wären, aber unter den Hightech-Vorteilen ihrer Gegner zu leiden haben, wären hier sichere Kunden. Könnte man den Taliban gegenwärtig eine Hackertruppe anbieten, die in der Lage ist, die kritischen Systeme der Alliierten im entscheidenden Moment elegant taktisch zu stören, die vielleicht sogar die Drohnen fernsteuern, die Kampfjets vom Himmel holen und die Schiffe außer Betrieb setzen könnten – dann wäre das den Taliban sicher einiges wert. Das Gleiche gilt für viele andere Länder weltweit, die befürchten müssen, irgendwann einmal von Hightech-Militärs überfallen zu werden. Eine Truppe Cybersöldner zur Verfügung zu haben, sollte also ein gutes Geschäft für eine Söldnerfirma sein. Und wo gute Geschäfte absehbar sind, entstehen die entsprechenden Geschäftsmodelle. Kapitalismus funktioniert auch im Krieg. Cybersöldner werden nur eine Frage der Zeit sein. Einige von ihnen können sogar recht bald auf dem Markt sein, denn der Markt existiert bereits rudimentär – viele Söldnerfirmen bieten bereits einfache Hackingdienste auf Büro-IT an – und die Eingangskosten sind umso niedriger, je schwächer die Konzepte der Cyberdefensive noch sind. Im Moment könnte man also noch für vergleichsweise geringe Einstiegskosten recht hohe Profite erzielen. Das werden sich sicherlich einige Akteure aktuell überlegen.

Der taktische Feldhacker ist also ein erfolgversprechendes Zukunftsmodell. Alle Hightech-Militärs werden ihn haben wollen, um sich gegen andere Hightech-Militärs im Zweifelsfall auch auf diesem Wege zur Wehr setzen zu können. Aber auch alle Lowtech-Militärs werden ihn haben wollen, denn er ist vergleichsweise billig und kann die entscheidenden Vorteile möglicher hochtechnisierter Gegner direkt aushebeln.

Angesichts der Tatsache, dass eine Cyberdefense gegen Hacker auf militärischem Niveau immens schwierig und nie besonders zuverlässig ist, wären Militärs daher gut beraten, neben ihren Hightech-Beständen einen guten Teil vollkommen mechanischer Truppen mit gänzlich undigitalen soldatischen Fähigkeiten wie einfacher Navigation mit Sternen und Geländemerkmalen anzulegen. Der gedankliche Paradigmenwechsel fällt vielen Generälen allerdings reichlich schwer. Für nicht wenige stellt es sich so dar, als habe man gerade erst diese riesige Revolution hin zu vollständig IT-basierten Schlachtfeldern hinbekommen, da rufen schon wieder einige, das sei alles Unsinn gewesen und man solle alles wieder abbauen. Leider ist es so. Angriffssicherheit gegen Hacker war bei den meisten Militärs nie ein besonders dominantes Feature der vergangenen technischen Revolutionen – weder auf dem Schlachtfeld, noch in den Kasernen und Ministerien. Fortschrittsglaube und IT-Lobbyisten haben den militärischen Realismus verhindert. Das muss jetzt eben schmerzlich nachgeholt werden. Und es wird teuer. Alle kritischen Systeme müssen von Grund auf neu konzipiert werden. Drastischer gesagt: Ein Großteil dessen, was sich heute an IT beim Militär tummelt, kann getrost weggeworfen werden und muss durch sehr viel teurere und weniger leistungsstarke Varianten ersetzt werden, wenn ein Gegner an fähige Hacker kommt. Und deutlich weniger vernetzt werden muss auch. Einige Militärs werden sich das in keiner Weise leisten können, auch nicht in der Zukunft, und befinden sich damit strategisch gegenüber Gegnern mit Hackingfähigkeiten bald in einer recht eindeutigen Situation: Schachmatt. Hoffentlich kommen keine Konflikte auf uns zu.

7 Wann kommt der Cyberwar und was können wir tun?

7.1 Die Gegenwart und nahe Zukunft des Cyberwar

Nachdem wir uns nun viele verschiedene Szenarien angesehen haben und erkannt haben, wie effizient und gefährlich eine militärische Hackertruppe sein kann, wie vielfältig sie eingesetzt werden kann, bleibt die Frage, wann es denn eigentlich so weit ist und was wir dagegen tun können.

Wann es so weit ist, ist nicht so leicht zu beantworten. Was wir dagegen tun können, hingegen schon. Auch wenn es mehr Probleme aufdeckt, als einem lieb ist.

Wir wissen, dass alle Länder weltweit ein solides Interesse an der Aufstellung einer Truppe ausgebildet haben. Beinahe jeder Staat möchte gerne eine möglichst große Truppe Hacker haben. Aber die Ausbildung von Hackern auf einem Niveau, das es einem erlaubt, in Hochsicherheitssysteme einzubrechen, ist alles andere als einfach. Zumindest in der westlichen Hemisphäre sind dazu im Moment nur solche Hacker in der Lage, die mit Computern aufgewachsen sind und ganz eigene und sehr tiefgehende Intuitionen im Umgang mit diesem Gerät entwickelt haben. Für die meisten Länder – Deutschland eingeschlossen – könnte man gegenwärtig noch nicht einmal eine Ausbildung in diesem Bereich aufstellen. Das ist allerdings ein Problem, das wir zu verschiedenen Zeitpunkten der Technikgeschichte bereits gelöst haben. Zu Beginn der Industrialisierung etwa stellten die naturwissenschaftlich ausgebildeten Ingenieure, die nun plötzlich neuartige Produktionsmaschinen herstellen sollten, fest, dass ihnen selbst gar nicht klar war, welche einzelnen Handgriffe zur Herstellung der zu produzierenden Güter genau benötigt wurden. Sie fragten also Handwerker, die die Produkte bisher hergestellt hatten. Das Erstaunliche war dann allerdings, dass die Handwerker selbst oftmals gar nicht sagen konnten, welche einzelnen Handgriffe man genau benötigte. Die einzelnen Abläufe und vor allem die kleinen, aber entscheidenden Finessen waren ihnen in Fleisch und Blut übergegangen. Das ist in etwa so wie beim Fahrradfahren. Es ist schwer, einem anderen zu erklären, was genau man macht, um beispielsweise beim Aufsteigen und Losfahren nicht umzukippen. Das hat viel mit Gefühl und Balance zu tun, aber wie erklärt man einem anderen Gefühl und Balance? Bestimmt nicht in Differentialgleichungen. Letztendlich ist es den Ingenieuren aber gelungen, die Schritte der Handwerker genau zu beobachten, ihre Intuitionen bei der Gestaltung von Produkten zu erfassen und diese in Maschinen einzubauen.

Jeder Prozess ist also lernbar, und da nun seit einiger Zeit ein solides weltweites Interesse an hochqualifizierten Hackern besteht – unterstützt von den nach wie vor nicht unerheblichen Budgets von Militärs –, wird auch die Erstellung von Ausbildung und Trainingsprogrammen für hochqualifizierte Hacker nur eine Frage der Zeit sein. Dabei werden die verschiedenen Länder unterschiedlich schnell erfolgreich sein.

Die Erfahrung mit Cybercrime hat gezeigt, dass etwa Länder, die in den 1990ern und den frühen 2000ern zu viele Informatiker ausgebildet haben, weil sie an die Internet-Blase geglaubt hatten, einen deutlichen Vorsprung bei diesen Aktivitäten haben. Denn in diesen Ländern – wie Russland und China – stehen einfach bereits Heerscharen arbeitsloser Informatiker zur Verfügung. Viele von denen sind dann im Bereich Cybercrime bereits auffällig geworden, da sie eben oft nur die Wahl hatten, entweder kriminell und reich zu werden oder für einen Hungerlohn kleine Nebenjobs zu übernehmen. Viele gut ausgebildete Informatiker ohne direkte Anstellung (vor allem auch viele erfahrene Cyberkriminelle) sind also ein guter Grundstock in diesem Bereich, der sich auch für die Erstellung von Cyberwar-Truppen nutzen lassen wird. Sie können direkt in die Militärs eingebettet werden.

Ebenfalls gut ist eine frühe Ausbildung in Informatik an den Schulen, damit man möglichst viele zukünftige Informatiker schon sehr früh mit den Technologien vertraut macht, sodass dann entsprechend früh bereits die notwendigen Intuitionen ausgebildet werden können. Russland und die USA etwa veranstalten bereits seit einiger Zeit Hackingwettbewerbe in Schulen, um herauszufinden, welche der Kids möglicherweise für einen späteren Militärdienst geeignet sind. Dabei haben die USA feststellen müssen, dass sie im Bereich Computerunterricht zu große Einsparungen gemacht haben. Ihnen steht kaum qualifizierter Nachwuchs zur Verfügung.

Neben der reinen Ausbildung der Hacker müssen zukünftige offensive Cybertruppen auch noch weitere Schwierigkeiten überwinden. Sie müssen ihre Nachrichtendienste entsprechend ausbilden, sie müssen taktische Konzepte entwickeln, sie müssen sehen, welche zusätzlichen Expertisen sie benötigen, wo sie mit der Industrie und der Wissenschaft zusammenarbeiten müssen, und sie müssen sich politisch und rechtlich auf strategische Interessen und Rahmenbedingungen für ihre Einsätze festgelegen. Das alles ist äußerst schwierig, wenn man auf sehr konventionelles militärisches Denken zurückgreift und informationstechnisch ungebildete Politiker und Strategen darüber entscheiden sollen. Die Cyberarena ist doch in ihren Rahmenbedingungen ein relativ neues Spielfeld mit vielen besonderen Bedingungen, auch wenn sich natürlich an den militärischen Interessen und grundlegenden taktischen Paradigmen oder rechtlichen Rahmenbedingungen nichts ändern muss. Wir werden uns also überraschen lassen müssen, wann die verschiedenen Länder ihre Truppen bereithaben und was sie damit tun. Von den großen Militärs wissen wir natürlich, dass sie hier schon einigen Vorsprung haben. Die amerikanische NSA hat etwa 500 gute Hacker in ihren Diensten, der israelische Mossad angeblich genauso viele. Wie viele Hacker in China und Russland schon militärisch tätig sind, kann nur vermutet werden. Von China geistern wilde Zahlen von bis zu 150.000 Hackern durch die politischen Kreise. Sie werden mit Sicherheit schon über Truppen in einer gewissen Grundstärke verfügen und werden von dort aus auch schneller an Ausbildungs- und Trainingskonzepte kommen. Von ihnen dürften wir also bereits in den nächsten zwei bis drei Jahren verstärkte Aktivitäten mitbekommen. Auch Söldnerunternehmen könnten relativ schnell offensive Fähigkeiten ausgebildet haben. Sie können ja einfach bereits existierende, sehr gute Hacker für sehr hohe Gehälter einkaufen – ein Vorzug, den Militärs mit ihren starren Gehalts- und Karrieremodellen oft nicht haben. Alle anderen Länder werden möglicherweise drei bis sieben Jahre benötigen, um sich grundlegend aufzustellen. So viel Zeit bleibt uns also, um eine Cyberdefensive aufzustellen. Wobei es natürlich von Vorteil sein wird, wenn wir früher damit fertig werden. Man weiß ja nie.

7.2 Was wäre eine gute Cyberdefensive?

Sich schon heute um eine Cyberdefensive zu kümmern, ist alles andere als trivial. Schuld daran ist die eingangs aufgezeigte, viel zu hohe Komplexität und Unsicherheit der heutigen IT. Die Abwesenheit von Kontrolle und funktionierender IT-Sicherheit lädt die Anwesenheit von Angreifern ein. Unsere IT ist das bereits eingangs erwähnte auseinanderfallende, kaputte und verrostete Auto, das durch eine schicke Lackierung und ein paar Aufkleber vor dem unweigerlich drohenden Totalunfall bewahrt werden soll. Schlicht Unsinn. Cyberdefense in einem Maß, das wirklich Schutz vor hochwertigen Hackern liefert, existiert gegenwärtig einfach noch nicht. Gerade in Deutschland ist es leider so, dass alle Sicherheitsmaßnahmen nur an konventionellen Bedrohungen ausgerichtet sind. Mit anderen Worten: Man hat die ganzen Geräte, die man für die Abwehr von Teenagern und Kleinkriminellen entwickelt, bisher einfach mit einem neuen Label versehen, auf dem jetzt »Cyber« draufsteht. Gegen Cyberwarrior hilft diese Cybersecurity aber ungefähr so viel wie ein Pappschild gegen einen Panzer. Die Situation ist in vielen Fällen äußerst bizarr. Auf Konferenzen wird im kleineren Kreis ganz ungeniert zugegeben, dass man die neue Cybersecurity-Welle einfach mal nutzen möchte, um ordentlich Kohle zu machen, und mit Krieg rechnet momentan sowieso keiner. Also – so die Haltung – verkauft man lieber die ganzen Produkte, die uns gegen die sehr viel »realere« Gefahr der Kleinkriminellen und Demonstranten schützen, und gibt den Industriekapitänen und Politikern das Gefühl, dass sie tatsächlich etwas gegen gefährliche Cyberangriffe getan haben. Ein verantwortungsloses Konzept, das leider an vielen Stellen aufgeht. Denn eine wirklich solide Cyberdefensive wäre im Vergleich zu den vielen Ad-Hoc-Maßnahmen, die sonst angeboten werden und die einfach auf die existierenden Systeme aufgeschraubt werden können, sehr viel teurer. Ist diese (falsche) Lösung bei den Entscheidungsträgern aber erst einmal beschlossen, entstehen sehr schnell größere Abhängigkeiten gegenüber diesen Lösungen. Die Entscheider wollen sich nicht falsch entschieden haben. So kommt es zu unfreiwilligen Verschwörungen zwischen habgieriger Industrie, überforderten Instituten und Behörden und notwendig nur mäßig kompetenten Entscheidern aus Politik und Wirtschaft. Am Ende steht Deutschland schutzlos da.

Unfreiwillige Verschwörungen dieser Art gibt es auch noch in anderen Bereichen. Auch in den nicht unmittelbar mit Produkten der IT-Sicherheit, sondern mit Konzepten der IT-Sicherheit befassten Gruppierungen von Wissenschaftlern, Strategen, Politikern und Juristen sind gemeinsame Missverständnisse keine Seltenheit. Viele Politologen und Juristen möchten liebgewonnene Modelle und Vorstellungen aus der guten alten Zeit des Kalten Krieges anwenden. Vertrauensbildende Maßnahmen und Waffenkontrollen sind zwei Beispiele. Beides scheitert im Cyberwar aber an der Durchführung. Denn eine technische Implementierung von Kontrollmechanismen ist aufgrund der hohen Asymmetrie zwischen Offensive und Defensive, aufgrund der Probleme mit Sensoren und Attribution praktisch unmöglich. Solche Kontrollen mögen beim Bau von Atomwaffen sinnvoll gewesen sein, da dort zur Herstellung waffenfähiger nuklearer Materialien größere und auffällige Aktivitäten vonnöten sind. Einen militärischen Computervirus kann man allerdings bedeutend unauffälliger entwickeln. Cyberwaffen können an der Universität im Rahmen von ganz normalen Forschungsaktivitäten, bei eigentlich auf Cybersicherheit spezialisierten Firmen oder von einem Nachrichtendienst als Internetfirma getarnten Truppen erzeugt werden. Wie man etwas so Unauffälliges kontrollieren möchte, ist recht unklar. Und ohne Kontrollmechanismen steht es den Staaten natürlich problemlos frei, zu allem Ja und Amen zu sagen und sich dann trotzdem in keiner Weise daran zu halten. Entsprechende Abkommen wären dann reine Papiertiger, die von verantwortungsvollen statt leichtgläubigen Politikern und Militärs nicht ernstgenommen werden dürften. Auch die Anwendung des internationalen Völkerrechts ist hier alles andere als trivial. Wie es meine Kollegin, die Völkerrechtlerin Heike Krieger mal auf einer Konferenz ausgedrückt hat: »Man muss sich doch wundern, dass sich alle gleichzeitig einig sind, dass Attribution nicht klappen wird und dass man trotzdem internationales Recht unbedingt anwenden sollte.« Denn das eine geht natürlich nicht ohne das andere. Wenn man nicht weiß, wen man anklagen soll, kann man sich die Rechtsschrift auch sparen. Eine alte Weisheit der politischen Philosophie. Auch sonst lassen sich viele bestehende politische Vorstellungen, rechtliche Bedingungen und strategische Konzepte immer nur in einigen wenigen Aspekten auf die neuen taktischen und technischen Ausgangsbedingungen anwenden. In der Regel ist dieser Weg zu einem »Verständnis« nicht zu empfehlen, denn er macht die Sicht auf das Problem eher noch undeutlicher. Er führt außerdem dazu, dass man sich der Neuartigkeit des Cyberwar im Bereich der internationalen Beziehungen und der Kriegsführung nicht im erforderlichen Umfang widmet. Man beharrt lieber auf einer großen Menge fixer, aber beliebter Ideen in der militärischen, der rechtlichen, der politischen und der diplomatischen Konzeption des Umgangs mit diesem neuen Phänomen.

Diese ungünstige Ausgangssituation könnte verbessert werden, indem sich die auf Cyberwar spezialisierten Institutionen für (meist junge) Leute mit einer entsprechenden Expertise zumindest im hochqualifizierten Hacking entscheiden. Das ist eine Entscheidung, die nahe liegt und die verschiedene Regierungen und Militärs wie die USA bereits getroffen haben. Hier werden die technikaffinen »Computernerds« den altgedienten Kriegsveteranen immer einen Schritt voraus sein, auch wenn sich diese Erkenntnis in den Personalstrukturen nur sehr langsam abbildet. Oft muss man den Nerds allerdings noch recht viel zu Politik und Gesellschaft beibringen – beides sind Bereiche, in denen Ingenieure oft bahnbrechend naiv sind. Eine reine Technikerregierung sollte auf keinen Fall angestrebt werden. Einfach nur ein bisschen mehr junge und entsprechend gebildete Leute in den Gremien.

Wie schnell und entschlossen defensiv reagiert wird, ist aber auch noch unsicher. Dadurch, dass wir uns nicht in konkreten Konflikten befinden und indem viele der hochqualifizierten Cyberaktivitäten nicht zu bemerken sind, fühlen wir uns sicher. Natürlich merkt man dann auch nicht, dass die eigene Defensive völlig ineffizient ist. Andere Länder wie die USA, die durch eine Zunahme der Cyberaktivitäten gelernt haben, an bestimmten Stellen genauer hinzusehen und bessere Analysen zu machen, haben eine andere (beinahe schon »schicksalsergeben« zu nennende) Perspektive gewonnen: Sie haben gemerkt, dass man immer einen hochqualifizierten Angreifer in seinen kritischen Systemen findet, wenn man nur genau genug hinsieht. Außerdem haben sie darüber nachgedacht, was das insgesamt für ihre Rolle in der Welt und für den Zustand des Staates bedeuten wird. Während in Ländern wie Deutschland, die sich (offenbar) keine ernsten Sorgen um die Unterwanderung der eigenen IT-Systeme durch Cyberwarrior machen, vorrangig politische und industrielle Wunschvorstellungen sowohl Fragestellungen als auch Lösungen dominieren, sind in Ländern, die sich der neuartigen Bedrohung bewusst sind, konkrete und harte Fakten sowie die dahinter stehenden Sachfragen, die dringend gelöst werden müssen, im Fokus der Entscheidungsträger. Diese Länder, die die neue Bedrohung ernst nehmen und den Sachfragen eine große Bedeutung einräumen, werden als Lohn für ihre Mühen in näherer Zukunft einen entscheidenden Vorteil in der Defensive haben. Obwohl man Deutschland zugutehalten muss, sich aufgrund seiner guten Ingenieurskultur schon lange und ernsthaft mit dem Thema IT-Sicherheit auseinanderzusetzen. Es gibt eine ganze Bundesbehörde dazu (das »Bundesamt für Sicherheit in der Informationstechnik«, kurz: BSI), die auch seit Jahren schon gute und solide Arbeit leistet. Allein die Ausrichtung auf die neuen Angreifer fehlt hier noch, und die wird leider im Moment auch noch verzögert. Das gute technische und regulative Wissen in Deutschland wird auch noch eine entscheidende Rolle in der europäischen Ausrichtung auf das Thema spielen.

Der Mangel an ernster Beschäftigung mit den hochwertigen Angreifern ist aber ein Nachteil. Er macht die Situation für Länder wie Deutschland, die weniger an Sachfragen orientiert sind, noch aus einem weiteren Grund schwieriger, denn Angreifer sind (wie in jedem Krieg) tendenziell opportunistisch. Sie sehen sich an, wo sie mit dem geringsten Aufwand den meisten Gewinn an Macht oder Geld abziehen können, und wenn nun Länder wie die USA aufgrund einer gesteigerten Sensibilität und einer deutlich verbesserten Cyberdefensive zu umständlichen und schwierigen Zielen werden, dann werden sich (nicht alle, aber einige) Angreifer auf die einfacheren Ziele verlegen: auf jene Länder, die eine Cyberdefense nicht so ernst genommen haben und die lieber »business as usual« gemacht haben.

Bevor wir uns zum Abschluss ansehen wollen, wie ein zukünftiger Worst-Case eines Cyberwar aussehen könnte, wollen wir uns aber erst noch rüsten: mit der Antwort auf die Frage, wie denn eine wirklich gute Cyberdefense eigentlich aussieht.

Eine gute Cyberdefensive fokussiert sich vor allem auf den Selbstschutz der bei einem Angriff am wahrscheinlichsten betroffenen Systeme. Sie versucht nicht, irgendwelche Verteidiger oder Sensoren, Frühwarnsysteme oder Krisenmanagement-Teams in Zentren zusammenzuziehen, die dann von dort aus Probleme an vollkommen anderen, weit entfernten Systemen lösen sollen. Auch wenn das im Moment ein prominenter Zugang zu solchen Fragen ist, wie man bei der NATO oder auch beim deutschen Cyber-Abwehrzentrum sehen kann. Dort sollen – wie sonst auch bei Krisenzentren – Informationen über Bedrohungen zusammengezogen werden, um quer über verschiedene Sicherheitskompetenzen Reaktionen zu koordinieren, die die Auswirkungen vermindern. Aber so etwas funktioniert beim Cyberwar nicht. Denn alle Angriffe, die auch nur etwas besser sind, sind ja eben nicht so schnell zu detektieren. Folglich lassen sich auch keine schnellen Gegenmaßnahmen koordinieren. Was will man schon noch mit einem Krisenmanagement ausrichten, wenn man den Angriff das erste Mal zwei Jahre nach dem ersten Zugang bemerkt? Das deutsche Cyberabwehrzentrum macht zwar immer noch Sinn als Behörde für die genauere Klärung einmal gefundener Attacken und für die Auswertung von Angriffen auf Ministerien und Behörden selbst. Das sollten größere Organisationen (wie Staaten) schon auch immer selbst unabhängig von den Antiviren-Herstellern betreiben, da sie so besser die individuellen Risiken für sich selbst einschätzen können. Aber abgewehrt wird dadurch noch nicht viel. Die Detektion dauert zu lange. Und ist der Angriff einmal erfasst, kommt exakt diese Variante vielleicht nicht mehr durch. Aber der nächste Hack wird wieder eine andere Struktur haben, und gegen den ist man mit einem Wissen um alte Varianten kaum gewappnet.

Man ist also besser beraten, wenn man Angriffe vorher verhindert. Das geht am besten, indem die potentiellen Ziele selbst so gehärtet werden, dass sie nur noch unter einem sehr hohen Aufwand angegriffen werden können. Die Kosten für die Angreifer müssen hochgetrieben werden, der Nutzen muss reduziert werden.

Da wir gegenwärtig davon ausgehen müssen, dass die IT-Sicherheit in diesen Bereichen ineffizient ist und grundlegend defizitär, muss man früher oder später einen Paradigmenwechsel anvisieren. So ein Wechsel wurde in der Computerforschung bereits angedacht. Er firmierte unter verschiedenen Begriffen – bekannt ist etwa »Clean Slate«. Die Idee ist trotz unterschiedlicher Namen immer die gleiche: In allen Bereichen, die von kritischen Angreifern bedroht sein könnten (andere Systeme muss man auch nicht verteidigen), muss die vorhandene, hochkomplexe und grundlegend unsichere IT entfernt und eine neue, anders konzipierte IT eingebaut werden. Sie muss schlanker, transparenter, kontrollierbarer, fehlerfrei sein. Diese unkomplexen Systeme gibt es bereits seit langer Zeit und sie firmieren unter unterschiedlichen Begriffen – besonders bekannt ist etwa der Begriff »Microkernel«. Mit diesem Wort wird ein Betriebssystem bezeichnet, das aus viel weniger Code besteht als ein normales, kommerzielles System. Wir erinnern uns: Gegenwärtige Versionen von Microsoft oder MacOS haben über 80 Millionen Zeilen Code. Ein riesiger Berg möglicher Einfallstore, der zudem aufgrund der Erfordernisse des Marktes der Consumer Electronics und der Wirtschaft laufend exponentiell wächst. Dieses Wachstum alleine verhindert schon jede Sicherheit. Das Nachbessern von Sicherheitslücken wächst hingegen nicht exponentiell, sondern flach linear. Die Rechnung ist einfach: Wenn also die Menge des Codes mit Sicherheitslücken exponentiell steigt, die Nachbesserung mit Sicherheit aber nur linear steigt, sinkt die IT-Sicherheit kontinuierlich. Genau das ist auch die Erfahrung der letzten Jahre. Trotz vielfach verstärkter Bemühungen und einem weit besseren Verständnis der Systeme und Probleme sinkt die Sicherheit beständig. Mit anderen Worten: Für diese komplexen Systeme ist prinzipiell keine besonders hohe Sicherheit herzustellen.

Besser sind da die »Mikrosysteme«. Ein solcher Microkernel sollte nur zwischen 70.000 und 100.000 Zeilen Code haben. Das ist eine Zahl, die sich wesentlich besser auf Fehler und auf Sicherheitslücken überprüfen lässt. So eine Prüfung kann dann auch streng formalisiert werden. Dies ist die »formale Verifikation«. Dabei lesen die Programmierer jede Zeile noch einmal sorgfältig durch und prüfen sie auf mögliche Interaktionen. Ein Verfahren, das teuer ist (etwa 700 Dollar pro Zeile) und auch seine eigenen Probleme hat, das aber zumindest ganze Klassen von Angriffen ausschließen kann und es damit für die Angreifer sehr viel schwerer macht, noch in die Systeme einzubrechen. Zudem ist es bei einem so schmalen Betriebssystem leichter, die einzelnen Prozesse zu beobachten, um frühzeitig zu bemerken, ob Anomalien auftauchen. Die deutlich verringerte Codebasis hat aber auch ihren Preis. Einbußen in der Funktionalität sind zu erwarten. Ein solcher Rechner, der in all seinen Anwendungen und in der

Hardware unkomplex, auf Mikrobasis und transparent gestaltet ist, kann lange nicht so viel wie eines der multifunktionalen, komplexen Systeme. Das bedeutet, dass man von dem sicheren System aus seine angegliederten Prozesse neu konzipieren muss. Man muss damit rechnen, dass der Mensch wieder mehr Aufgaben selbst übernehmen muss, weil der Computer künftig etwas langsamer und etwas beschränkter sein wird. Das ist radikal und kostenintensiv. Man muss Prozesse neu organisieren, Personal wieder einstellen. Dafür ist der Prozess dann aber wesentlich integrer. Außerdem könnten sich – das hat nur noch niemand durchgerechnet – langfristig sogar die Kosten vermindern. Unterhaltskosten von Soft- und Hardware sind inzwischen immens, werden aber bei den unkomplexen Rechnern und Programmen weit weniger drastisch ausfallen. Weniger Komplexität bedeutet auch weniger Wartung. Schließlich könnte man sich in einigen Bereichen die Entwicklungskosten für sehr harte, sehr sichere IT-Produkte international teilen. So könnten die initialen Investitionen erträglich gemacht werden.

Auch technisch kommen noch einige teure Probleme auf. Denn es reicht nicht, wenn man einfach ein neues Betriebssystem aufspielt. In der Regel müssen auch die Hardware, alle assoziierten Programme und weite Teile der Peripherie ausgetauscht oder mindestens neu bearbeitet werden. Denn alles ist auf die unsicheren Kernsysteme eingestellt. Das unsichere System zu entfernen, um es durch ein sicheres auszutauschen, ist also nicht trivial. Trotzdem ist es nötig. Denn die Komplexität, die Multifunktionalität sind bei den normalen »Commercial Of The Shelf (COTS)«-Systemen (also der normalen kommerziellen Angebote) eine konstante Basis für den Kontrollverlust. Das lässt sich auch nicht lösen, indem man weitere Systeme anbaut, die dann selbst wieder unsicher sind und somit die Angriffsflächen oft nur vervielfachen, statt sie zu verringern. Es gibt sogar theoretische, sprachphilosophische Gründe für konstante Unsicherheit. Dies ist ein neuer Zweig der Forschung in der IT-Sicherheit, der hochinteressant ist. Er bemängelt, dass einige sprachorientierte Kernmerkmale der Grundlagen der Verarbeitung von Maschinensprachen selbst schon auf Unsicherheit ausgelegt sind. Insbesondere kann man das bekannte turingsche Halteproblem – ein wichtiges theoretisches Theorem in der Informatik – so auslegen, dass man mit Turingmaschinen, wie wir sie überall benutzen, nie eine endliche Zahl von Handlungsoptionen bestimmen kann. Mit anderen Worten: Es kann immer noch etwas Unvorhergesehenes passieren. Die Computersprachen sind einfach zu flexibel, um richtig rigoros kontrolliert werden zu können.

Hinzu kommt bei den neuen hochsicheren Systemen, dass sie auch weniger Daten hin und her schicken sollten. Denn auch die riesigen Datenströme sind eine Quelle von Intransparenz und damit ein Grund für den fortgesetzten Kontrollverlust. Je weniger Daten man hin und her schickt, desto besser können Sensoren und daran angeschlossene Anomalie-Detektoren arbeiten. Auch dann wird es noch Schwachpunkte geben, aber erneut hat man den Arbeitsaufwand für den Angreifer ein gutes Stück nach oben geschoben. Und darum geht es in einer guten Defensive. Dieser Verlust der großen Datenströme produziert natürlich erneut auch Einbußen in der Effizienz. Prozesse und Organisationen müssen neu ausgerichtet werden.

Bleibt noch ein Problem: die Vernetzung. Vernetzung ist aus der Sicherheitsperspektive immer eine schlechte Idee. Denn wann immer etwas vernetzt wird, weiß der Angreifer, dass er nur einmal einbrechen muss, um das gesamte Netzwerk übernehmen zu können. Aus Sicht der Regulierung von Angreifermotiven ist das Vernetzen also kontraintuitiv. Tatsächlich ist davon auszugehen, dass selbst das sicherste System ein attraktives Ziel bleiben wird, wenn nur ausreichend viele interessante Subsysteme, Steuerungen oder Informationen daran hängen. Ein Beispiel ist GPS beim militärischen »Command & Control«. Selbst wenn dieses System eine ungeheuer harte Sicherheit aufgepflanzt bekommen könnte, wäre es ein kritischer Punkt, mit dem man die gesamte US-Armee ausschalten könnte. Das wird es selbst bei höchsten Sicherheitsmaßnahmen noch für sehr viele Angreifer unglaublich attraktiv machen. Denn wo ein starker Wille ist, wird ein Weg gefunden werden. Im Rahmen der Aufstellung einer Cyberdefensive muss also auch ganz dringend über »Entnetzung« nachgedacht werden. Große Netzwerke, externe Netzwerke, Anschlüsse an das Internet oder überhaupt große Zentralisierung von Steuerungen oder von Informationen – die »Cloud« als weiterer Fall – müssen dringend wieder fragmentiert, dezentralisiert, technisch heterogenisiert und auseinander getrieben werden, wenn kritische Strukturen daran hängen und wenn der Betrieb dieser Systeme nicht notwendig von einer Vernetzung abhängt. Denn dann muss ein Angreifer wieder jedes System einzeln angreifen – und das wird er sich im Zweifelsfall dreimal überlegen. Gerade bei gut gesicherten, umfangreichen Systemen wären diese Angriffe nämlich pro Stück recht teuer. Aber hier gibt es eine einfache »economy of scale«: Die Kontrolle über die Stromversorgung eines größeren Sektors zu bekommen ist geradezu lächerlich billig, wenn das Ziel, um Personal zu sparen, dreißig Kraftwerke an eine Leitwarte gehängt hat. In diesem Fall gebietet die militärische Rationalität geradezu den Angriff, denn so ein günstiger Machthebel darf von einem verantwortungsbewussten Kommandeur nicht außer Acht gelassen werden. Muss allerdings jedes Kraftwerk einzeln infiltriert, ausgekundschaftet und mit einem individualisierten, extra entwickelten

Angriff ausgestattet werden, der zudem noch ohne Netzwerk synchronisiert werden müsste, so ist die Arbeit dafür viel aufwändiger, die Kosten werden sehr hoch sein, und das Risiko, dass doch einer der nötigen Innentäter entdeckt wird, wird so steigen, dass der Angriff immer weniger attraktiv sein kann. Aus dieser Sicht ist es also ganz einfach.

Die großen Netzwerke müssen wieder zurückgefahren werden. Das ist ein klarer und einfacher Weg zur Sicherheit. Zumal auch meist nur Einsparungen im Personal als Gegenargument der Netzwerker aufgefahren werden können. Kleine, interne Netzwerke sind natürlich noch möglich, aber je größer ein Netzwerk ist, desto attraktiver ist es für einen Angreifer, und desto leichter ist es auch für ihn einzubrechen.

Dieser letzte Punkt gilt vor allem für das Internet. Kritische Strukturen haben am Internet nichts verloren. Das Internet ist ein Netzwerk, das jeden mit jedem verbindet. Warum also sollten wir unsere kritischen Strukturen mit jedem potentiellen Angreifer in der Welt verbinden wollen? Das ist ein ungeschickter Gedanke, und die Naivität, die hier von Ingenieuren und Unternehmern über die letzten Jahre in Infrastrukturen umgesetzt wurde, muss dringend wieder eingefangen werden. Bei der Wirtschaft und im Finanzmarkt wird das sehr schwierig, wenn nicht unmöglich werden. Informatiker werden oft auch alles andere als begeistert sein, wenn man mit dem Thema der »Entnetzung« kommt. Das liegt daran, dass sich viele von ihnen auf Netzwerke spezialisiert haben und mit dem massiven Ausbau von IT in alle Lebensbereiche ihre Existenz bestreiten. Weniger IT ist für Informatik und Industrie einfach prinzipiell kein Modell für irgendeine Zukunft – vom Umsatz aus gedacht. Ingenieure tendieren dann dazu zu sagen, dass man den Fortschritt nicht aufhalten darf. Aber: Fortschritt muss immer gesellschaftlicher Fortschritt sein. Technischer Fortschritt um seiner selbst willen ist so unsinnig wie wirtschaftliches Wachstum um seiner selbst willen. Aus dieser Perspektive kommen wir an einem Urteil über die aktuelle IT und ihre Sicherheit nicht vorbei: Ein gezielter Rückschritt ist manchmal erst der echte Fortschritt.

Das alles ist aber revolutionär. Diese Ideen zu akzeptieren hieße, einen sehr umfassenden und grundlegenden Paradigmenwechsel in der Entwicklung und in unserem Umgang mit IT herbeizuführen. Einen zumindest teilweisen Rückbau in eine neue IT. Dazu sind viele nicht bereit. Zum Glück für die Angreifer. Die meisten rechnen damit, dass die etablierten und an große Netzwerke, große Datensammlungen und viel IT gewohnten Hightech-Gesellschaften diese lieb gewonnenen Bequemlichkeiten nicht so schnell wieder aufgegeben. Allein die finanziellen und organisatorischen Hürden sind zu gigantisch, um wirklich ein beherztes Vorgehen zu ermöglichen. In allen kritischen Bereichen einmal alles wegwerfen und neu anschaffen? Undenkbar. Und genau weil man sich das nicht vorstellen möchte, wird den Angreifern noch eine ganze Weile Tür und Tor offen stehen. Ein attraktives »Window(s) of Opportunity«. Und ob wir mit der Zeit und vor allem rechtzeitig noch lernen, ist nicht sicher.

Im Bereich möglicher Defensiven lassen sich natürlich noch viele weitere technische Maßnahmen empfehlen, die an der einen oder anderen Stelle die Sicherheit erhöhen können. Man könnte einen großen Katalog aufstellen. Wichtig ist unter anderem auch die solide zertifizierte, praktische wie theoretische Ausbildung von IT-Sicherheitsexperten, von denen es viel zu wenige gibt, und die Verbesserung der Ausbildung normaler Programmierer, deren Schlampereien wir ja einen Großteil der Probleme verdanken. Hier laufen sogar bereits erste Bemühungen. Auch eine Variante einer Waffenkontrolle wäre noch denkbar, bei der man Länder über eine »Zero-

Day-Governance« dazu zwingt, regelmäßig bestimmte Quoten von Zero Days zu entwickeln und über vertrauenswürdige zentrale Stellen verantwortlich veröffentlichen zu lassen. Da Zero Days eine wichtige Ressource für hochkarätige Angreifer sind, könnte man bei ausreichend breiter kollektiver Entwicklung die Geschäftsmodelle der Offensivmannschaften dadurch bedrohen. Die Offensiveinheiten wissen dann nicht mehr mit Sicherheit, dass der Exploit, den sie gebaut haben, in den paar Monaten, die die Entwicklung und eventuell danach noch die Operation selbst verschlingen, plötzlich veröffentlicht wird, detektiert werden kann und somit nutzlos ist. Die Kosten könnten so noch einmal in die Höhe getrieben werden. Außerdem haben klug berechnete Quoten noch zwei weitere Vorteile. Sie binden die hochwertigen Hacker zu einem gewissen Grad und hindern sie so daran, an anderen Stellen Waffen zu entwickeln. Und sie helfen natürlich auch ganz einfach erheblich beim Patchen der ganzen Sicherheitslücken. Im Detail gibt es hier natürlich noch viele Fragen zu klären. So müssten etwa die Hersteller von Soft- und Hardware in kritischen Bereichen daran gehindert werden, dauernd neue Sicherheitslücken durch neue Programme und Erweiterungen zu produzieren. Aber möglicherweise wäre die Zero Day Governance ein guter und vor allem billiger Weg, das Problem hochwertiger Angreifer etwas besser in den Griff zu bekommen.

In Öffentlichkeit und Politik entsteht an diesem Punkt – der Forderung nach einer sehr harten Sicherheit in der Informationstechnik – oft der Eindruck, dass damit auch eine Kehrtwende in puncto Datenschutz und Privatheit einhergehen müsste. Das ist aber in keiner Weise der Fall. Das Attributionsproblem wird in keiner noch so guten Variante der Cyberdefensive auch nur irgendwie besser. Es ist und bleibt absolut unhintergehbar, sobald man es mit Angreifern auf dem Niveau von Nachrichtendiensten und Militärs zu tun hat. Abgesehen davon sind militärische und nachrichtendienstliche Angreifer in keiner Weise auf das Internet angewiesen. Sie werden es benutzen, wenn man unvorsichtig genug war, seine kritischen Systeme direkt dort anzuhängen, aber diese Angreifer können dank Innentäterangriffen auch auf USB-Sticks und andere fingierte Komponenten umschwenken. Für den Bereich des Cyberwar brauchen wir also keine Internetüberwachung. Diese Überwachung kann nur gegen jugendliche Demonstranten und Betrugsversuche von Kleinkriminellen effizient sein, und selbst da sind die Erfolgsquoten der Strafverfolgung nicht berauschend, auch nicht in Ländern mit weiter ausgebauten Überwachungsmaßnahmen als Deutschland. Ob man für diese eher ungefährlichen Angreifer und unklaren Resultate die mit der Freiheit des Internet dann verbundenen Vorteile wirklich abgeben will, sollte man sich gut überlegen. Hier müssen noch eine (im Idealfall unaufgeregte) gesellschaftliche Diskussion und eine Güterabwägung stattfinden. Die Bedürfnisse könnten sich natürlich ändern, wenn Cybercrime weiterhin so leicht bleibt und weiterhin so stark wachsen wird. Für den Moment aber müssen wir festhalten, dass wir hier einige lieb gewonnene Freiheiten für einige sehr fadenscheinige und vermutlich insgesamt unnötige Sicherheitsgewinne aufgeben müssten. Und dass wir zudem keinen Fußbreit Land für unsere echte Cyberdefense gewonnen hätten.

7.3 Stiller Ruin in einen neuen Kalten Krieg? Wohin geht der Cyberwar?

Damit zur Zukunft. Im Laufe des Buches sind hoffentlich einige Merkmale des Cyberwar deutlich geworden. Vor allem sollte klar geworden sein, dass dieser Krieg nicht nur effizient, sondern auch besonders leise ist. Es wird keine großen Katastrophen, keine feurigen Explosionen und keine riesigen Börsenstürze geben. Denn: Warum sollte man als Angreifer so etwas tun, wenn man völlig unbemerkt eine Fernsteuerung in einem Zielsystem eingebaut hat? Eine Katastrophe würde zudem nur eine viel bessere Defensive und größere Sensibilität dem Thema gegenüber nach sich ziehen. Außerdem könnte man seinen Angriff nicht wieder verwenden, da ein einmal detektierter Angriff für die Zukunft ausgehebelt werden kann. Also – so werden sich das viele Offensiveinheiten denken – wird man doch besser beraten sein, kleine und unauffällige Dinge schön im Stillen zu tun. Auf genau diese Weise haben auch sehr viele der hochqualifizierten Angriffe im Bereich Spionage und Sabotage in der jüngeren Vergangenheit gearbeitet. Einige Beispiele wurden genannt, viele derartige Aktivitäten sind aber konkret nur in Intelligence-Kreisen bekannt. Diese Angriffe haben in der Regel mit viel Geduld kleine, feine Schritte unternommen, um vollkommen unerkannt und im Einzelschritt scheinbar harmlos große Mengen an Informationen oder Geld zu stehlen oder um mit kleinen und an sich unauffälligen Manipulationen schrittweise große Katastrophen herbeizuführen.

Gerade dieses leise Vorgehen ist typisch für den Cyberwar. Mit etwas Geduld lassen sich viele kleine, vollkommen unbemerkte Schwächungen zufügen. Was also könnte die Zukunft für uns bringen? Ein Szenario – vielleicht das schwärzeste – wäre »der stille Ruin«.

In diesem Fall werden die sich in Sicherheit wähnenden Informationsgesellschaften mit vielen Tausenden kleinen Stichen in ihrer Wirtschaft, an ihren Infrastrukturen, an ihren Produktionsstraßen, an ihrer politischen Meinungsbildung und an ihren Militärs über Jahre kontinuierlich geschwächt. Niemand wird auf die Idee kommen, dass man sich in einem Krieg befindet. Die kommerziellen Sensoren und Schutzsysteme, die man sich von den Vertretern hat aufquatschen lassen, melden keine Einbrüche. Was man entdeckt, ist harmlos. Die oft als Szenarien einberufenen großen Katastrophen durch Hacker bleiben aus. Außerdem hat man ein riesiges Paket internationaler Regeln und Mechanismen installiert, die alle potentiellen Angreifer abschrecken sollen. Mit anderen Worten: Es sieht doch ganz aus, als hätte man alles unter Kontrolle. Als wäre das ganze Gerede vom Cyberwar nur eine dunkle Fantasie gewesen.

Trotzdem stellt man über die Jahre fest, dass die nationalen Wirtschaften immer stärker in den Keller gehen, dass die Wirtschaften konkurrierender geostrategischer Regionen florieren, dass Unternehmen nach Produktionsunglücken in andere Regionen verkauft werden, dass die Öffentlichkeit ideologisch infiltriert wird. All das wird so aussehen, als gäbe es immer gute Gründe, die alle nichts mit Hackern zu tun hätten. Aber die Wahrheit könnte sein, dass es sich einfach um eine gar nicht mal so breite Palette von hochqualifizierten Angriffen handelt, die die hochtechnisierten Industrienationen in den Ruin treiben und die deren Wohlstand in andere Regionen umschaufeln.

Sollte man das nach einigen Jahren doch einmal bemerken, so könnte man feststellen, dass man den potentiellen Angreifern nicht einmal mehr drohen darf, weil man gar keine Kontrolle mehr über seine eigenen Infrastrukturen hat. Die Angreifer könnten zur Warnung für die damit verbundenen Risiken mal den Strom abstellen oder das Wasser vergiften. Wenn man dann doch nicht verhandeln und zumindest mal im Kleinen zu Felde ziehen wollte, könnte man anschließend feststellen, dass einem das ganze militärische Gerät nur auf dem Übungsplatz gehorcht, im Einsatz aber ganz andere Befehle von ganz anderen Stellen erhält. Man könnte also auf eine sehr schleichende und stille Art und Weise im Gefüge der internationalen Kräfte relativiert und ein ganzes Stück nach unten geschoben werden.

Zugegeben: Das klingt jetzt sehr dystopisch. Vielleicht ein bisschen zu dystopisch. Aber es ist taktisch und technisch möglich. Es ist verhältnismäßig billig. Es ist risikofrei. Und in Kürze werden alle Länder der Welt wissen, dass es möglich, billig und risikofrei ist. Und das ist ein weiterer wichtiger Faktor. Cyberwar ist einfach etwas für jeden (Staat). Die Eintrittskosten sind nicht hoch, keine unmöglichen Ressourcen müssen beschafft werden. Es ist schwierig, eine gute Qualität zu erhalten. Aber es ist machbar. Und ob sich dann wirklich alle Länder auf Fair Play zurückziehen und von den einen oder anderen risikofreien Operationen zu ihrem eigenen Vorteil vollkommen freiwillig absehen – selbst wenn sie in Armut und Elend leben und sich als vom Westen geplündert empfinden –, das müssen wir doch zumindest als fraglich bewerten.

Vor allem, da wir es in diesem Fall noch mit einem anderen Phänomen zu tun haben: einer Art »Anti-Asymmetrie«. Die klassische, große Asymmetrie der Politikwissenschaften war nämlich so ausgerichtet, dass die hochtechnisierten Staaten den niedrig technisierten Staaten chronisch überlegen waren. Indem jetzt aber alle Staaten gleichermaßen offensive Cyberwar-Kapazitäten aufbauen können, kann sich genau dieses Verhältnis exakt umdrehen. Ein niedriger Technisierungsstand im Land, in den kritischen Infrastrukturen, in der Wirtschaft, im Militär, kann sich jetzt als entscheidender strategischer Vorteil herausstellen. Denn man selbst wird auf diesem Wege sehr viel weniger angreifbar sein, während man gegen die hochtechnisierten Staaten hocheffizient zu Felde ziehen kann. Das wird ein Faktor sein, der bei vielen niedrig technisierten Ländern zusätzlich zum Tragen kommen wird. Für sie wird der offensive Cyberwar besonders attraktiv sein und ihr Eintritt wird vollkommen neue strategische Ausgangslagen und Allianzen nach sich ziehen können.

Wie sich das alles tatsächlich entwickelt, lässt sich noch nicht absehen. Aber wir werden auf jeden Fall mit einem gewissen Risiko leben müssen. Das verpflichtet uns zur Sicherheit. Wir müssen also vielleicht doch überlegen, ob wir uns nicht auch auf im Moment unvorstellbare Zukunftsszenarien effizient und teuer einrichten müssen.

Dafür spricht zum Schluss auch noch der Umstand, dass Krieg in der Geschichte der Menschheit vor allem von Gelegenheiten bestimmt war und nicht von moralischen Erwägungen. Wenn Mächte erkannten, dass sie das internationale Gefüge durch Krieg unter vertretbaren Kosten und Risiken zu ihren Gunsten verändern konnten, wurde nicht selten auch ein Krieg angefangen. Das sind nur die rationalen Kriege, die nicht von den eher unvernünftigen und heißblütigen Motiven angetrieben wurden. Der Cyberwar mit seiner strategischen Option des stillen Ruins muss als eine solche Gelegenheit gewertet werden. Während wir uns in den letzten Jahrzehnten unter dem riskanten Schutzschirm des atomaren Schreckens an den tiefen Frieden gewöhnt haben, können wir für die Zukunft nicht ausschließen, dass der Krieg nicht doch noch einmal wiederkommt.

Nicht zuletzt deshalb, weil die sehr stille und in kleinen Schritten fortfahrende Variante der Kriegsführung unter absolut mangelhafter Attribution auch kaum nuklear beantwortet werden kann. Das ist ein wichtiger Punkt, der in den Konzeptionen der »neuen Kriege«, also jener Konfliktformen unter der Bedingung der Existenz der Atombombe, noch nicht bedacht wurde. Zwar war schon direkt nach dem Aufkommen der Atombombe klar, dass der große, klassische nationalstaatliche Krieg auf dem Schlachtfeld keinen Sinn mehr machen würde und dass Guerillakriege geführt werden könnten. Allerdings konnte und durfte man es beim Kalten Krieg nicht übertreiben. Zum einen musste man mit einer begrenzten Zahl von Spionen vorgehen, die nur eine begrenzte Wirksamkeit in Sachen Spionage und Sabotage aufbringen konnten. Zum anderen war in den meisten Fällen ohnehin klar – spätestens dann, wenn man die Spione geschnappt hatte –, wer der andere kalte Krieger war. Man hatte also eine sehr viel bessere Attribution.

Eine Variante der kalten Kriegsführung mit sehr hoher Wirksamkeit, kostengünstig und in vollständiger Ermangelung der Attribution, sogar mit einem hohen Risiko des falschen Agierens bei Rückschlägen – das ist etwas vollkommen Neues. Es ist eine neue Option, Krieg trotz Atombomben zu führen. Wenn wir also den radikalen Paradigmenwechsel nicht vollziehen, wenn wir uns nicht dazu entschließen können, uns dem Cyberwar durch einen gezielten Rückschritt einfach zu entziehen, kann es sein, dass der Krieg, den wir so lange glücklich aus unserem Leben entfernt denken konnten, wieder zu uns zurückkehrt. Schon bald. Das ist nur eine Möglichkeit. Wir müssen jetzt nicht überreagieren. Aber wir sollten reagieren. Sachgemäß. Angemessen. Und bald.

Nachwort

Ein Buch ist ein dankbarer Raum für einen Wissenschaftler. Eine Spielwiese. Man hat Platz, um Gedanken auszubreiten, Ideen zu entwerfen und zu erforschen, Argumente und Gegenargumente aneinander auszuprobieren. So kann man sich ganz hervorragend der Wahrheit annähern.

Außerdem hat so ein Buch den Vorteil, die eigenen Themen einer größeren Öffentlichkeit zugänglich zu machen. Diese auf den ersten Blick vielleicht kompliziert und fremdartig anmutenden Themen der Informationsgesellschaft, insbesondere die Sicherheitsthemen, sind wichtig. Denn diese Themen werden nicht einfach verschwinden. So wie die Informationstechnik längst Bestandteil unseres alltäglichen Lebens geworden ist, werden auch Fragen zu Datenschutz, Informationssicherheit oder zum Umgang mit digitalen Medien ständige Begleiter sein, die mal mehr, mal weniger intensiv besprochen werden müssen. Wer sich dann allerdings aufgrund der Komplexität der Themen davor scheut, wird ausgeschlossen und muss sich vertreten lassen. Und diese Vertretungen funktionieren nicht immer besonders gut.

Vielen Experten ist das gar nicht so unrecht. Sie verfolgen ihre eigene Agenda und nutzen die Komplexität des Themas, um abzuschrecken – und heimlich, still und leise ihre Schäfchen ins Trockene zu schaffen. Nach einigen Jahren in diesem Bereich und einigen Hundert Vorträgen und Gesprächen mit Regierungen, Nachrichtendiensten, Militärs, Industrie, kleinen und mittleren Unternehmen, Aktivisten, Stiftungen, Diplomaten, Wissenschaftlern, Hackern und anderen Akteuren in diesem Bereich würde ich das vielleicht sogar als das größte Problem bezeichnen. Das Verhältnis zwischen ehrlichen und unehrlichen Vermittlern von Wissen ist einfach zu unausgewogen – leider meist zu Ungunsten der Ehrlichkeit. Die Unehrlichen wollen Geld verdienen. In den meisten bestehenden IT-Geschäftsmodellen lässt sich aber weder mit Datenschutz, noch mit einer hohen Informationssicherheit Profit machen. Ganz im Gegenteil. Beides kostet. Hohe Informationssicherheit kostet sogar sehr viel, ohne dass man etwas dafür zurückbekommt, und sie könnte sogar das Ende einiger sehr etablierter Spieler in diesem Bereich sein.

Was passiert also, wenn man die Experten aus der Wirtschaft fragt? Man wird belogen. Nicht immer und nicht immer direkt und offensichtlich. Aber sehr viele Firmen reagieren auf die veränderte Sicherheitslage mit der bekannten FUD-Strategie: »Fear«, »Uncertainty«, »Doubt« (»Angst«, »Unsicherheit«, »Zweifel«). Sie streuen möglichst lange und möglichst breit Zweifel über die Situation, verunsichern die Debatten und verzögern Entscheidungen, in der Hoffnung, dass die Verzögerungen so lange anhalten, bis die Medien – und mit ihnen die Entscheider – zur nächsten Krise springen. Die (altbackene) politische Weisheit, man müsse mit der Wirtschaft reden, jenen Praktikern mit der realen Erfahrung, ist hier unsinnig.

Mit wem kann man dann reden? Aktivisten haben sich in diesem Bereich verdient gemacht, da sie unabhängig und praxisbezogen sind. Aber leider nicht alle. Denn auch hier werden immer stärker eigene Ziele verfolgt. Das wird oft vergessen, gerade von der Presse. Aktivisten sind Aktivisten, weil sie politische Ideologien realisieren wollen. Und wenn die Wahrheit nicht in die Ideologie passt, wird sie eben aufgehübscht.

Fakten werden fallengelassen, Gegenargumente werden als ketzerisch und volks-, friedens- oder freiheitsfeindlich verschrien. Dabei wird man auch gerne bissig. Es geht ja um den Weltfrieden. Aber auch die bestgemeinten Gutmenscheleien machen eine fingierte Expertise nicht wieder zu einer unabhängigen Meinung.

Wer bleibt dann noch? Die Wissenschaft? Leider auch nicht. Die Wissenschaft wurde streng zusammengespart und wird von marktwirtschaftlichem Controlling belagert, das pro Institut genau misst, wie viel publiziert wurde, wie viel Personal angestellt werden konnte und vor allem: wie viel Geld über Forschungsprojekte eingeworben wurde. Außerdem werden wissenschaftliche Stellen, auch Professuren, fast nur noch befristet ausgegeben. Die Quintessenz an den Universitäten ist dann: Schaff Geld ran oder such dir einen anderen Job! Das führt oft direkt zum Verlust der Unabhängigkeit. Besonders in den technischen Wissenschaften. Muss man potentielle Forschungsförderer damit bequatschen, dass das eigene Forschungsgebiet unglaublich wichtig ist. Also schiebt man Risiken und Relevanz möglichst in die eigene Richtung. Gleichzeitig muss man immer öfter mit »Endnutzern« kooperieren – meist mit Firmen, die aus der Forschung Produkte generieren. Das dient natürlich dazu, die Wissenschaftler in einem Praxisbezug zu halten. Es führt aber auch regelmäßig dazu, dass sich die Forschungsagenda danach richtet, was diese Firma für ein Problem hält und was sie für ein Produkt an den Mann bringen will. Mit anderen Worten: Fragen Sie heute die Wissenschaft und Sie fragen oft nur eine andere Variante von Industrie. Ein Bundestagsabgeordneter hat das Ergebnis dieser Bemühungen aus seiner Sicht mal sehr treffend beschrieben. Er sagte, dass ihm bis jetzt jeder Experte etwas anderes erzählt hätte und außerdem hätte auch jeder betont, dass alle anderen Experten nur Unsinn reden. Wie soll man da schon etwas entscheiden, von dem man selbst nichts versteht? Man denkt jetzt vielleicht, dass der wissenschaftliche Diskurs irgendwann ja doch – durch Kritik und Gegenkritik – mit der Wahrheit rausrücken muss, aber das funktioniert in der Praxis weit schlechter, als man denkt. Zu viele Interessen sind zu einseitig, der Transport von Wissen ist wichtiger als der Inhalt und die guten Rhetoriker stehen oft auf den Gehaltslisten der großen Firmen. Irgendwann kommt die Wahrheit zwar ans Tageslicht, aber bis das so weit ist, ist die mediale Aufmerksamkeit längst woanders, sind die politischen Weichen schon lange falsch gestellt, ist der Zug abgefahren. Ein immer häufigeres Phänomen der modernen Wissensgesellschaften: Die Wahrheit kommt zu spät.

Das gilt auch über verschiedene Nationen hinweg. Viele deutsche Entscheider treffen sich zum Beispiel mit Amerikanern, um Cybersecurity-Probleme zu besprechen. Schließlich haben die ja schon einige Jahre Erfahrung. Ja. Stimmt. Aber auch das hat so seine Probleme. Einmal haben die Amerikaner (und andere Nationen) eine ganz strategische, technische und regulative Ausgangslage. Die Probleme rechts vom Atlantik sind bei genauem Hinsehen ganz andere als links vom Atlantik. Und dann ist auch klar, dass man von dort aus ganz andere Dinge will als hier, also erneut Interessen mitteilt, während man über die Situation in der anderen Kultur nicht viel wissen kann. Lässt man sich also von anderen Ländern beraten, ist man nur bedingt schlauer, was die eigenen Probleme angeht.

Alles das lässt sich aktuell im Bereich Cybersecurity beobachten. Gegen diese unschöne Lage gibt es aber zum Glück ein einfaches und solides Mittel. Eine verständliche, gut argumentierte Wahrheit. Denn gegen gute Argumente lassen sich Interessen und Halbwahrheiten nur noch schlecht durchsetzen. In diesem Sinne will dieses Buch einen Dienst erbringen. Es soll die Basis für eine Einordnung vieler Meldungen und Entscheidungen in diesem Bereich bilden. Ein Vademecum für IT-Sicherheitsfragen, sozusagen.

Leider muss ich eingestehen, dass es in einigen Teilen schwierig ist, die notwendige Präzision zu erreichen. Das liegt allerdings nicht an meinen eigenen Interessen oder Agenden, sondern an der (zugegebenermaßen) etwas sperrigen Natur der Sache selbst. Cybersecurity, insbesondere im militärischen Bereich, ist etwas, über das man nicht frei redet. Die Militärs der meisten Länder reden nur über die Probleme der Defensive einigermaßen offen. Wenn man sich aber nach dem öffentlichen Teil der Veranstaltungen im kleineren Kreise mit ihnen unterhält, dominiert das Interesse an der Offensive die Gespräche. Zumindest im Ausland ist das recht oft so. Mit anderen Worten: Ich kann mit Sicherheit sagen, dass alle zu Cyberwar in der Lage sein wollen. Aber absolut niemand wird einem Außenstehenden erzählen, in welchen Größen er plant, wie weit er mit seiner Planung ist und was er dann so im Einzelnen vorhat. Das unterliegt der militärischen Geheimhaltung, die in diesem Bereich gegenwärtig verständlicherweise hoch ist. Beim Aufbau will man sich eben nicht in die Karten schauen lassen. Das macht aber natürlich auch die Einrichtung von Strategien und Defensiven im Detail recht schwierig. Worauf genau sollen wir uns vorbereiten? Wie viel müssen wir an welchen Stellen investieren? Wer wird wann was unternehmen wollen? Gibt es überhaupt ein echtes Problem? Das alles sind Fragen, für die einfach keine absolut objektiven Antworten existieren.

Zudem ist Cyberwar erst im Aufbau. Auch wenn die Presse schon hier und da das Wort genutzt hat – eine umfängliche militärisch-nachrichtendienstliche Tätigkeit in diesem Bereich fängt gerade erst an. Daher lassen sich auch noch nicht besonders viele Instanzen von Cyberwar angeben. Die wenigen Fälle, die existieren, sind zumindest in ihren Details wieder hochgeheim. Das alles ist also kein besonders tragfähiger Boden.

Aber wir können uns dem Problem noch von einer anderen Seite nähern – und das sogar recht solide. Um Risiken solch diffuser Art abzuschätzen hilft es, wenn man sich in die Situation potentieller Angreifer hineinversetzt. Etwas, das gegenwärtig kaum getan wird. Wenn man sich das Spektrum möglicher Akteure ansieht und dann überlegt, mit welchem Aufwand, mit welchen Kosten und unter welchen erfreulichen oder erschwerenden Bedingungen man welche strategischen oder politischen Ziele verfolgen kann – und diese ganzen Punkte kann man sehr genau und verlässlich bestimmen –, dann erhält man etwas, das einem sehr weiterhilft, nämlich exakt die Gedanken der Politiker und Generäle, die im Moment weltweit mit der Frage nach einer Einrichtung von Cyberwar-Kapazitäten beschäftigt sind. Und aus dieser Sicht können wir eines ganz klar sagen: Cyberwar ist supersexy! Mit minimalen Kosten und Risiken kann man unglaublich viele politische und militärische Ziele realisieren. Deshalb sind auch alle so interessiert. Das ist etwas, was wir mit Sicherheit sagen können. Und so können wir auch mit Sicherheit sagen, dass der Cyberwar kommen wird. Nicht in der Gestalt, in der die meisten ihn sich vielleicht vorstellen, aber in einer ganz anderen Gestalt kann er sogar eine kleine Rückkehr der eigentlich durch die Schrecken der Atombombe grundsätzlich verhinderten großen nationalstaatlichen Konflikte ermöglichen. Ohne Bomben und direkte Tote – dieses Risiko wird man nicht mehr eingehen können. Aber mit Geduld und Kompetenz werden sich dennoch durchgreifende Veränderungen der Machtverhältnisse bewirken lassen. Ganz allein auf diesem Wege. Das macht Cyberwar offensiv zu einer Option und defensiv zu einem bleibenden Problem. Denn für eine Defensive ist immer schon die reine Möglichkeit einer Offensive ausschlaggebend. Man muss sich ja auf alle Eventualitäten einstellen. Wir werden also trotz der vielen Lügereien und Schiebereien, die diese Frühphase begleiten, nicht umhin kommen, uns solide gegen den Cyberwar zu schützen. Denn wenn die Wahrheit in diesem Fall wieder mal zu spät kommt, bedeutet das nichts anderes, als dass das ganze Geld noch mal ausgegeben werden muss. Ärgerlich, aber unabwendbar.

Danksagung

Bleibt mir noch, meinen vielen Gesprächspartnern zu danken, ohne die ich mit meinen Forschungen kaum so weit gekommen wäre. Ich danke Volker Roth von der FU, Felix FX Lindner und Dirk Breiden von Recurity Labs, Oberst Breuer, Oberstleutnant Müller, Oberstleutnant Kozok sowie NN des MAD im BMVg, NN vom österreichischen Heer, Leon Hempel von der TU Berlin, James Davis aus St. Gallen, Jürgen Schnappertz, Martin Fleischer und Detlev Wolters vom Auswärtigen Amt, Guido Gluschke von Viccon, Magnus Harlander von Genua, Christian Wiesener von Microsoft, Gerold Hübner von SAP, John Mallery vom MIT, Herb Lin von den National Academies, Frank Boldewin von Reconstructer, Bundeskanzler a.D. Wolfgang Schüssel, Joseph Nye und Melissa Hathaway aus Harvard, Holger Mey von der EADS (und auch einfach nur as himself), General Schreiner von der Führungsakademie, Heike Krieger von der FU, Tom Köhler von der RSA, aus dem Pentagon dem Team von Eric Rosenbach, Lt.Col. Chris Demchak vom Naval War College, Jimmy Schulz aus dem Bundestag, Botschafter Wolfgang Ischinger, Oliver Rolofs von der Münchner Sicherheitskonferenz, dem Präsidenten des BSI Michael Hange (und dem BSI allgemein – keep up the good work!), Botschafter Gabor Iklody von der NATO, Martin Schallbruch aus dem BMI, meinem wissenschaftlichen Verleger Thomas Lehnert von Springer Science, Myriam Dunn Cavelty von der ETH Zürich, Dr. Christian Ehler aus dem Europaparlament, Maurizio Martellini aus den beratenden Gremien der G8, der Deutschen Gesellschaft für Auswärtige Politik, besonders Svenja Sinjen, Paul Cornish von Chatham House, Rex Hughes und Richard Clayton aus Cambridge, Scott Borg von der Cyberconsequences Unit, Chris Bronk von Rice Texas, James Lewis von CSIS, Florian Grunert für seine hervorragende Infoseite study4cyberwar.com, meinen Studenten für die eine oder andere Anregung (vor allem offensiv) sowie vielen, vielen anderen, die ich jetzt entweder vergessen habe (mea culpa) oder bei denen ich nicht so sicher bin, ob sie genannt werden möchten :). Bedanken möchte ich mich auch beim Goldmann Verlag für die Idee zu diesem Buch. Und ganz besonders danken muss ich wie immer meiner verständnisvollen und mich für die viele Arbeit freihaltenden und unterstützenden Familie: Mio Arndt und Fine Gaycken. Ich liebe Euch.